人種戦争という寓話

……黄禍論とアジア主義

廣部　泉……著
Izumi Hirobe

名古屋大学出版会

人種戦争という寓話——目　次

序　章

近年、様々な形で世界各地において地域統合の動きが進展している。北米自由貿易協定（ＮＡＦＴＡ）はその代表的なものであろうし、アジア太平洋経済協力（ＡＰＥＣ）の会合も見慣れたものとなっている。このようなリージョナリズムに基づく動きは新しいものではなく、二〇世紀前半にリヒャルト・クーデンホーフ＝カレルギーの提唱した汎ヨーロッパ運動やＡ・Ｈ・フォードによる汎太平洋連合会、さらに一九世紀に遡るアメリカ合衆国主導の汎アメリカ会議など、一民間人によるものから政府主導によるものまで規模も地域も多様である。なかでも汎ヨーロッパを目指す動きは、いろいろな問題はあるものの現在では欧州連合が形成され、域内の人やモノ・サービス・資本の移動が自由化されたのみならず、域内の多くの国で共通の通貨が使われるまでになっている。一方、東アジアや南アジアなどに目を転じると、これまで幾度となく汎アジア主義が唱えられて、近年においても東アジア共同体構想が提唱されてきたにもかかわらず、ヨーロッパに比べるとその進みの緩慢さは明らかである。それには様々な理由があるが、一九二〇年代に日本で出版されていたある英字紙に掲載された次の文章に、その理由の一端が表れているように思える。

汎米連合に重要な意味はないが広く承認され賞賛されている。汎欧州は望ましいものと認識されている……汎太平洋もまた熱狂的な支持を引き起こす名称である。「汎アジア」だけが、それを耳にした西洋の男女に漠然とした恐怖と不安を引き起こす傾向がある。(1)

前後の文脈をふまえるなら、汎アジアという言葉には、人種的脅威を思い起こさせる響きがあり、他の地域に脅威をもたらすような連合の形成は難しいというのである。欧米が抱いた黄禍論という恐怖、東アジアや南アジアなどで唱えられたアジア主義、この二つは無関係ではない。むしろ表裏の関係にあると考えられるのではないだろうか。黄禍論がアジア主義を刺激し、そうして刺激されたアジア主義によって黄禍論的発想が増幅されるという循環である。黄禍論の国際関係論的側面に光を当て、黄禍論の裏返しとしてのアジア主義を見るという視角から、一九世紀末から第二次世界大戦終結に至るまでの日米関係を見ていくのが本書である。すなわち、知らず知らずのうちに別々のものとして眺めてきた黄禍論とアジア主義が、実は同じコインの裏表であったということである。

日米関係の一つの帰結であるアジア太平洋戦争における様々な要因の中で人種要因を重視し、先の戦争を人種戦争と捉える研究は少なくない。ジョン・W・ダワーの『容赦なき戦争――太平洋戦争における人種差別』はその代表である。また最近邦訳された歴史家ジェラルド・ホーンの著作は、そのタイトル『人種戦争――レイス・ウォー』が象徴的に示しているように、人種概念がいかに中心的役割を果たしたかという視角からアジア太平洋戦争を描き出している。(2)

先行研究が人種的側面を力強く描き出したため、人種要因の重要性は当然のごとく認められるようになった。人種概念がアジア太平洋戦争で大きな役割を果たしたことは間違いない。しかし、単純にアジア太平洋戦争が人種戦争であったという前提から入るのは危険である。それは、そこで思考を停止してしまうことにもなりかねず、また、戦争中にアジア太平洋戦争であるとした一部の者たちの主張に与することにもなる危うさを孕んでいる。人種要因とアジア太平洋戦争との関係を丹念に追っていくと、この戦争を人種戦争として捉えようとする見方を、少なくともある時期の米国の政策決定者たちは、側近たちがそのような見方を盛んに建言していたさなかですら、避けようとしていたことが見えてくる。

本書の目的は、アジア太平洋戦争を人種戦争であったと示すことではなく、この戦争およびそれに至る過程で、どのように人種主義が問題となり、それらが利用され、また利用されなかったのかを分析することである。そこでは人種戦争とは、結論ではなく、出発点となる。その際、本書が注目したのが、黄禍論とアジア主義という二つの言説である。一八九〇年代半ばにヨーロッパで発生した黄禍論は、欧米の知識人や政策決定者の間に広まり、様々な局面で顔を出すことになる。黄禍論と一口に言っても、中国一国がその人口の多さから数にまかせて西洋に襲いかかってくるというもの、日本と中国が手を組んで襲ってくるというもの、そして、日本が中国を率いて襲いかかってくるというものなど、かなりの幅があった。しかし、日中同盟を懸念したり、アジア人は信用できないから欧米のみで同盟を結ぶのが正しいやり方であって日英同盟のようなものは望ましくないと主張するなど、同盟論と人種主義が交差していることが、本書で扱う一九世紀末から二〇世紀半ばにかけての時期の大きな特徴と言っていいだろう。そもそも黄禍論の元祖とされるヴィルヘルム二世がそれを唱えたのも、ヨーロッパの連合を形成したいということと無関係ではなかった。また、第二次世界大戦中、同人種ゆえに、中国が連合国から離れて日本と手を組むのではないかといったことがアメリカ政府内で真剣に議論されたこともあった。こうした意味で、黄禍論には国際関係論的に捉えられるべき側面があるといえる。一方、欧米でアジアを敵視する黄禍論が広まると、その反作用として、対抗するためにはアジアも連合しなければならないというアジア主義が生まれた。歴史家K・M・パニッカルが、西洋人が一九世紀末から二〇世紀初頭にかけて、アジアに対して団結して接したために、その「報い」としてアジア主義を生んだと指摘しているが、その通りであろう(3)。本書は、黄禍論とアジア主義のこの裏表の関係、両者の間に働く力学を描き出す。この二つの言説がどのように相互に影響しながら日本と欧米の関係、特に日米関係に現れるのかを軸に、人種要因が、悲劇的な衝突を迎えた日本とアメリカとの関係にどのように作用したのか、しなかったのかを分析していくのである。

黄禍論については、近年関心が高まっている。基本となる研究としては、一九六二年に出版されたハインツ・ゴルヴィツァーの『黄禍論とは何か』が、一九世紀末から二〇世紀初頭にかけての黄禍論を、複数の言語による史料を駆使して英米露仏独の順に辿り、それによって帝国主義期の欧米の思想の一つとしての黄禍論がどのように形成され広まっていったかを明らかにしている。アメリカに絞って黄禍論的言説を丁寧に拾った研究としては、リチャード・オースティン・トンプソンの『黄禍——一八九〇〜一九二四年』がある。アメリカの大衆文化の中に現れたアジア系のイメージについて扱ったものとしてはウィリアム・ウーの『黄禍——アメリカのフィクションの中の中国系アメリカ人、一八五〇〜一九四〇』やロバート・リーの『オリエンタルズ——大衆文化のなかのアジア系アメリカ人』が代表的である。近年の資料集としてはジョン・チェンとディラン・イェーツによる『黄禍!——反アジア恐怖のアーカイヴ』がある。わが国では、黄禍論は様々な視点から関心を集めてきた。英文学者の橋本順光がイギリスの視点を中心に編集した『英国黄禍論小説集成』と『黄禍論史資料集成』は、日本では入手困難な黄禍論関係の原典をまとめたもので研究上の大きな貢献である。比較文化史の視点からこの問題を扱った著作としては平川祐弘の『西欧の衝撃と日本』が代表的である。政治思想史の立場から扱った著作としては、橋川文三の『黄禍物語』がある。黄禍論を国際関係の視点から検討したものとしては、麻田貞雄が『両大戦間の日米関係——海軍と政策決定過程』において紙幅を割いて黄禍論が日米関係に果たした役割を論じており示唆に富む。

より近年の研究としては、飯倉章の『イエロー・ペリルの神話――帝国日本と「黄禍」の逆説』並びに『黄禍論と日本人――欧米は何を嘲笑し、恐れたのか』がまずもって挙げられるべきだろう。西洋の側からの研究が、黄禍論に対する日本や中国の側の反応にほとんど触れていないのに対し、飯倉の研究は、日本の反応をも研究対象としている点が新しい。二〇一〇年から二〇一一年にかけて刊行された巽孝之の監修によるシリーズ『アメリカ近未来戦争小説集 一八八〇―一九三〇――アメリカ対脅威の極東アジア』も貴重な貢献である。(4)

一方、アジア主義が多くの研究者を惹きつけるようになったのは比較的最近のことといえる。戦後長らくは、日本を無謀な戦争へと追いやった右翼主義的思想の一部とみなされたこともあって、ほとんど研究の対象とはされてこなかった。(5) その後、冷戦の終結にともない、地域主義への関心が高まると、東アジアの地域主義との関連から、アジア主義が関心を惹きつけ、多くの出版物が公刊されるようになった。(6) 特に今世紀に入ってから、多くの研究書や資料集、それに一般向けの書物が刊行されている。(7) 一国史の枠にとらわれることなく、トランスナショナルな視点から様々な歴史事象を捉える研究の必要性に対する認識の高まりもそれを後押しした。(8) なかでも特徴的なのは、それまでの研究のほとんどが、思想史の分野における研究であったのに対し、アジア主義を政治経済史など多様な分野から捉えた実証的研究が数多く現れるようになったことである。(9) 代表的なものとしてまず挙げなければならないのは、松浦正孝の『「大東亜戦争」はなぜ起きたのか――汎アジア主義の政治経済史』をはじめとする一連の著作である。なかでもこの書は千ページを超える大部の作品で、政治経済史の視角からこの問題を掘り下げており、汎アジア主義の拡大の要因を、汎アジア主義のイデオロギー・ネットワークの発展に見出し、そのネットワークが発達していく過程を広範囲にわたって描き出した実証的研究である。(10) またスヴェン・サーラの一連の著作は、アジア主義研究の視角の広がりに大きく貢献している。ヴィクター・コシュマンと共に編んだ『近代日本史における汎アジア主義』は、各国の専門家を東京に集めたシンポジウムをもとにして出版されたもので、アジア主義に対する国際的関心の高まりを示している。この書は、地域アイデンティティやナショナリズムといった多角的な視点からアジア主義に迫った重要な業績である。[11] 一方、二〇一一年に刊行された『史料で読むアジア主義』は、サーラがクリストファー・W・A・スピルマンと共に編集した、一八五〇年代から今日までのアジア主義に関する記録を集めた資料集である。それまでアジア主義に関する資料集といえば、竹内好が一九六三年に編んだ『アジア主義』がほぼ唯一のものであったが、この資料集は、竹内の資料集には収められていなかった政治史や外交史に関する史料をも収めたもので、今後、世界のアジア主義研究を大きく前進させることになると思われる。[12] さらにジェミル・アイドゥンの『アジアにおける反西洋主義の政治学』のように、汎イスラム主義の視点を加えることで、アジア主義をよりグローバルな視点から捉えた研究も現れている。[13] ほかにも挙げるべき研究は多く、その関心はますます増しているようにさえ見える。[14] ただこれらの研究は、一部の例外を除いてほとんどが日本史を主たる関心の出発点としてアジア主義を捉えるものである。そのため、アジア主義が潜在的相手として想定する欧米列強、特にアジア太平洋戦争で日本と正面からぶつかった米英が日本のアジア主義をどのように見ていたのかについては、これまでのところ研究はさほど多くない。こうした中、イギリスやその白人自治領の反応については、アントニー・ベストや松本佐保、松浦正孝らの研究が明らかにしてきたが、[15] 他方、アメリカの反応については同様の研究は存在しない。

東アジアと欧米列強の関係を、人種という視点に重きをおいて研究したものとしては以下のものが代表的である。まず、東アジアにおける第二次世界大戦について、米英両国を視野に入れた研究としてとりわけ重要なのはクリストファー・ソーンの著作である。それまで国際関係において重要視されてこなかった人種という要因を、主要な契機の一つとして捉えた、『太平洋戦争とは何だったのか――一九四一~四五年の国家、社会、極東戦争』や『太平洋戦争における人種問題』をはじめとする一連の仕事に本書は大きく依拠している。[16] また、日米関係については入江昭の一連の著作が参照されるべきであるが、特に『太平洋の離間――日米の拡張、一八九七―一九一一』が両国の関係において、人種を含めた非政治経済要因が、いかに大きな役割を果たしたかを明らかにしている。[17]

本書は、欧米の中でもイギリスと並んで日本の主要敵であったアメリカに焦点を絞る。具体的には、対東アジア政策に直接関わった米国務省極東部を中心とするアメリカの政策決定者たちの資料を分析し、日本と対する上で、人種要因がどれほどまで考慮され、作用したのか、またしなかったのかを明らかにする。それとともに、それらの政策決定者や有力者に一定の影響力をもっていた、当時まだ少なかった日本や中国に居住していたアメリカ人、特に宣教師やジャーナリストの記述も丹念に見ていく。また、アメリカを中心とする当時の英語圏で発行されていた新聞や雑誌などの記述を、小規模な地方紙にいたるまで網羅的に分析することで、専門家以外の人々がどのように受け止めていたかも探る。加えてイギリスをはじめとする他の列強の当該時期の動きを同時に検討することで、アメリカの外交政策の特徴を際立たせることを狙ってもいる。

欧米に広く見られた黄禍論的言説と、日本が中国などと手を結ぶ、もしくは日本が他のアジア諸国を従えるといった広い意味でのアジア主義が、相互に作用し合いながら、どのように日米関係に影響を与えてきたのか、一八九〇年代半ばからアジア太平洋戦争終結に至る半世紀にわたって、その歴史を見ていくことにしたい。[18]

第1章　日清戦争と日露戦争

――日本脅威論の形成――

はじめに

一九世紀末に西洋で盛んに行われていた黄禍論の対象は、まずもって中国であった。ヨーロッパには以前から中国がその桁違いに多い人口をもって西洋を脅かすのではないかという考えがみられた。一方、アメリカでは、そのような脅威論がヨーロッパ経由で入ってくると同時に、一九世紀半ばから西海岸に大量の中国人移民が流入し、低賃金で働くことで白人労働者から職を奪い、そのためアジア人を脅威とする声が大きくなっていった。そのような中、日本が日清戦争において中国軍を破ると、黄禍論の中心は日本へと移っていく。その日本脅威論の中心をなしたのは、近代化した日本が、中国と連携して、もしくは膨大な数の中国人を率いて欧米を侵略するのではないかという懸念であった。その不安は、英国に匹敵する軍事力を持つと考えられていた「ヨーロッパからアジアにまたがる」大国ロシアに対して日本が対等以上の戦いをすることができることを日露戦争で示すと、ますます増大した。また同時期に、アメリカへの移民を禁止された中国人にかわってアメリカ西海岸へ大量の移民が日本から流入し、アメリカに一九世紀半ば以降移民してきたアイルランド系などの労働者の職を奪ったこともアメリカ世論を刺激した。西洋諸国と肩を並べる東アジアの軍事大国の登場に、それまでは、アメリカのおかげで開国させてもらったばかりのアジアの弱小国として下に見る見方こそあれ、自国が脅かされるなどとは考えもしなかった存在である日本に対して、アメリカの政策決定者や世論は見方をどのように変化させていったのだろうか。

ピアソンの予測

明治維新直後、まだ軍事的・経済的に弱体であった日本によって日中同盟論をはじめとするアジア主義的主張が唱えられたとき、欧米列強の世論は特に関心を示さなかった。一八七〇年代には、日本国内で日中同盟論が広く見られたが、欧米の世論は気にも留めず、また、一八九三年の樽井藤吉の『大東合邦論』についても話題にもならなかった。たしかに、日本や中国と極東で接していたロシアにおいては、一九世紀に日本を含めた形での黄禍を唱えた人物がいた。その中でも中心的なのは、一九世紀前半の海軍士官ヴァシリイ・ミハイロヴィチ・ゴロウニンと、一八七一年出版の著作の中で東アジアの脅威について警告した無政府主義者ミハイル・アレクサンドロヴィチ・バクーニンである。一八一一年に日本人の捕虜となったゴロウニンは、極東をその目で見た後、将来日中がヨーロッパの脅威になる可能性について予測した。一方、バクーニンもシベリア流刑から日本を経てアメリカに逃れており、日本をその目で見た当時数少ないロシア人であった。彼は、日本が急速に発展する可能性や中国が覚醒する可能性について論じている(1)。ただ、この二人による、日本を含めた黄禍論は、同時代の欧米の言論に大きな影響を与えることはなかった。日本が日清戦争で、近代的兵器をわがものとして使いこなせることを示し、はるかに巨大な清国に勝利し、急速に力をつけていくのを目の当たりにして、はじめて日本に対する警戒の念が本格的に現れてくるのである。

もちろん、そのような警戒の念が生じる下地はあった。一八九〇年代前半、日清戦争の直前の時期、黄色人種脅威論としての黄禍論的な言説が欧米で持て囃されていたからである。日清戦争直前に、環大西洋の英語圏で広く読まれた、黄禍論的内容の書かれた書物として代表的なのは、チャールズ・ヘンリー・ピアソンの『国民の生活と性質――一つの予想』である。ピアソンは、オックスフォードで歴史学を講じた後、オーストラリアに移住し、そこで教育相まで務めた人物であるが、その彼が一八九三年に、ロンドンとニューヨークで出版したのが同書である。この中で、彼は西洋文明の没落と有色人種の勃興を結びつけて予想した。特に彼が恐れたのは莫大な人口を擁する中国であった。

> オーストラリア人が抱く中国人移民に対する恐怖は……自己保存の本能だ。我々は有色人労働者と白人労働者が肩を並べて共存できないことを知っている。我々は、一年の余剰人口だけで中国が我々を圧倒できることをよくわかっている。[2]

ただ、日清戦争以前に書かれたため、日本脅威論についての言及は見られない。[3]
社会ダーウィン主義に基づく西洋文明論に貫かれた悲観主義に満ちたこの書物は、ピアソンの居住地であるオーストラリアで支配層に衝撃を与え、白豪主義の推進に大きな力を与えただけでなく、英語圏、特に英米で評判となった。ロンドンの『タイムズ』紙は、出版直後に「非常に注目すべき、と同時に、きわめて気のめいる書物」と紹介した。[4] 一九世紀半ばから西海岸に大量に中国からの移民が押し寄せ、排斥運動が起きるなど、東アジアからの移民が大問題となっていたアメリカでは、ある地方紙が「陰気な予測」と題する紹介文の中で、この書物の内容を「我々の科学、文明、統治の実践における偉大かつ真の進歩のために、下等人種が世界で支配的となり、高等人種がその高潔な特質を失う……日が近づきつつある」と要約した。[5]

ピアソンの書は、アメリカの後の政策決定者にも大きな影響を与えた。若き野心家セオドア・ルーズベルトは、同書を一読するやテネシーの文芸評論誌『シウォーニー・レビュー』に二三ページにも及ぶ書評を寄せた。一気に書かれたであろう彼の息遣いが聞こえてくるような興奮に満ちた長文の書評は、世界におけるアングロ・サクソンの無敵の拡大に疑いをもっていなかったルーズベルトにとって、人種的挑戦による西洋文明没落というピアソンの論が衝撃的だったことを示している。彼はまず同書を「今世紀末における最も傑出した書物の一冊」と評価し、またこの人種的問題に自らが無知であったことを半ば認めたうえで、残りの紙幅のほとんどをピアソンの説を論破するために用いている。ピアソンにとって「未来は灰色でぱっとしないものに見える」のだろうとしつつ、ルーズベルトは「下等人種が世界で支配的となり、高等人種が高貴な特質を失う日が近づきつつあるとする彼の考えには同意できない」と反論する。ただ、彼は強気一辺倒なわけではなかった。未来がどうなるかは知ることができないので、「高等人種が高貴な特質を失い下等人種に圧倒されるのを防ぐことができるかどうかを知ることはできない」と認めたうえで、読者に奮起を求めるのであった。人種的挑戦による西洋文明没落論に影響を受けた彼は、これ以降、有色人種による挑戦を意識した帝国主義的拡張を念頭におくようになる。[6] 同書は日本でも注目され、徳富蘇峰の民友社が、原著出版の翌一八九四年に、書名を内容から意訳した『白皙人種の前途』と題して翻訳出版している。[7]

日清戦争で日本が清国に勝利し、英語圏でアジア人の勃興に対する関心が高まると、ピアソンの件の著書が思い出された。例えば、『ロンドン・アンド・チャイナ・テレグラフ』紙は、「一言で言うと、ピアソン氏の予測……はすでに現実のものとなりつつある。工業生産力で西洋と競いつつある東洋は……いまやある程度まで軍事力でも競うだろう」と、ピアソンの予測の正しさを指摘する。その上で、ピアソンが見逃していた日本の危険性について次のように警告する。「日本がその成功を近代化に用いている限りは、我々が争ういわれはない。しかし、そこに英国に対する苦い思いがあるならば、将来において邪悪な予兆をみるだろう」[8]。

ヴィルヘルム二世とトゥル将軍

一九世紀以降、欧米では東アジアの西洋諸国に対する脅威を論じる者が見られたが、ピアソンに代表されるようにその多くは中国を対象としたものだった。そして日本脅威論が見られるようになるのは日露戦争で日本が大方の予想を覆してロシアに勝利してからだといわれてきた。実際に、日露戦争以降、日本脅威論が非常に盛んになったことは事実である。しかし、当時の動きを精査してみると、日本に焦点が当たる形での同盟論的な黄禍論が、「黄禍」という言葉とともに生まれたのは、日清戦争を契機としてのことであるのが見えてくる。一八九〇年代半ばに軍事同盟型の黄禍論が誕生する様子をみてみたい。

ヨーロッパ大陸における黄禍論の主唱者といえばドイツのヴィルヘルム二世が最もよく知られている。そもそも「黄禍」という言葉を作り出したのは自分だと皇帝自身が主張している。同時代の知識人は、彼が件のピアソンの著作を読んで触発されたのだろうと考えていた[9]。たしかにヴィルヘルム二世は早くからアジアの軍事的危険性について指摘している。例えば、早くも一八九五年四月末に従兄弟のロシア皇帝ニコライ二世に宛てた書簡の中で、三国干渉についてのイニシアティブを称賛する形で触れている。

ぼくは君が日本に対抗してヨーロッパの利益を守るためにヨーロッパが連合して行動を取るようにイニシァチヴを取った、その見事なやり方にたいして心から感謝している……大黄色人種の侵入からヨーロッパを守るのが、ロシヤにとっての将来の大きな任務であることは明らかだからだ[10]。

また同年七月一〇日には次のように書き送っている。

ロシヤにとっての大いなる将来がアジアの開拓と、モンゴルや仏教の侵入から十字架や古来のキリスト教的ヨーロッパを守ることにあると君がこのようにすばやく気がついたことにたいし、ヨーロッパは君にたいして感謝せねばならなかったはずだ。(11)

一連の手紙の中でヴィルヘルム二世が黄禍に対抗するものとしてヨーロッパの連合を唱えている点は重要である。日清戦争直後のこの段階において、早くもアジアの連合を想定し、それに対抗するためのヨーロッパ連合を唱えているのである。架空のアジア連合を想定し、それに対する反対写像としてヨーロッパ連合が唱えられ、さらにそのようなヨーロッパ連合論が、その反対写像としてアジア連合論を生み出すことを考えるとヴィルヘルム二世の発言はきわめて示唆に富むものである。(12)

その夏、ヴィルヘルム二世は、自らのスケッチ（図1）に基づいて宮廷画家ヘルマン・クナックフスに、のちに黄禍論といえば必ず言及されることになる絵を描かせている。「ヨーロッパの諸国民よ、汝らの神聖な財産を守れ！」と題されたこの絵（図2）は、右隅に、炎に囲まれた龍に乗った仏陀の影が小さく描かれ、絵の左側には、それと対峙する形で、英独仏露などのヨーロッパ列強をそれぞれ象徴する女神たちが、武器を携えて立っている。彼女たちの頭上にはキリスト教を象徴する巨大な十字架が燦然と輝き、大天使ミカエルが彼女たちを率いている。この絵は初秋には完成し、ヴィルヘルム二世の命で版画による複製が直ちに作成された。その複製は、ヴィルヘルム二世の腹心である軍人ヘルムート・ヨハン・ルートヴィヒ・フォン・モルトケ（小モルトケ）によってまずはロシア皇帝ニコライ二世に届けられた。ニコライは日記に「退屈なヴィルヘルム氏」からの贈り物について書きつけて、翌日付でヴィルヘルム二世宛にその「すてきな絵」についての謝辞を電報で伝えている。続けて複製は、内外

図 1　ヴィルヘルム二世のスケッチ

図 2　ヴィルヘルム二世のスケッチをもとにクナックフスが描いた絵のオリジナル

の王侯貴族や有力者に贈呈された。[13] ドイツ国内ではオットー・フォン・ビスマルクや軍の司令官たち、国外ではフランス大統領フェリックス・フォール、アメリカ大統領ウィリアム・マッキンリーらに送られている。また、この絵画はヴィルヘルム二世の命で、ハンブルクと北米を結ぶ航路などの客船に展示されたという。[14] その意図するところは、政府系の『北ドイツ新聞』が、絵の完成とほぼ同時に詳しく解説した。[15] その解説記事の英訳がロンドンの

『タイムズ』紙に掲載されるに及んで、欧米人の広く知るところとなった。それによると、平和な西洋の町並みの上に不吉な禍の雲が仏陀の方から立ち込めており、仏陀は迫り来る脅威を表している。そして、仏陀を乗せているのが中国の龍で、それは破壊の悪魔を表しており、ミカエルは、左手で迫り来る恐怖を指し示し、聖なる戦いに備えるよう女神たちを促しているというのである。このように絵画とともに彼の説は欧米各国の支配層に広く頒布されたのである。[16] この絵が余りに広く知られるようになったため、黄禍論のスローガンを作り出したのはヴィルヘルム二世だと考えられるようになったと思われる。実際、黄禍論の考えを広めるのにヴィルヘルム二世は大きな役割を果たしたことは事実である。ただ、この時期、ヴィルヘルム二世は、「黄色人種の侵入」(the inroads of the Great Yellow race) などという言葉を用いてその脅威を表現しており、まだ「黄禍」(yellow peril) という言葉は使っていない。[17]

英語圏では早くも九月半ばに、ヴィルヘルム二世がある寓意画を描かせており、それをロシア皇帝に贈呈するつもりだというニュースは伝わっていた。アメリカで最も早くそれを伝えたのは、ベルリンに自社の特派員を置いていた『ニューヨーク・ヘラルド』紙であった。ただ、この時点では、その寓意画の内容は、「日本と中国の間へのヨーロッパの干渉」に関するものとだけ説明されていた。[18] その後、このニュースはアメリカ各地の地方紙が転載して広まっていった。[19] 絵画の完成後、最も早く件の絵画について詳細に取り上げた英語圏のメディアは、先のロンドン『タイムズ』紙であったが、アメリカでは、その『タイムズ』やドイツの新聞記事を引用する形で報じられた。アメリカで最も早く件の絵画自体を掲載したのは、やはり『ニューヨーク・ヘラルド』であった(図3)。一一月二四日付の同紙は、「仏陀、すなわち侵略者」と題する記事において、ドイツ国内で批判されているという情報とあわせてこの寓意画を紹介した。この時もまだこの絵画と「黄禍」という言葉は結びついていない。絵画は「皇帝ヴィルヘルムの芸術の領域における最新の業績」と題され、記事の中には「黄色い危険」(yellow danger) という言

FIRST SECTION. NEW YORK HERALD, SUNDAY, NOVEMBER 24, 1895. 9

MASSACRED BY ARMENIANS.

Nearly as Many Turks as Christians Slaughtered in the Asia Minor Troubles.

SULTAN'S ORDERS DEFIED.

Inhabitants of Five Villages Killed Notwithstanding the Porte's Official Prohibition.

FRANCE'S INTERNAL CALM.

Japan Said to Have Renounced All Pretensions to a Continental Policy in Asia.

KAISER WILHELM'S LATEST ACHIEVEMENT IN THE REALM OF ART.

Christendom, Represented by the European Powers, Under the Leadership of Archangel Michael, Preparing to Do Battle Against the Advancing Forces of Heathendom, Represented by the Figure of Buddha Riding Triumphant on the Chinese Dragon.

ORDER OUT OF CHAOS.

NO PERMIT FOR THE MARBLEHEAD.

JAPAN'S NEW POLICY.

MORE ARMENIANS SLAIN.

WEIRD STORIES FROM THE BOSPHORUS.

CHINA'S FORCES DEFEATED.

WHAT ENGLAND TALKS OF.

BUDDHA THE INVADER.

POPE LEO SUFFERING FROM CATARRH.

HONORS TO MRS. KEELEY.

NOTICE TO TRAVELLERS ABROAD.—COPIES OF THE NEW YORK HERALD, PARIS EDITION, CONTAINING ALL THE LATEST NEWS, CAN BE OBTAINED AT REGULAR RATES ON ARRIVAL OF STEAMERS AT HAVRE, CHERBOURG, SOUTHAMPTON, QUEENSTOWN AND BOULOGNE-SUR-MER.

DIRECTORY FOR ADVERTISERS.

図 3　「皇帝ヴィルヘルムの芸術の領域における最新の業績――中国の竜に勝ち誇ったように跨る仏陀の姿によって象徴された前進しつつある異郷世界の軍団と戦うために，大天使ミカエルの指導の下に準備するヨーロッパ列強によって象徴されたキリスト教世界」（『ニューヨーク・ヘラルド』1895 年 11 月 24 日）

葉が見られるだけである。[20]この絵と記事は、翌日には『ニューヨーク・トリビューン』紙に、翌々日には『シカゴ・トリビューン』紙に掲載されるなどして広まっていった。[21]その後、英語圏で大々的に件の絵画について論評した主要メディアは、ニューヨークの『レビュー・オブ・レビューズ』誌であった。同誌は一八九六年一月号でその絵を口絵に掲げ、嘲笑的な解説を添えた。それによれば、ヴィルヘルム二世は、ドイツ皇帝であるよりは、新聞の編集者の方が向いており、しかし編集者になる前に、まずは風刺漫画家になったというのであった。同誌の絵の解説にも、記事にも「黄禍」という文字はまだ見えない。[22]

これに対して、別の出所から「黄禍」という言葉が広まっている。日清戦争が終結し、ヴィルヘルム二世が黄色人種による危険についてニコライ二世への書簡で触れたのと同じ一八九五年中頃のことである。ハンガリーの軍人イシュトヴァーン・トゥルが、黄禍についての警告を発したのである。彼は一八二五年ハンガリーに生まれた軍人で、エンジニアでもあり、ジュゼッペ・ガリバルディのイタリア統一に貢献し、フランスによるパナマ地峡の運河建設権獲得にも尽力、後年は世界平和の活動に尽くすなど多方面において活躍した人物である。[23]その彼が一八九五年半ばに、ギリシャの有力な仏語紙の代表との会話の中で、「黄禍」という言葉を用いて、アジア勃興の危険について論じた。しかも、ヴィルヘルム二世と同様、彼は日本に注目した。それが同年六月四日付のロンドンの『タイムズ』紙に取り上げられ、英語圏にも広まったのである。

世界史における大いなる侵略はアジアから来たことを忘れないようにしよう。「黄禍」はこれまでにないほど威嚇的である。日本はこの数年で他国が何世紀もかけて達成したのと同じくらいの進歩をなした……もし中国人が無気力から目覚めさせられ、ある一人の天才が、居住可能な地球上の［土地の］一五分の一しか占めていないのに人類の［人口の］三分の一を占めているこの計り知れない帝国を組織するために進み出るなら、存亡をかけた戦いに乗り出さざるをえないだろう……そしてそれは西洋への大移動をもたらすことになる。もしヨーロッパが連合するなら、この黄色人種の侵略を食い止めうるだろう。しかし、現在の愚かな有様ではおそらくそのことを認めようとしない。それは破滅をもたらすだろうし、一五世紀同様、東洋の野蛮人たちにヨーロッパの門を開けることになる。(24)

この記事は、早速英語圏各地で取り上げられた。例えば、翌日付の或るマンチェスターの新聞は次のように書いた。

もしヨーロッパが連合すれば、この［アジア人の］侵略は成功裏に阻止されるかもしれないとトゥル将軍は主張する。しかし、すべてのヨーロッパの国がお互いに対して完全に武装し、外からのあらゆる危険を忘れてしまえば、アジアの黄色い人種は機会を得るし、もしその機会が利用されれば、ヨーロッパ文明は、のっぴきならないほど危険にさらされることになる。(25)

このトゥル将軍のインタビュー記事は、大西洋をはさんだアメリカ東海岸でも、少し遅れて報じられている。六月二二日付の『ニューヨーク・トリビューン』紙は、先の仏語紙の記事を取り上げ、トゥル将軍の見解を紹介した。

日本の進歩と武勇は世界を驚かせている。仮に、全人類の三分の一を占める中国の一群が、無気力から目覚め、征服のために組織され、現代のチムールとでもいうべきものに西に向けて率いられたなら、ヨーロッパはどのようにして立ち向かえるだろう……それこそ、西洋と東洋の際に住んでいるトゥル将軍が将来の最大の禍と考えることである……。(26)

また、同じくニューヨークで出版されていた月刊誌『カレント・リテラチャー』は、その九月号で『タイムズ』紙の例の記事を掲載した。これらの報道によってトゥル将軍の見解は、東海岸に住む多くのアメリカ人の目に触れることになった。[27]

このように、日清戦争の頃にトゥル将軍が使い始めた、東アジアからの軍事的脅威を指す黄禍という言葉は、一八九五年半ばにアメリカ東海岸に流入した。当初は、引用符つきで表記され、そして、その意味内容も丁寧に説明されていることから、そのときまでそのような意味で用いられていなかったことがわかる。例えば、一八九五年六月二〇日付のニューヨークの週刊誌『ネイション』は、次のように書いている。

ヨーロッパの激しやすい人々を今困らせているのが「黄禍」である。これは黄色い金属の猛威を指しているのでもなければ……イエローブックの文芸的「黄」を指しているのでもない。この語が扱っているのは、むしろ、東洋の黄色人種との差し迫った凄まじい争いの恐怖である。[28]

ここから当時のアメリカで黄禍の意味するところが、あらかじめ一義的に定まっていたわけではないことがわかる。黄色と聞いて思い出されるのは、人によって、黄色い金属といわれた金であったり、当時ヘンリー・ジェームズなどが寄稿し評判となっていた文芸誌『イエローブック』であったりしていた。そこにヨーロッパから日本脅威論と一体となった新しい用例が持ち込まれたのであった。つまり、日清戦争の直後から、東アジアからの軍事的脅威を指すものとしての「黄禍」がアメリカで用いられるようになったのである。

ちなみに日本においても時を経ずしてトゥル将軍の見解について報じられている。『国民新聞』は一八九五年七月一八日付で、引用元は明らかにしていないものの、次のように伝えている。

黄色人種の勃興は確かに欧州人の一部に恐慌を起せり。チユイール将軍又た曰く、日本は二十五年間に他国の数世紀と等しき進歩をなせり。此上、清国若し眠より醒め来らば、欧州は決して枕を高くす可からず。欧州諸国豈に互に争ひて力を消する時ならんや。[29]

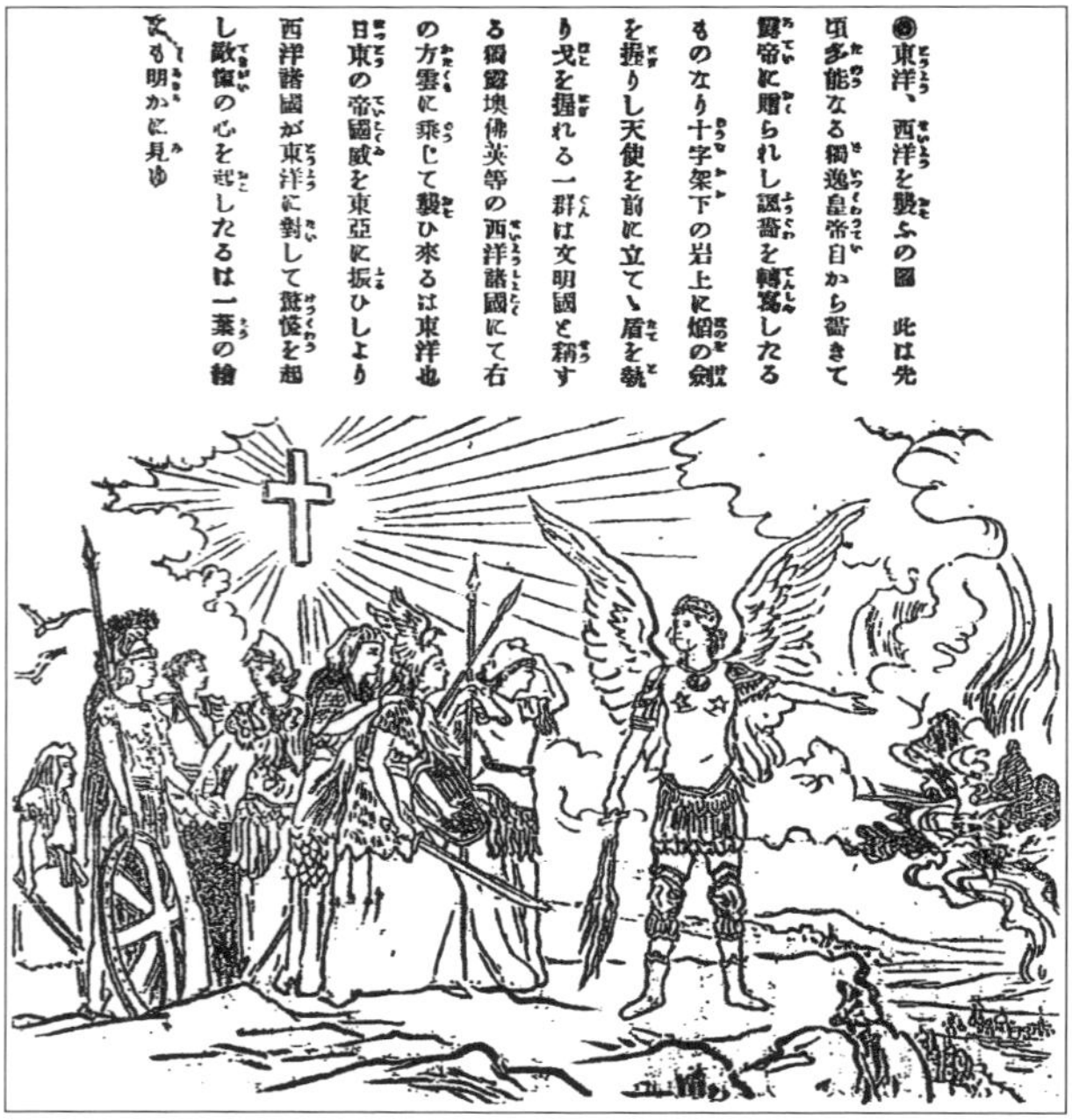

図 4　「東洋，西洋を襲ふの図」（『国民新聞』1896 年 1 月 8 日）

また、翌年一月八日には、『国民新聞』は、「東洋、西洋を襲ふの図」と題して件のヴィルヘルム二世の絵画を紹介している[30]（図 4）。当時としては、情報の伝わる速度がきわめて早いといえ、黄禍論的なものに対する発言や表象にいかに注意が払われていたかがわかる。

日清戦争とともに出現して一旦は盛り上がった、日本脅威論を組み込んだ黄禍論的言説だが、フランスやベルギーといったフランス語圏ではその後も取り上げられ続けたものの、英語圏では一部を除いて、すぐに下火になった[31]。そのような傾向を踏まえてニューヨークの週刊誌『ハーパーズ・ウィークリー』は、件の絵画の写しとともに論説を掲載した（図 5）。その論説は、ヴィルヘルム二世がこの絵画の作成を依頼したとき、世間

76 HARPER'S WEEKLY

NATIONS EUROPÉENNES!
DÉFENDEZ VOS BIENS SACRÉS!

NATIONS OF EUROPE!
JOIN IN THE DEFENCE OF YOUR FAITH AND YOUR HOMES!

THE YELLOW PERIL.

"AFTER A SKETCH BY HIS MAJESTY EMPEROR WILLIAM II. OF GERMANY, KING OF PRUSSIA, EXECUTED BY H. KNACKFUSS, 1895."

A PICTURE BY EMPEROR WILLIAM.

(THERE was a time when the world watched the multifarious activities of Emperor William of Germany with considerable apprehension. But repeated shocks to the nervous system deaden the susceptibilities, and accordingly, when the telegraph flashed the news that the Emperor had given the historical painter, Hermann Knackfuss, a sketch and instructions to work it up into a historical picture, the world for the most part smiled. It was understood, with a sort of languid interest, that the subject represented Michael, the archangel, summoning the powers of Europe under the sign of the cross, while across a ravine appeared a figure in the attitude of the statues of Buddha. It had beneath it what newspaper men call a scare line—"The Yellow Peril." Was it simply an illustration of the Old World division between Christ and Buddha, or did Michael typify some modern Peter the Hermit? And, if so, was the Emperor proposing to assume the rôle? And this yellow peril, what did it amount to? Raffaëlli, the realistic painter of the nooks and corners and street life of modern Paris, wrote the following article for the WEEKLY, in which he shows that there neither is nor can be any yellow peril; and the world seemed of the same mind.

So matters stood until last Christmas was drawing near—that season of peace on earth and good-will to men—and the Emperor presented the world with a Christmas surprise packet. Again it was the yellow peril—no longer, however, an allegorical suggestion, but a hard fact; and we find we had read the allegory wrongly. It was not Europe, after all, that was in peril from China, but China herself that was to turn a paler yellow at her own peril from abroad.

The Emperor has attracted more attention to Kiao-chou than he did to his sketch. Whether the present situation was skilfully concealed in that work of art, or circumstances have changed the course of the imperial dream, is a subject for interesting conjecture.)

Everything that comes to us from one of those men whom the accident of birth has made kings with unlimited power, magnificent emperors, ought to be examined, weighed, tested, with hesitation, anxious suspicion, and incessant care; just as our chemists in the laboratory of Paris should do when a pot is brought to them which has been found upon the roadway. What does it enclose? Is it explosive? Has it a fuse? Does it confine some terrible acid, or simply the lunch which the street-sweeper's wife has placed upon the ground a moment ago for her husband, and therefore contains only an indifferent hash pretty badly seasoned?

Well, a few weeks back I was looking at a reproduction—very bad, it must be admitted—of the latest picture of my powerful confrère William II., Emperor of Germany.

I shall certainly not tell you what I think of it as a painting, for to judge a painting properly, one must first see it. Reproductions, especially bad ones, give no idea of the art which may be concealed in all the lines and colors. But this picture bore a title with a well established meaning—"The Yellow Peril."

This subject, to be plain, is allegorical. It belongs to the symbolic class. So my powerful confrère is a symbolist! Now what is the value of this subject? How are France and the neighboring powers at present, or likely to be, in peril by act of the Asiatic, and of Indians, Chinese, and Japanese in particular? This is what we are going to examine. We are bound to know with certainty what is contained in this enigma which menaces by reason of its subject and its author.

China is an enormous nation. It reckons four hundred and fifty millions of inhabitants—ten times France. Its population, which possessed a refined civilization, has accomplished the complete cycle of the life of nations—the taking possession of the soil, conquests, flourishing of the arts—and at length is slowly returned to a kind of general lethargy and mere animal existence; and, I will add, history in hand, it is a lethargy from which it will never wake again. I am going to prove it.

One has only to open this great book of the nations to find confirmation of the point I here urge; to discover that at no epoch, in no times, has a people which has once travelled through these different periods of development and reached the blossoming of the arts, which has once had an extended and complete period of art—that at no epoch, I say, has such a people risen from its ruin and resumed rank among the live and active nations.

Yes, it is with nations as with individuals, who are born, live, and die; save that a people composed of numberless individuals does not entirely die; no, but it falls into a lethargy of existence, an indifference to effort and to what is best, into a nihilism, in fact, which renders it henceforth a marked and easy prey to the invasion of another people, which accomplishes in its turn its movement of conquest, and believes in life and action.

Let us examine first the life of ancient India, which had an advanced civilization and an art, and which to-day, with its two hundred and forty millions of inhabitants, is held in veritable bondage by a few hundred English. We can well say that the soul of the peoples of India is dead, quite dead, and dead since five or six centuries before the Christian era!

Again, we have before us the Egyptians, famous builders of granite pyramids, invaders of Asia—for we shall find that all people who attain to power invade Asia, one after the other. The Egyptians, conquerors of Nubia, builders of Thebes and Memphis; and behold their famous Sesostris, who once more turns Asia upside down, and Europe, vanquishing the Scythians and the Thracians. Under him Egyptian art begins to decline, and when art declines, it is the soul of the people which flies further off, emigrates; and if we take as date this sovereignty of Sesostris, whose royal devices are borne upon our Obelisk of the Place de la Concorde, and who consecrated it to the gods, it has been dead for 3000 years. Henceforth her history slowly sinks into darkness and night, and to-day the Egyptians, reduced to nothing or nearly so, pass from the Turks to the English, in a moment, without a consciousness of the change. But Egypt is dead!

Then there are the Assyrians, constructors of Babylon and Nineveh. Led by the fabled Semiramis, they declined under Sardanapalus, the fellow who lived as a woman—dressed like one, anointed and painted, and who embroidered stuffs of purple and gold! Conquerors of Jerusalem, they invaded Asia in their turn—but where, then, exactly was Assyria?

The Phœnicians arrive later, but where is Carthage?

Then there are the Persians. Mighty among the mighty, they achieve once more the conquest of Asia. For always and always, I repeat it, the Egyptians first, the Assyrians next, and now the Persians conquered and reconquered Asia and pillaged it.

Then come the Greeks and beat the Persians, whose satraps permit themselves to be beaten individually one after the other, like the Chinese to-day, who in their egoism defend their particular province instead of thinking of the whole country, and so allow themselves to be beaten by the Japanese.

And next are the Macedonians, who, with Alexander, go back and beat the Persians, and reach as far as the Indians.

But where is marvellous Greece? Temple, supreme and magnificent, which no longer reckons an officiating priest? And the Roman in his turn arrives, and in his turn also goes to assert his power in Asia, and to pillage the riches of his first ancestors. And Rome, no more than Thebes and Memphis, no more than Babylon and Nineveh, no more than Jerusalem, no more than Carthage, than Athens or Sparta, has reconquered the magnificent power of the grand epochs!

This review of the famous dead—is it not convincing, equivalent to absolute conviction?

Invariably history shows us a people attaining to civilization, then falling back into mere animalism and vegetation, whilst a neighboring people, in its turn rooted in faith, goes still farther in knowledge, and conquers, enslaves, and pillages the people which preceded it in power.

Thus we have just seen, two years ago, the Japanese, who are a younger nation, go as far as the walls of Peking, and lose only one hundred and fifty men.

Ah! the Emperor William ought to know better than any one that when you are willing to pay for the glory of reaching the capital of a people that is alive and on its feet, the bill of costs fully amounts to one hundred and fifty thousand men! These Chinese! I was conversing a few days ago with two travellers, the Abbé Vigneron and M. Malrolle, who passed several years in the interior of China. They assured me that half the Chinese were absolutely ignorant even of the existence of the war which was taking place between them and the Japanese, and that the Emperor of China himself, the son of heaven, would have said: "But all this war does not concern me, and really I know nothing of what people are talking. It is that imbecile Li Hung Chang who is fighting with the Japanese; it is not I."

There is not, then, there never has been for three thousand years, a yellow peril; *there never will be.*

That is all I would have said to my very powerful confrère had he done me the honor to ask my views upon the subject which he has chosen for his first picture, of which, I regret, I know only an indifferent and altogether unsatisfactory reproduction.

J. F. RAFFAËLLI.

図 5　「黄禍——ドイツ皇帝もしくはプロシア王のヴィルヘルム二世閣下によるスケッチをもとにH・クナックフスによって仕上げられた」(『ハーパーズ・ウィークリー』1898年1月22日)

は笑ったが、それも当然のことであったと書く。なぜならば、現状を見るに、危機に瀕しているのはそもそも欧州ではなく、アジアだからであった。中国は「停滞」しており、「インドの魂は死」んでいる。この論によれば、文明を手に入れた人々はやがて停滞し、近隣の人々が代わって征服するのを歴史は示しているのであった。そして結論として、過去三千年間においてそうであったのと同様、これからもずっと黄禍は存在しないだろうとする。もちろん世間が嘲笑したのは、皇帝が絵画を依頼した時ではなく、その絵画の内容が世間に知られるようになってからのことであろうが、それは筆の滑りであろう。ただ、その論の中で著者は、中国の若い隣国日本が、わずか一五〇名の兵士しか失わずに、北京に迫ったことを挙げた。その記述の目的は、中国は停滞しており弱いとするその論を例証するためであったが、それによって意図せずに日本の脅威を示すことになっていたのである。(32) いずれにせよ、トゥル将軍が一八九五年頃に発した「黄禍」という語は西に向かって広まり、一八九〇年代末までに、件の絵と結びついたと思われる。

近衛篤麿の同人種同盟論

先にも述べたように、この時期までに、欧州列強に対抗するためにアジア諸国の連合が必要であるとの論が日本国内に現れてきていた。一八七〇年代末に新聞紙上に現れた「東洋連衡論」は、日本だけでは列強に対抗できないとの理由からアジア諸国との「連衡」を説いていた。一八九三年の樽井藤吉の『大東合邦論』は、西洋の圧迫に対抗してアジア連合をつくる第一歩としての日韓合邦を主張していた。そして、一八九七年の田岡嶺雪の「東亜の大同盟」は、欧州勢力をアジアから駆逐するために、まず日中が同盟することが必要だと説いていた。(33) しかし、それらはほとんど欧米の注意を引かなかった。日本側からの動きがもとになって欧米が大きく反応した初期の例として顕著なのは、雑誌『太陽』一八九八年一月号に掲載された近衛篤麿の論説「同人種同盟」である。この論説の中で近衛は、西洋にばかり靡いて中国を軽蔑する昨今の日本の風潮に対して論難をあびせた。社会ダーウィン主義の影響を強く感じさせるこの論は、「最後の運命は、黄白両人種の競争にして、此競争の下には、支那人も、日本人も、共に白人種の仇敵」となる運命なのであるから、「日本人が漫に欧州人と合奏して、支那亡国を歌ふ」のは軽佻浮薄であって、中国について積極的に学び、中国と友好的関係を結ばなければならないと説いている。(34) この論説は、貴族院議長でもあり将来の有力首相候補とも目される、天皇に近い重要人物が筆者ということもあって、日清戦争での勝利以降、徐々にその力を示しつつあった日本に関心をもって目を向けていた欧州の人々の注意を引いた。西洋に対して敵対的な近衛の論を、それを否定するよう外務省の命を受けた栗野慎一郎駐仏公使の反論とあわせて、同年三月五日付の『ル・タン』紙はじめ欧州各紙は大きく伝えた。(35) これ以降、欧米各メディアが近衛を紹介するときには、貴族院議長の肩書と並んで「日中同盟の強力な唱道者」という説明文がつくようになる。(36)

アメリカにおいても近衛の日中同盟論は伝えられた。その中でも全米の複数の主要紙に掲載されたのは、「元大使館員」なる筆名で書かれた論説である。この「元大使館員」の正体は、フレデリック・カンリフ＝オーエンという英国の元外交官である。彼は、一八五五年に共に貴族の家柄である両親のもとロンドンに生まれ、英国外務省に入り、エジプトなど世界各地で勤務していた職業外交官であった。その後、財産を失って一八八五年にアメリカへと移住し、同じく貴族の家柄出身の妻と共に文筆を生業とすることになる。執筆活動は、本名のほか、「ベテラン外交官」、「フォンテノイ侯爵夫人」など様々な筆名を用いて行われた。フレデリックは、主に国際情勢などに関する様々な新聞の社説やコラムの執筆を手掛け、一八八九年には『ニューヨーク・ヘラルド・トリビューン』紙の編集者の一人となっている。妻マーガリートは、歴史小説や伝記などを主に執筆した。

さて、このカンリフ＝オーエンによる論説は、近衛の論を一部引用しつつ、欧米で軽んじられている黄禍の危険について警告を発するものであった。まず「中国だけで四億人。日本には四千万、一方、インドには沸騰しているような溢れんばかりの三億人がいて、日本人や中国人同様、白人に対する苦々しい精神的憎しみに染まっている」と、その数の多さと危険性が強調される。欧州の論者たちは、日本は中国と同盟するための地歩を大陸において失ったと論じているが、彼らに見えていないのは、先見の明のある日本の政治家が、日中同盟に向けて着々と歩を進めていることであり、まさにちょうどそのタイミングで、近衛の日中同盟論が東京の雑誌に掲載されたと彼は指摘する。彼によれば、近衛の「注目すべき」論文については、極東の特派員たちはその重要性を見落としてしまったが、その中で近衛は、東洋における西洋列強の権利に対抗する勢力を形成するため日中の同盟を強く主張している。そして、西洋列強は黄禍に対して自衛するために連合しなければならないとドイツ皇帝が主張したときは、大いに嘲られたものだったが、ドイツ皇帝は、「愚かだったのではなく、預言的だった」と書いた。この論説は、『ニューヨーク・トリビューン』や『シカゴ・トリビューン』、『ワシントン・ポスト』などの米国主要各紙に、見出しはそれぞれ異なるものの、同じ本文が同じ日（一八九九年八月二〇日）に掲載されたため、多くのアメリカ人に読まれたと考えられる。(37)

このような日中同盟構想に対しては懸念が抱かれ、中国軍人の日本への留学など、少しでも疑わしい動きが見えると、反西洋的な形での日中同盟形成に向けた動きとして報じられる流れができていった。イギリスの地方紙『ダービー・テレグラフ』は、「アジア人のためのアジア」と題して、「極東における非アジア諸国の勢力を抑えることを視野に入れて、中国との間で、同盟とは言わないまでも、可能な限り緊密な関係をつくり上げようという力強い試みが日本によってなされている」と報じた。(38)

そして一九〇〇年に入り、義和団の乱に際して、日本が欧米七カ国と並んで出兵し、その軍事的能力の高さを見せつけるとさらに関心が高まった。東アジアを足繁く訪れていた著述家R・ヴァン＝バーゲンは、ニューヨークの雑誌『センチュリー』に寄稿した義和団の乱に関する論説の中で、「日本は『アジア人のためのアジア』という明確な政策を持っており、それはすなわち、日本を指導者とし、白人に対して公然とした敵意を抱く、アジア諸国家の連盟である」と書いた。そして「もし日本が中国に堅固な地歩を固めたなら、白色人種は黄色い災いと向き合うことになるだろう」し、そうなったときに、西洋文明を守るために先頭に立つのはアメリカになるだろうと予測した。[39] 一八九八年の「同人種同盟」の発表以来、欧米で日中同盟論者として知られるようになった近衛篤麿が一九〇一年七月に北京を訪問すると、欧米各紙は注目した。七月二四日付『タイムズ』紙は、近衛が適当な時期を選んで、中国で日中同盟の持論を展開すると予想した。同日付の『シカゴ・トリビューン』紙も、「日本は同盟を求めている」との見出しの下、近衛の訪中を、日本が中国との同盟を求めている表れと解釈した。『ロサンゼルス・タイムズ』紙は、一月ほど遅れて、「東洋の二つの帝国が引き寄せ合っている」と題する記事を掲載した。[40] 確たる根拠もなしに、日中同盟が模索されていると解される下地があったのである。この時期、アメリカで日本の脅威に注目する論調は、新聞雑誌だけでなく、東アジアに詳しい元政府関係者にもみられた。一九世紀末に十年以上の長きにわたって米国駐華公使を務めたチャールズ・デンビーは、当時の米国外交官の中では数少ない中国通であったが、日本においていま最も人気のあるスローガンは「アジア人のためのアジア」であると危惧を表明した。[41]

日露戦争前夜

一九〇一年半ばには、ロンドンの『クランプトンズ・マガジン』が、「黄禍、それは現実か？」と題する誌上シンポジウムを企画した。そこでは、黄禍論に詳しいとされる意見の異なる三人の識者がそれぞれこの問いに関して論じている。まず第一論者として取り上げられたのが、前述のトゥル将軍で、テーマである黄禍は現実かという問いに対して、もちろん黄禍は現実のものであるとして、その危険性について警告を発する。まず、世界の人口の三分の一を占める中国を征服する困難さを指摘し、もし征服しても、欧州人よりもはるかに安い賃金で働く中国人がヨーロッパに流れ込み、地元の人々は失業するという点から説き起こす。中国人に消費を教えると、中国人は銃や鉄も購入し、ヨーロッパは深刻な影響を受けるだろうと論じた後、トゥル将軍は、日本やインドを目覚めさせた列強は、いまや中国を目覚めさせようとしており、ヨーロッパは連帯しなければ亡びるしかないと結んだ。第二の論者は、ポーランド出身の銀行家でロシア皇帝の顧問も務めるイヴァン・ブロッホで、彼もまた黄禍について警告した。中国がいかに利益をもたらさない存在であるかを説明したうえで、軍事的脅威も大きいので東洋とは平和的な商業的交流をしなければ危険だと主張する。そして第三の論者として、イギリスにおける当代きっての東洋問題に関する著述家であったアレクシス・クラウスが登場し、先述のピアソンの著作などを交えて黄禍論の歴史を概観した後、黄禍というのは、センセーショナルな評論家たちが、自分たちの仰々しい考えを世間に浸透させるために利用している「病的に興奮した叫び」であると結論づけた。この誌上シンポジウム全体では、黄禍論を否定する論者を最後に据えてその可能性を打ち消そうとしているものの、三人の論者のうち二人までが黄禍論の危険性を強調していたことになる。また、このような特集が組まれること自体に、いかに当時黄禍論が関心を集めていたのかが見てとれる。(42) そして当時、黄禍論的懸念が関心を集めていたのはマスメディアの中だけではなかった。そのような懸念はイギリス政府内にもみられた。同じ頃、植民地相ジョゼフ・チェンバレンは、日本の急速な台頭を考慮して、英米独の人種的結びつきによる協定を提唱していた。すなわち、チュートン民族とアングロ・サクソン民族の近接性を語り、英米独による三国同盟を提唱したのである。一八九九年一一月にレスターの集会場で開催された午餐会においてチェンバレンは、「英米の連合が平和の大義における強力な要因であるならば、チュートン民族と、アングロ・サクソン民族の二つの偉大な分派との新しい三国同盟は、世界の将来にとってよりいっそう強力な影響力をもたらすだろう」と語り、拍手喝采を浴びた。ただしこのような考えは、政府の政策としては受け入れられず、イギリス政府は現実主義に基づき、極東でのロシアの進出を抑えるために日本と同盟を結ぶことになるが、このような人種主義的思考そのものは根強く残ることになる。[43]

英語圏の論壇で広く知られたジャーナリストで、ロンドンの有力雑誌『スペクテーター』の共同経営者も務めたメレディス・タウンゼントが、『アジアとヨーロッパ』と題する書物を出版し、大評判となったのもこの頃である。一九〇一年刊行のこの書は、人種間の融和についてきわめて否定的なものであった。「欧州とアジアの間に内在する相違を描写」することで、互いの歴史は糾える縄のごときものであるものの、「両大陸の融合は決して起こっておらず、著者の最良の考えをもってしても決して起こらない」とするのが基本的な論旨であった。東洋人と白人の間を橋渡しできる可能性が最も大きい国民として、タウンゼントはアメリカ人を挙げる。「人あたりがよくユーモアのあるアメリカ人が、白人の中でアジア人に最も人気となるだろうし、ほかの誰よりも自分たちの考えを彼らに受け入れさせることができるかもしれない」と可能性を示唆する。しかしそのアメリカ人をもってしても「人種間の裂け目はとても広く、これまでのところ越えられていない」と悲観的な見通しに終始するのであった。また、いかに白人に丁重に扱われようとも、アジア人の心の奥底に生じた白人に対する憎しみは深く保たれ続けると断じた。この書の内容はアメリカでも、多くの書評で好意的に扱われた。『ボルティモア・サン』紙は、タウンゼントのことを「アジア問題の性質について彼ほど明確に提示した著述家はおそらくいない」と称え、同書は「時宜にかない権威ある記述に満ちており、この問題に関する価値ある一冊となるだろう」と高く評価した。『ハートフォード・カーラント』紙は、タウンゼントは、東洋と西洋の分裂についてとりわけ詳しい人物であり、アメリカが「今日……世界の東半分に敵対しているのかということを見抜く洞察力のあるアメリカ人」には、この書は特に読む価値があることがわかるだろうと書いた。同書は、英語圏で増刷を重ねた。[44]

米連邦議会でも日中に対する脅威論が見られた。米西戦争の結果米国領となったフィリピンを保持することが貿易にどう影響するかという議論の中で、アイダホ州選出のフレッド・デュボイス上院議員は、アメリカの貿易に対して日中の及ぼす危険性について一九〇二年五月の上院本会議で力説した。彼はもともと、アジアとの関係を深めることが、アメリカの労働者の待遇を悪化させるので危険であるとの立場で、フィリピンの併合や中国人移民の流入に反対の立場をとっていた論客であった。彼は、東洋での交易においてアメリカは日本に勝つことはできず、また、中国も脅威になると語った。彼が特に危険視したのは中国の潜在的な能力についてであった。フィリピンを用いて東洋貿易を拡大すべしと論ずる同僚に対して、彼は、「中国は今は静かに眠っている。怪物は不活発である……我々がこの龍の歯を引っこ抜いて［中華］帝国中に撒くのは賢明だろうか」と問うた。(45)

一九〇三年六月二日付の『シカゴ・トリビューン』紙は、黄禍論を過小評価する傾向を戒める論説を掲載した。それは、子供が何かできるようになったときに感心するような具合で日本を下に見つつ褒めるアメリカ人の態度を戒めている。それによると、「黄禍は死んだ」との言を最近よく聞くし、「中国という眠れる巨人」は実は眠っているのではなく死んでいると西洋人は考えるようになったが、実は黄禍が何がしかのものであるなら、それは日本の指導の下に実現するだろうという。そして、「もし何百万という中国人が日本人の下士官によって訓練されることになり、日本の小銃で武装し、そして日本の将軍に指揮されるようなことになれば、ヨーロッパの軍隊は否応なくお互いを見るのをやめて、目を東へと向けることになるだろう」と論じ、「というのも日本人は早熟の子供ではない。彼らは大人である」と結んでいる。(46)

アジアにおける米国の在外公館長経験者であり、アメリカにおいて東アジア問題の専門家と考えられている人物の中にも、日本の脅威について説く者が見られた。一八九〇年代に駐朝公使を務めたオーガスティン・ハードは、一九〇三年九月に『ニューヨーク・トリビューン』紙において自説を展開した。冒頭でまず、黄禍はあるかと自問し、それに「確実にある」と答えている。彼の論によれば、中国は人口も多く資源も豊富だが、長らく平和の国で、彼らを率いる士官が不足している。それに対して日本は優秀な士官を多く擁している。そもそも日本は生まれながらの兵士である侍の国であるから、中国の兵士が日本の士官に率いられて西洋に向かってくるのに備えなければならないと警告する。そして、この論説は前述のメレディス・タウンゼント著『アジアとヨーロッパ』の冒頭の「人種間の裂け目はとても広く、これまでのところ越えられていない」という一節を引用して結ばれている。(47) マスメディアだけではなく、外交の実務に携わっていた者の中にも同様の見方をしていた者がいたのである。

極東において日露間で緊張が高まるにつれ、欧米ではこれら二国の主張についても以前より多く報道されるようになった。その中には日露の対立を人種対立といった図式で捉えるものが見られた。それは一つには、ヨーロッパの東端に位置し、アジアにもまたがる広大な領土を有しているため、ともすると西欧諸国からアジアの一部とみなされることも多いロシア側が、欧米諸国において自国に有利な世論をつくり出すために、そのような論調を醸成しようと活動していたことが理由であった。西欧からは常に後進国と見られてきた中で、なんとか西洋列強の一翼を担うヨーロッパ国であると見られたいという欲望が、日露の対立を東洋対西洋の人種対立とみなしてもらいたいという動機となっていたのである。そしてそのようにみなされることで欧米列強をすべて味方につけて対日外交を有利に進めたいという考えがあった。日露対立において、殊更に人種的要因を強調する動機が、ロシア側にはあったのである。(48) そのため、ロシア側のメディアはそのような報道を行った。例えば、旅順のあるロシア語新聞は、日露の争いを白人種対黄色人種の枠組に落とし込もうと、「日本のヘゲモニーの下で最盛期を迎えている、白人種に対する黄色人種による汎アジア同盟を相殺するための汎ヨーロッパ同盟を組織する必要性」を訴えたが、それは一九〇四年一月、早速米紙に報じられている。(49)

世はまさに英露二超大国が世界規模で対立する「グレート・ゲーム」の時代であり、極東における日露の対立はその一部であった。日本政府はイギリスにつくことに決めており、欧米列強全体が日露の争いを黄白の人種対決の図式で見かねないことを危惧していた。欧米列強に倣って国づくりを進め、英国政府の支持を背景にロシアと対峙している日本政府にとって、日露の争いが人種対立という枠組みで捉えられてしまうことは、国家存亡に関わる一大事であった。そのような文脈において日本政府は、日露の対立において、清国政府が日本の味方をすることで「黄色人同盟」が形成されていると見られるのを危惧した。そのため、日本政府は、日露戦争において清国が日露どちらにも与せず厳正中立の態度をとることが肝要と考えた。そこで一九〇三年の年末における閣議決定「対露交渉決裂ノ際日本ノ採ルヘキ対清韓方針」において、日本政府がなすべきことの一つとして「恐黄熱ノ再発ヲ防クコト」を挙げ、黄禍論がヨーロッパ人の「胸裡ニハ依然伏在シテ動モスレハ輙チ発動シ彼等ヲシテ此迷想ノ下ニ一致セシムルノ恐レアリ」との理由から、日清が同盟してロシアと戦うようなことになれば、黄禍論が再燃して、独仏などが介入するおそれがあるとして、黄禍論が再燃することのないよう細心の注意が払われていたのである(50)。

極東で日露間に緊張が高まる日露戦争前夜のこの時期、アメリカ政府の政策は、太平洋の領土を守りつつも、中国の軍事的政治的支配を求めることはないというものであった。セオドア・ルーズベルト大統領も国務省も、東アジアにおけるアメリカの利益を明確に定義しておらず、ロシアの満洲における勢力拡大にも積極的に反対することはなかった。そのため米国内には日露それぞれを危険とする考えがみられた。日本よりもロシアの方が危険であるという論調としては、例えば、一九〇四年一月に発行された『アウトルック』誌の記事が、日本はアジアにおける人種的かつ異教徒的な連帯を指導し、一方ロシアはアジアにおける白人種とキリスト教の指導的立場を担うとロシア人は主張しているが、実のところ、スラブ人はアングロ・サクソンとは大きく人種的に異なり、ロシア人は東洋人以上に東洋化する能力がある、と書いた。そして、「日本人の文明は、ロシア人の文明よりも、アメリカや世界の最大の利益にとって不可欠である」とし、その理由を、日本は「ペリー提督とタウンゼント・ハリスが日出る帝国を過去の足かせから解き放ったとき、新たな方向へ歩き始めたから」であると説明した。[51] 一方、アメリカの有力誌の中にはすでに人種的観点から日本を危険視するものもあった。『ハーパーズ・ウィークリー』誌は、一九〇三年半ばの号で、「極東における戦争の予兆」と題する一文を掲載した。その中で、「白人種に対する黄色人種の勝利を消極的に黙認するのが賢明かどうかという問題」を提示する。そして、日本の勝利は日本による中国全体の支配を意味し、アッティラの再来となって再び黄色人種がヨーロッパ全体の支配を目論むことにならないか、商業的利益を優先する一方、人種的近さを犠牲にして、日露の対立において拙速に日本支持を決めてよいものかと問うた。[52]

日露戦争

こうした中、一九〇四年二月八日に日露戦争が勃発する。開戦当初、英米では、日本に融資した資本家の思惑もあり、日本贔屓の気運が強かった。また、当初は戦力的に圧倒的にロシア有利と考えられており、自国が開国へと導いた弱小国が強大なロシアに立ち向かっているというイメージもアメリカ人を日本贔屓に傾けた。当時、毎月五〇万部以上の発行部数を誇っていたニューヨークの人気月刊誌『エブリバディズ・マガジン』の四月号に掲載された「どちらがより文明的か」と題する一文が日本贔屓の典型例である。それは、日本がもしロシアに勝つと「黄禍」であるとか「文明に対する脅威」であるとか恐れる者が名士たちの中にはいるだろうが、果たしてどちらが文明的かと問う。そして、ポーランドでの虐殺、フィンランドでの抑圧、ユダヤ人やアルメニア人の迫害を思い出すとともに、人口がロシアの三分の一しかない日本が、ロシアの三倍もの子供たちを小学校に送っていることを考えるように説く。また、日本は代議制であることも重要な点であるとして日本寄りの論を展開した。この文章は、アメリカ各地の新聞にも早速引用された。[53]

しかし他方、アメリカでは日本の勝利の可能性とそれを懸念する意見もすでに戦争当初から見られていた。二月一二日付の『ロサンゼルス・タイムズ』紙に掲載されたG・W・バートンが寄稿した論説は、開戦の報に接する前に書かれたもので、日露衝突の懸念に触れている。日本人の能力を高く評価する点は他の日本贔屓の論説と似ているが、それを厄介事と捉えている点で大きく異なっていた。中国は新しい物事を身につけ再生する能力がない一方で、日本には再生の力があり、よろこんで西洋の考えを身につけると区別したうえで、「日本がもしロシアを打破するなら、モンゴル人種の中で指導的立場を獲得するこの『むこうみずな』小国は、とても厄介なものになるかもしれない」と懸念を表した。そして、日本は「革新的」だが、「アジア人」であり「異教徒」であると結んでいる。(54) 開戦間もない二月二二日付の『ワシントン・ポスト』紙は、読者投稿欄の冒頭に、自分はロシアを賛美する者ではないが「今日ロシアは、褐色や黄色人種と異教信仰に対して白人とキリスト教の優越のために戦っていると真剣に信じる」とする投書を掲載した。(55)

日露開戦を受けて、近衛の日中同盟論に人種的危険性を見出していた前述のフレデリック・カンリフ＝オーエンは、複数の筆名を用いて英米の日本贔屓の世論を批判する論説を執筆し、それらは様々な新聞雑誌に掲載された。一九〇四年三月三一日に『ワシントン・ポスト』ほか複数の有力紙に掲載された国際情勢に関する分析の中では、黄禍と汎アジア主義に関するヴィルヘルム二世の指摘は、中国やインドの日本寄りの世論によって裏打ちされているとして、彼は日本の勝利に関して警告を発した。それによれば、初期の日本の勝利によって破壊されたのは、単にロシアの威信だけではなく、「アジア全域にわたる白人種全体の威信」であった。イギリスのインド、アメリカのフィリピン、オランダの東インド、そして、フランスのインドシナなどの統治を、何百万人ものアジア人を前に可能にしていたのはひとえに「白人の威信」であるから、日本のロシアに対する勝利は、欧米列強の植民地統治に深刻な打撃を与えることになるだろうと警告した。(56)

また、カンリフ＝オーエンは、ニューヨークの月刊誌『マンシーズ・マガジン』には実名で、「真の黄禍」と題する論説を掲載し、今日黄禍論の新類型とも見られるものが現れていると主張した。彼はまずその論説の中で、英米仏における一般世論が日本寄りである一方で、東洋に住む欧米人や西洋の指導者たちの間で、日本の勝利を懸念する意見があるのはなぜかと問い、その答えは、彼らの心に「黄禍」の存在を信じる気持ちがあるからだと論じる。そして、今日の黄禍は、何世紀も前に見られたようなアジア人によるヨーロッパの侵略ではなく、「アジア人のためのアジア」の実現であり、それは日本で生み出された考えであって、いまやアジアのすべての心を捉え、アジアからの白人支配の追放を狙っていると警告した。その上で、最後に、日露開戦以来感じられるアジア在住白人に対するアジア人による憎悪は、家族を香港、オーストラリア、そしてヨーロッパにまで避難させる者が見られるほどであるにもかかわらず、そのような実態が欧米のマスメディアで報じられないのは、日本の厳しい検閲によるものだと主張した。[57]

日本が戦争を有利に進めていることに対して、東アジアや南アジアさらには中東でもこれを熱狂的に称える声があったことはよく知られているが、米英の知識人にも、日本の緒戦での勝利に対して、その歴史的意義を見出すものがあった。歴史家で、国際主義者として後に国際連盟とも深く関わることになるアルフレッド・ジマーンは、一九〇四年当時、オックスフォード大学で古代ギリシャ史を講じていた。日本の最初の勝利の報に接した彼は、教室に向かうと、その日のギリシャ史の授業は取りやめると述べ、その理由として「いま起こっている、もしくは起こりそうな、我々の人生で最も重要な歴史的出来事、白人に対する非白人の勝利について話さねばならないと感じているからだ」と語ったという。[58]

一九〇四年五月一〇日付の『ロサンゼルス・タイムズ』紙は、日露戦争におけるアメリカの日本贔屓の理由を三つ挙げて説明する。その三点とは、前述したアメリカ人の判官贔屓、ロシア人より日本人の方をよく知っていること、そして日本人が示している胆力が好きであることだとする。そう説明した後、同紙は日米の関係よりも米露の人種的つながりの方が深いと論じる。そして、ブリンマー大学の政治学者リンドリー・ミラー・キーズビー教授の、ロシアがいかに白人を守るために重要な役割を果たしてきたかという考えを援用し、今回の極東における日露の争いの背後には、黄禍が確実に存在すると主張する。キーズビー教授が重視したのは日中同盟の可能性であった。そのような同盟によって、「モンゴリアン」が世界に広がり、「白人種」が隅に追いやられてしまう可能性を考慮し、記事は、「アメリカは、たとえ心情的にでも、現在の紛争において日本に同情すべきではない」と結論した。(59)

同じ五月一〇日には、シカゴ大学で、人類学者のフレデリック・スタール教授が、教え子たちに向けた講義の中で、日露戦争について、日本を贔屓する意見が広まっている状況に警鐘を鳴らし、この戦争は東洋と西洋との戦争であり、ロシアの敗北は、黄色人種の勃興と白色人種の没落を意味すると力強く論じた。スタールは、四月末から始まったセントルイス万国博覧会における展示のためにアイヌの人々を渡米させせようと、ちょうど日露開戦の頃に日本を訪れており、開戦間もない日本の様子を肌で知る数少ないアメリカ人の一人であった。

このスタールの警告は大学の講義の中でのことであったにもかかわらず、その翌日には早くも地元紙の『シカゴ・トリビューン』が「ジャップの勝利における危険」と題して短く報じ、全米各地の新聞が続報することで全米に広まっていった。(60)アイオワ州の夕刊紙『シダーラピッズ・イブニング・ガゼット』は、同日付で、「スタール教授からの哀悼の辞」と題してこれを報じた。(61)『ロサンゼルス・タイムズ』紙は、その翌日、より詳細に報じた。同紙が強調したのは、スタールの説の、同人種ということから中国が日本との過去の遺恨を水に流して、日本側につくだろうという部分であった。その結果、「中国の莫大な数的力と、日本の紛うことなき精力、鋭敏な指揮の手腕、現代的戦術の知識が合わさると、白色人種の優越に対する真に恐るべき脅威となるだろう」と同紙はまとめている。この日中同盟に向かう勢いに対して、スタールは悲観的で、それは彼の「すべての人種には旬がある、そして、白人のそれは終わろうとしている」という発言に象徴されていた。そして、日露戦争において日本に助力する前に、すべての白人国は躊躇すべきだと結論づけた。[62] その後も、『シラキュース・テレグラム』紙が、「白人支配の終焉を見る」と題し、また、『ハワイアン・スター』紙が「黄色人種の大勝を予想」と題して紹介するなど、スタールの講義に関する報道は続いた。[63] ただし、黄禍論の主張を理解しつつ、その実現可能性を否定するような論も見られた。スタールの講義を速報した『シダーラピッズ・イブニング・ガゼット』紙も二日後には社説でこの件を取り上げ、「白禍は存在しないし、黄禍も茶禍もない」し、「日本が勝つなら、それは勝ちに値するからだ」と論じた。『ロサンゼルス・ヘラルド』紙も、日本人は啓蒙された国民であるので、日本が日露戦争に勝っても黄禍の心配はいらないと否定した。[64]

この間も日露戦争における日本贔屓を戒める『ロサンゼルス・タイムズ』紙の記事は継続した。六月一五日付の同紙は、オーストリアの旅行家で著述家のエルンスト・フォン・ヘッセ・ワルテッグの発言を報じた。「ロシアは勝たねばならぬ」との彼の言葉の引用から始まるこの記事は、「白人種とキリスト教がモンゴロイドと異教徒に敗れるとは信じられない」と続く。彼にとっては、そもそも「なぜアメリカがそれほどまでにロシアに偏見をもち、日本に好意をもっているのか理解できない」。なぜなら、「日本の成功によってアメリカは何も得ることができない」し、そもそも日本は、西洋の技術や科学を取り入れただけで、西洋の倫理や宗教は取り入れておらず、いまだに異教徒である。そして、日本が勝利するとアジアから西洋人が追い出されることになるだろうとして、日本を支持することに警告を発した。[65]

それまでは、日本の発展に好意的な記事すら掲載していたハースト系新聞が、反日的論調を鮮明にし始めるのも、日露戦争の時期であった。ハースト系新聞とは、新聞王ともいわれるウィリアム・ランドルフ・ハースト傘下の新聞グループで、『サンフランシスコ・エグザミナー』や『ニューヨーク・ジャーナル』などといった有力紙やＵＰ

通信社などを傘下に持ち、大きな影響力を誇っていた。部数を伸ばすためなら、多少根拠薄弱な記事でも誇張して発表するといった姿勢も見られたが、そのハースト系新聞が、反日的記事を集中的に掲載し始めたのである。一九〇四年八月「黄禍はあるか」と題する論説において、日本と中国の同盟の可能性について論じ、「より賢明に戦い、少なく食べ、死をもいとわず、疲れや危険をものともしない褐色の人々と、達観した運命論的な中国人の従兄弟たち」の連携について真剣に考えなければならなくなるかもしれないと予言した。(66)

一九〇五年五月に『シカゴ・トリビューン』紙に掲載された「中国が世界を征服するのをヨーロッパは恐れる」という特集記事は、フランス外交筋の黄禍論的考えを紹介するものであった。内容は、「日本と中国の合同行動」が強調され、そこには、「堂々と前進する黄色い悪魔の大群」などのおなじみの言葉がちりばめられていた。なかでも「一億二千万の武装兵を伴う中国と日本」とか、兵士の後に来るのは「宗教的熱狂と白人への憎しみ」に駆られた「二億人の略奪者」などと、その数の多さが強調された。害虫のようにあまりに多いため、ヨーロッパの兵士が一発で必ず一人殺したとしても進撃を止めるに十分に早くは撃てないとされた。同紙は、すべてフランス人の言っていることとして、内容に対する論評は避けている。ただ、その論を否定するわけでもなく、一面の半分以上にわたって描かれた槍や鋤を掲げる中国人の大群の巨大な絵（図6）と、その中にちりばめられた「ドイツの専門家の訓練を受ける中国の騎兵」や「射撃訓練する中国兵」などの写真は、意図的に読者の不安を煽るものであった。(67)

同様の論はイギリスでもみられた。英国のある地方紙は、特派員として乃木将軍の軍に同行したレジナルド・グロッソップによる「日本の真の野望」と題する長文の論説を掲載し「黄色人種の結合が世界を脅かすかもしれない」と論じた。グロッソップはその中の「中国が日本に手を貸す」と題する一節で、二つのアジアの大国が一つになって「アジア連合」を形成し、世界に危険をもたらすかもしれないと警告した。(68)

これらの日露戦争中の黄禍論的な論調に異を唱える者もあった。一八八八年に日本に赴任して断続的に伝道と教

The Chicago Sunday Tribune.

MAY 7, 1905.

Europe fears China will conquer the world

High Officials Scent Danger.

Fear Horde of Looting Invaders.

Rapid Growth of Chinese Army.

Mongols Inspired by Jap Victories.

Menace Began Seven Years Ago.

Trained Officers Developed Rapidly.

Training Sons to Be Officers.

Almost Equal Japs in Bravery.

Financial Difficulties Will Be Overcome.

Yellow Peril Greater than It Seems.

America in Less Danger from Attack.

図 6　「中国が世界を征服するのをヨーロッパは恐れる」（『シカゴ・トリビューン』1905 年 5 月 7 日）

育にあたっていたプロテスタントの宣教師シドニー・ギューリックは、日露戦争の真っ只中の一九〇五年初めに、アメリカで『極東における白禍――日露戦争の重要性の解釈』と題する書籍を出版した。その中で彼は、欧米の人々は黄禍の脅威ばかり説くが、その一方で白禍の現実を見逃していると指摘する。日露戦争の原因がそもそも白禍であり、白禍が東アジアの人々を最初に脅かしたために黄禍が生じるに至ったと述べている。ギューリックが強調するのは、日本の指導者は、人種戦争を求めているどころか、避けるためにありとあらゆる努力をしており、ロシアが日露戦争を人種戦争であると煽ったとき、米英がそれに乗らなかったので、深く安堵したという点である。西洋人が東アジアの人々に敬意や礼儀をもって接するようになれば黄禍もなくなるとして、西洋による圧迫を戒めるのであった。ただ、このような論は、広く受け入れられることはなかった。(69)

一人の人間が、日露戦争の経過によって意見を変えていくこともあった。極東情勢に詳しいアメリカ人専門家も日本を支持することへの疑問を抱くようになったのである。後にタフト政権において、アメリカの極東政策作成に関与することになるウィラード・ストレイトは、当時ロイター通信の特派員として、日露戦争をめぐる極東情勢を取材していたが、親しい友人への信書の中でその複雑な胸のうちを明かしている。ストレイトも、開戦当初はアメリカ世論の大勢同様、ロシア人に比べ日本人を高く評価し、「平均的な日本人士官は、ロシア人と比べて、よりよく教育されており装備もより優れているし、兵士はより知的である……日本人は勤勉で熱心で能力が高い」と書いていた。しかし、戦況が日本優位に進むにつれ、そのような心情が変化し、半年ほど後に別の友人に次のように書き送っている。

　特段の理由はないし、不平を言うような現実的原因もないのだが、自分はいまや世界の何よりも日本人を嫌っているのだ。その原因は、黄色人に頼みごとをしなければならず、礼儀正しくしなければならないために常に緊張を強いられているせいではないかと思う。我々は彼らのことを知ったり理解したりすることはできないし、彼らは我々のことを心底嫌っている。「東は東、西は西、両者の出会ふことあらず」と書いたとき、「ラドヤード・」キップリングはまさに正しかった。[70]

翌年には、「日本人についてそんなに責めることもできまい。なぜなら彼らは他の人々よりも人間以下に見えるからである……ロシア人を見るとまた別の話になる……彼らは白人で、そのことが意味するところは大きい」とまで書くに至っている。[71] そして、日露休戦直後には、友人のヘンリー・フレッチャーに対してソウルから次のように書き送っている。

韓国に来て、邪魔するものが誰もいないときの彼ら［日本人］の部下たちの強欲を見るがいい。真の黄色人種を見るがいい。ハーバード大学で君が出会うような気持ちのいい奴でも、東京で、外務省で僕が知っているとても感じのいい奴でもない、本当のジャップを。[72]

『シカゴ・デイリー・ニューズ』の特派員として、日本軍と行動を共にしていたスタンレー・ウォシュバーンも、当初親日であったものの日露戦争が進むにつれ、時間の経過とともに日本を嫌悪するようになった一人であった。

［日本人は］心の底ではいかなる白人をも好いてはいない。今のところ彼らの役に立っているイギリス人やアメリカ人のことすら……彼らは満洲の門戸開放についてこっそり笑っている。というのも時が来れば、安い労働力によって工業で我々を打ち負かし、それゆえ、貿易を奪うことができるからだ。彼らはビジネスの取引において、ずるく、また非誠実かつ詐欺的であり、儲からないときに契約を破ることをなんとも思わない。[73]

ただ、このような人種主義的な見方は実際の極東政策には反映されなかった。というのも、時の大統領セオドア・ルーズベルトは、ピアソンの著作に対する執拗な長文の書評にも見られたように、「下等人種」の脅威に敏感であったものの、実際の政策面では、日本が大陸に一定の影響力を持っている以上、それを武力で阻止するという決意と実力とがアメリカ側にない限りはその現状を認めないわけにはいかないという現実主義をとっていたからであった。

一九〇五年五月の日本海海戦で日本が勝利し、戦争の帰趨がはっきりして、講和への動きが活発化すると、逆に黄禍論を否定する論の方が目立つようになる。六月、『シカゴ・トリビューン』紙は、「『黄禍』の亡霊」と題して、中国人も、白人はもとより他の黄色人種である日本人にも支配されたくないであろうから、中国が日本の思い通りになるということはなく、そのため白人が中国に余計なちょっかいを出さない限りは黄色人種による侵略の危険はないと断言した(74)。カリフォルニア最古の新聞の一つである『デイリー・カリフォルニアン』は、カリフォルニアで日本からの移民を排斥する動きが進んでいるが、日系移民は中国からの移民とは異なり危険ではないので、排斥運動は成功しないだろうと社説で書いた(75)。カリフォルニアの有力紙『オークランド・トリビューン』は、複数回にわたって社説で日本と黄禍論について論じた。その論の中ではまず、中国をはじめとするアジアの途方もなく多い人口に対する恐れや、その中国の膨大な人口が、「日本という学校」で、規律や近代的な方式を学ぶことに対する恐怖などが率直に語られる。しかし、結論としては、「黄色人種の勃興によって危険にさらされるのは、白人が彼らの権利を略奪したり、領土を奪ったりする機会だけ」であって、アジア人を自分たちの利益のために思い通りに搾取しようとさえしなければ、恐れることはないというものであった(76)。この時期、在中国の米英人による出版物にも黄禍を否定する論が見られた。上海の英字紙『ノース・チャイナ・ヘラルド』は、「黄禍の幽霊再び」と題して、ロシアが黄禍論を煽っているが、中国の日本化はそもそも不可能で、日本が近い将来欧米列強をアジアから追い出すくらい強くなるというのも夢物語であると書いた[77]。

日露戦争の開戦とともに盛り上がり、その終結とともに一旦は沈静化した黄禍論的な考えに特徴的にみられるのは、当時大西洋を挟んだ米英による、英語文化圏において影響力を持っていた、世界を東洋と西洋とに二分する二元論であった。アメリカの著名な社会経済学者ウィリアム・サムナーが一九〇六年の著作で記した次の記述が典型的である。

人類を文化的大分類で二つに分けると東洋と西洋ということになる。それぞれが終始一貫している。つまり、それぞれが独自の哲学と精神をもっている。異なった習俗、視点、流儀、そして、どのような社会的取り決めが有利なのかに関する異なった考えによって、徹頭徹尾隔てられているのである[78]。

日本側の困惑

帝国主義国として欧米列強と伍し、特に英国とは同盟関係にまであった日本の政府にとって、国際関係を人種という視角から見る見方が欧米各国で強まることは望ましくない事態であった[79]。早速、日本政府は、一九〇四年二月に反論のための特使を米英に派遣するとともに、欧米の在外公館にそれらの考えを打ち消す努力をするよう命じている。アメリカには、伊藤博文の側近でありハーバード大学でセオドア・ルーズベルト大統領と共に学んだ旧知の金子堅太郎が、イギリスには、ケンブリッジ大学で学んだ、伊藤の娘婿である末松謙澄が派遣された[80]。このとき渡航にあたって二人に手渡された「心得書」の一部に、日本政府がどのように黄禍論を捉え、その広まりをいかに恐れていたかが表れている。

二、恐黄熱ハ欧米人ノ思想中ニ今尚伏在セリ殊ニ露国ハ百方該熱ヲ鼓吹シツヽアルガ故ニ之レガ再発ヲ予防スルコト

三、帝国政府ガ清国政府ニ勧告シテ厳正中立ノ態度ヲ取ラシメタルモ其主要ナル理由ノ一ハ恐黄熱ノ再発ヲ予防スルニ在リ……

四、帝国政府ガ清国人ノ教育ニ尽力スルヲ以テ恐黄熱鼓吹ノ有力ナル材料トナスモノアリ然レドモ清国人ヲ教育シ文明ノ民トナスハ東洋ノ平和ノ為メ……(81)

この心得書のその二の背景には、ロシアが欧米で盛んに黄禍論を煽り、それがアメリカのマスコミに取り上げられるという事実があった。すでにここまでにも見たが、例えば、一九〇四年七月九日付の『サンフランシスコ・コール』紙は、トルコなどでの日本の動きを警戒するロシア側の見解を紹介している。それによれば、日本は世界中いたるところでロシアを困らせるための策謀をめぐらしており、白人種に対抗するための汎アジア連盟のための第一歩に取りかかっているので、警戒しなければならないとされた。欧米では、西欧諸国に比べ、人種的にアジアに近いとみなされていたロシアが、日本との対立において黄禍論を喧伝し、ロシアと日本の対立を白黄の対立とみなすことで、欧米の共感を呼ぼうという試みが、半ば成功していることを、この『サンフランシスコ・コール』紙の記事は示していた(82)。また、心得書のその三と四には、これまでの黄禍論に広く見られた、日中が協力して欧米に反対するという論を、いかに日本政府が恐れていたのかが表れているが、この新聞記事を見ると、日本政府の恐怖が根拠のないものではなかったことがわかる。

金子と末松は早速、それぞれの任地で任務を開始した。旧知の人々に会って日本の立場を説明するとともに、有力者の集まる場所で講演会を催して広く世論に訴えた。金子の講演場所は、母校のハーバード大学をはじめ、ワシ

ントンの地学協会、ニューヨークのカーネギー・ホールなど多岐にわたった。渡米間もない一九〇四年四月に行われたハーバード大学での講演において金子は、極東情勢について語った後、その演説の後半においておもむろに「いわゆる黄禍について考えてみましょう」と語り出す。そして、世界を席巻しているのが黄禍でなく白禍であると例を挙げて説明し、その上で、日本が人種的利害や宗教的利害のために戦っていないことは明らかであり、そもそも日本は自国の存続をかけて戦っているのだと主張する。そして、ロシアの人口や軍の規模と日本のそれらを比較したうえで、そのような超大国と戦うのは自国の存続をかけて以外ありえようかと問いかけた(83)。

また、金子は、セオドア・ルーズベルト大統領と学生時代から旧知の仲であることもあって、高平小五郎駐米公使が在任以来一度も面会したことのない大統領ともワシントンに到着次第即座に面会が叶った。まず、三月二六日にホワイトハウスを訪問すると、早速、大統領は面談に応じ、日本はアジアにおける西洋文明の中心であり、東洋全体を指導する「一大主力」であるとの認識を示したうえで、黄禍論については、「全ク狡猾ナル捏造説」であるとの私見を述べた。また、それを主張するドイツ皇帝も自分自身が何を語っているのかわかっておらず、日本に関する限り黄禍論は「実ニ無稽」であると語って金子を安心させた。金子はそのまま米国に滞在し、折にふれて大統領と面談し、また、セントルイスの博覧会を視察したりしていたが、日露戦争の進展にともない、年が明けて小村寿太郎外務大臣から再び大統領に日本の意向を伝えるようにとの電文が届いた。その主点は、日本には東洋における欧米列強の既得権益を害する意図はまったくないということであったが、その中に、黄禍論についての言及もあった。それによれば、一部の欧米人が恐れている「黄色人種連合運動」について、大統領の理解通り、日本は対清政策では欧米に歩調を合わせるということを伝えるようにとのことであった。金子は早速大統領と面談し、この件を伝えると、大統領は「満足ノ意」を表したという(84)。

金子の活動については、アメリカ側の関心も高く、いくつかの刊行物が彼に執筆を依頼、もしくは、彼の講演を掲載した。例えば、一八一五年創刊という歴史あるボストンの文芸誌『ノース・アメリカン・レビュー』の依頼を受けて、金子はその一九〇四年一一月号で自説を展開する機会を得た。その中で金子は、「黄禍ハ日本ノ黄金時期ナリ」と題して、日本が心を砕いているのは、東洋と西洋の文化の融和であって、黄禍の疑いによって欧米の関心が日本に寄せられることは、日本が私心なくそれに取り組んでいることを欧米に示す絶好の機会を日本に与えることにほかならないと論じた。[85]

一方、末松はインド洋経由よりも短い日数でイギリスに到着できる北米経由でロンドンへと向かった。イギリスに到着すると、ロンドンを拠点にヨーロッパ全体を視野に入れて広報活動を開始した。最初は、ロシア寄りのフランスにおいて日本を非難する意見が通用していたのを見とがめ、フランスの外交専門誌にそれを否定する論考を寄稿して対抗した。また、ロンドンにおいては、有名なクラブに集まった有力者を前に演説を行ったのを皮切りに、日本と中国との合併説を否定する内容の演説を行い、黄禍論を否定した。ほかにも、著述家を説得して、黄禍を否定する論説を書かせたりと積極的に活動した。『リビング・エイジ』誌に掲載された「黄禍」と題する論説が、黄禍として恐れなければならないのは、実は中国や日本ではなく、ロシアであるとしているのも、末松の意見を受け入れてのことであった。[86]

日本政府は、金子や末松以外にも、英語の使える者を総動員して、欧米において黄禍論の打ち消しに努めた。当時、シカゴ大学の講師を務めていた家永豊吉もその一人であった。彼は黄禍論を否定して、「黄禍の話はただただナンセンスである、馬鹿げている」として、「日本はアジアの暗い人々に西洋文明の燃え盛る松明を運ぶ正直な仲介者になろうとしている」と力説した。そして、存在するのは「黄禍」ではなく、「イエロージャーナリズム」であると、黄禍論を持て囃す一部の欧米マスコミを非難した。[87] 駐米公使館の日置益一等書記官も、アメリカ各地で演説した。日置書記官は、黄禍論は作り話にすぎず、日本にはアメリカと競争するつもりも、米領フィリピンに対する野心もないと述べて、アメリカ世論の沈静化に努めた[88]。

一方で、欧米人によって唱えられる黄禍論について、国内の日本人識者たちは苛立ちを抱いていた。例えば、農学者で後に政治家となる東郷実が、後藤新平が題辞を書き、佐藤昌介と新渡戸稲造が校閲した著書『日本植民論』の中で、自分は植民論に人種の視点を持ち込みたくはないが、白人の側が「若し黄禍を唱ふるを止めずんば、宜しく黄人の旗幟を朝風に翻して世界に雄飛するも亦然るべきなり」と書いたのも同じ頃である。黄禍論が、アジア主義を対抗言説化している好例といえる[89]。

後藤新平も同様に、黄禍論の対抗言説としてアジア主義を構想した。一九〇七年に厳島で伊藤博文と面談した折に、後藤が「支那ノ有力者ヲ啓導シテ国際上ノ真智見ヲ会得セシメ、以テ東洋人ノ東洋、即チ大亜細亜《パン・アジア》主義ノ本旨ニ悟入セシムルコソ、東洋平和ノ根本策ヲ大定スル所以ナレ」などと、日清同盟構想を説いたのである。それに対して、欧米列強に敵対することの危険性を重く見る伊藤は、すかさず、「凡ソ此ノ種ノ論法ヲ口ニスルモノハ、深ク国際間ノ情偽ヲ察セズ、動モスレバ軽率ナル立言ヲ為スガ故ニ、忽チ西人ノ為メニ誤解セラレ、彼等ヲシテ黄禍論《イエロー・ペリル》ヲ叫バシムルニ至ル」と反論している[90]。この時期は、政府首脳陣の中ではアジア主義を排して黄禍論を避け、欧米と歩調を合わせようという考えが主流であった。評論家の茅原廉太郎はロンドンにおいて、親しくなった現地有力紙の論説委員から、日露戦争当時、初めの戦いで日本がロシアに勝利したときは、日本の勝利に喝采したが、日本が連戦連勝するにつれて「憎いロシヤ人ではあるが、ロシヤ人も亦白人である」という感情が湧いてきたと言われたことがあった。それに対して茅原は、「私の直感にはピンと響いた。私はその時、日本が若し舵を取り損ねたならば、日本に対する白人連盟が起らないとも限らないと思った」と書いているが、これぞまさしく伊藤博文が懸念していたことに連なるといえよう[91]。

続く黄禍論

伊藤らが日本国内でのアジア主義の主張に神経質になっていた背景には、日露戦争が終結した後も、一連の黄禍論的論調が消えなかったことがある。『ボルティモア・サン』紙は、中国において排外感情が広まっていると報じる一九〇五年一二月の記事の中で、日本の日露戦争における勝利のため、中国人が自分たちも西洋人に対して日本人同様にうまくやれるのではないかと勇気づけられていると警告していた[92]。一九〇七年五月五日付『シカゴ・トリビューン』紙において、カンリフ＝オーエンは、イギリスのアジア統治に日本が害をなす危険性があると論じた。すなわち、日英同盟には、もし他国がインドを侵略した場合に日本がイギリス側につくことは記されているが、インドで内乱が起こった場合の記述はないというのである。彼によれば、インドの地元の人々のイギリス人に対する憎しみは血の中に存在しており、「アジア人は、信条、肌の色合い、国によらず、白人を忌み嫌っている。以前は、その憎しみに恐怖が混在していたが、今日では軽蔑が混じっている」。すなわち、日露戦争における日本の勝利の結果、白人に対する恐怖が軽蔑に代わってしまったというのである。そして、「東洋に住んできた人で、東洋と西洋の間の大きな隔たりを橋渡しすることが可能だと一瞬たりとて信じる人はいない」と悲観的に論じた[93]。

一九〇七年八月には、シカゴ大学のフレデリック・スタールが、またしても日本による黄禍の危険について発言した。『ロサンゼルス・タイムズ』紙が「スタール教授は悲観的」との見出しの下にそれを報じた。同紙の要約によれば、教授は「小さな茶色い人間が戦争に勝つ」と信じており、また「艦隊の太平洋岸への派遣はよくない動き」と考えているとのことであった。これは、ルーズベルト政権による、米艦隊を太平洋に回航させようとする動きに反対するものであった。スタールは、日本との戦争は悲惨な結果となるだろうから、避けるべきとして、ルーズベルトの示威行為に対して警告した。[94]

上記の米国内の論者の発言に加えて、日本側のアジア主義に対して、英国で過剰なまでの反応が見られた。同年一〇月二九日に、神戸の実業家たちが神戸商業会議所で開催した大隈伯招待会において、大隈重信が、日本とインドの間の貿易を促進すべしとの演説を行った。その演説が地元の『神戸新聞』に掲載されると、その演説の中の一部分だけを殊更強調する形で地元神戸の英字紙が刺激的に報じた。それは演説の次の部分であった。

印度の三億人の人民は欧羅巴人の圧迫を受けて日本の保護を受けようとして居る、印度は欧羅巴品に対してボイコットを始めて居る、此間に行かずに放って置くは印度人を失望せしむる所以で天の与ふるを取らざれば却って其の禍を受く[95]

その英字紙の記事は、首相経験者で、日印協会会長でもある大隈が、反英的であるとの印象を与えた。それが中国の英系英字紙で取り上げられ、回りまわっておよそ一カ月後の一二月二三日に、ついにロンドンの『タイムズ』紙もそれを報じた。[96]また、英国の複数の地方紙も大隈の演説について報じた。なかでもスコットランドの有力紙『ダンディー・クーリエ』は、『タイムズ』同様に事実関係について報じるとともに、論説欄においてもこの問題を論じた。伝聞の形をとりながらも、日本は中露に対する勝利で甘やかされており、また朝鮮は日本の専制の犠牲になっているとしたうえで、大隈の神戸での演説はまさに「東洋から西洋人種を追い出すという日本の意図の明確な表明である」と論じた。[97]

その間、大隈の神戸での演説以来、日本政府はその火消しに追われていた。具体的には、来日中の英国議会議員と駐日英国大使館に働きかけた。その甲斐あってか、翌二四日の『タイムズ』紙は、大隈の講演についてそれほど大騒ぎするのは理解に苦しむという内容の投書を掲載し、さらにその二日後の二六日には、大隈の神戸での演説についての新聞報道は「誤り」であり、大隈に政治的な意図はなく、また、過去の大隈の演説には、イギリスの統治下にあるのがインドにとってこの上ない幸せであるとか、その統治から逃れようとするいかなる試みも確実に災難を招くだろうといった発言があると小さく掲載した。また、地方紙も大隈の演説に関する記事は誤報であったとの記事を掲載し、事態は沈静化した(98)。

黄禍論が現実味を帯びるとの記事は比較的大きく取り上げられるのに対して、それを否定するような発言は、たとえ有力者によるものであってもほとんど無視されるか、取り上げられるとしても扱いが小さいのが常であった。一九〇七年七月二二日付のフランスの『フィガロ』紙の一面に、ドイツの宰相ベルンハルト・フォン・ビューローのインタビュー記事が掲載された。宰相は、北海のノルダーナイ島でのインタビューの中で黄禍論について聞かれ、自分は黄禍を信じてはおらず、日本人はあまりに賢明かつ謹厳なためヨーロッパを脅かそうなどと思いもしないと発言した。このインタビューについては欧米ではほとんど報じられなかったが、一部の新聞が、黄禍論を否定する部分を中心に小さく報じた。アメリカでは一部の小規模な地方紙と『ニューヨーク・タイムズ』紙が取り上げた。『ニューヨーク・タイムズ』は四面に小さく、フォン・ビューローが日本による黄禍を否定した旨を書いた。イギリスでは一部地方紙が短く報じたのみであった(99)。

西海岸への移民が刺激した想像力

日本を主対象とした黄禍論は、ヨーロッパ大陸で日清戦争以降叫ばれるようになったものが、イギリスで新聞・雑誌等に掲載され、それがすぐさま大西洋を渡り、アメリカで広く語られるようになるというルートで広まっていった。その一方、アメリカにはヨーロッパと異なるもう一つのルートから生じたアジア脅威論がみられた。それは一九世紀半ばのカリフォルニアでのゴールドラッシュ以降アメリカ西海岸に押し寄せていた、東アジアや太平洋などからの移民との接触によるものであった。ヨーロッパ由来の黄禍論が主として日本の軍事力や工業力に注目し、国としての脅威を謳っていたのに対して、アメリカ西海岸由来のそれは、一九世紀半ばから押し寄せた東アジア・太平洋からの移民に職を奪われるという不安や、異なる文化に対する不快感に端を発していた。空想上の話ではなく、文化が異なり低賃金で働くため白人労働者の職を奪いかねない移民との、より日常的で直接的な接触により触発されたものだったのである。中国人移民の問題は、カリフォルニアを中心とする太平洋岸の地域的な問題であったが、早くも一八六〇年代後半には、全国レベルで取り上げられるに至っている。[100] ニューヨークの有力紙は、「カリフォルニアの中国人」と題する長文の記事において次のように警告した。

そのうじゃうじゃした大群を見よ……この五億の人々は毎年六百万、一千万、二千万といった数の移民を送り込むことができる……我々の西海岸にいる六万とか一〇万のモンゴロイドは、初めは小さくてもやがて重大なことに結びつく楔の先端のようなもので、東アジアの本拠地には五億人いるのだ。[101]

ただ、ここでは桁外れの人数の中国人労働者の流入という脅威が強調されているのであって、中国による軍事的脅威には触れられていない。また、この長文の新聞記事においても、西海岸の中国人移民に関する他の記述においても、「黄禍」という言葉は使われていない。[102] 中国からの移民は一八八二年に連邦法で禁止されたが、その後もしばらく、アメリカ西海岸で「黄禍」という言葉が用いられることはなかった。やがて一九世紀末にかけて中国からの移民に代わって日本やハワイからアメリカ本土への移民が徐々に増加していくことになるが、アメリカ西海岸で、「黄禍」という言葉が登場するのは、一八九〇年代半ば、それも日清戦争にともなうヴィルヘルム二世の主張に言及する形でのことであった。その時も「黄禍」という具合に引用符つきで表現されており、そのことが、言葉としてアメリカ西海岸にとって新来のものであったことを示している。また、皇帝による絵の意味するところは「未だに謎である」とまで書かれている場合もあったほどである。例えば、当時の西海岸のある新聞の記述は、ヴィルヘルム二世の黄禍論が、意図した形ではすぐにはアメリカ西海岸に伝わっていなかったことを示している。

北海でのクルーズの最中、皇帝ヴィルヘルムは「黄禍」を表す新しい寓意画の下絵を描いた。それは昨年多くのコメントを喚起したが、その絵の意味するところは未だに謎である。その新しい絵のテーマは、軍隊による芸術と産業の防衛である。ゴシック的な奥まった場所に芸術や産業を擬人化した小さい人影が立ち、その前で武器を携えたチュートンの戦士が、低く垂れ込めた雲に囲まれた恐ろしげな人影から守っている。[103]

アメリカ西海岸で黄禍論に対する言及が流布し始めるのは、日本からの移民が急増し始めた一九〇〇年頃のことで、日露戦争によって日本がロシアと互角に戦える力を持っていることを示すと、ようやく、移民流入の脅威という以前からの恐怖を超えて、ヨーロッパ起源の、軍事的脅威としての黄禍論が席巻することになる。この経緯が示しているのは、以前からアメリカの黄禍論の主要因として強調されてきた西海岸へのアジアからの移民の到来は、それ自体が軍事的脅威を中心とする黄禍論をもたらしたものではなく、それが形成される土壌にすぎなかったということである。

アメリカ西海岸に押し寄せる東アジア・太平洋からの大量の低賃金労働者の波によって生じたアメリカ人労働者の間の不安は、日本が軍事的に力をつけて中国と連合し欧米列強による世界支配を覆すという東海岸から広まった黄禍論と結びつき、アメリカ人の想像力における黄禍論を膨らませていった。日本人が新たに日露戦争で見せつけた軍事力と、アメリカ西海岸に押し寄せる日系移民をいち早く関連づけて論じたのは、西海岸の労働者であった。カリフォルニアの港湾労働者による組合の機関紙『コースト・シーメンズ・ジャーナル』は一九〇四年一一月、

「東洋における戦争の結果、日本人排斥問題が喫緊の様相を呈した」と警告を発し、「現在の『黄禍』はフィリピンやハワイにおけるアメリカの優越性に影響を与える問題ではない。それはより本土に近いところに存する問題なのだ」と論じた。同紙は、そもそも東洋人と西洋人は気質的に相反しているとする。それによれば、日露戦争が示したように日本人は自分たちの「皇帝」のために死ぬためだけに生きており人間の命に敬意を払っておらず、一方で、アメリカ人は人間の命を大切にしており、死ぬのは家族のためであるという。その違いのため、日本人は平時は奴隷に、戦時は殺戮者となる人種であると説く。また、一九〇五年三月の別の号では、「日本人の侵略」と題して、一面全体でこの問題を扱い、「この状況における最大の危険は、黄色人種の群れによる増え続ける一方の侵略の……脅威を、アメリカ人が十分に理解しているように見えないことである」と危惧を表した。また、ある日本人入植計画に触れ、もしアメリカが白人に対すると同様に日本人をも歓迎するならば、「アングロ・サクソン文明の破滅は確実なものとなるだろう」し、それが「モンゴロイドを支持する」アメリカ人の望む運命なのだろうかと問うた。[104]『サンフランシスコ・エグザミナー』紙をはじめとするハースト系出版物の記事の数々も、日本と日本人移民の脅威についてキャンペーンを張り、その流れに大きな影響を与えた。[105]また、東アジアに詳しく、日露戦争を現場で取材したジャーナリストのトーマス・ミラードは、その著作の中で、日本は移民を送り込んだ先の主権まで保持したいと望んでいると、移民と軍事的危険を絡めて警告した。[106]

西海岸への日本人移民の流入によって生じた日系移民に対する嫌悪や恐怖と、国家としての日本の軍事力による脅威を結びつけた代表的な著述家としてはまず、生粋のカリフォルニア人であるジャック・ロンドンが挙げられる。東アジア系移民が多数暮らしていたサンフランシスコ生まれの彼は、東アジア系移民について肌で知っていた。東アジアに関心をもった彼は、日露戦争特派員として現地入りし、そのときの経験を、その名も「黄禍」と題して地元の有力紙『サンフランシスコ・エグザミナー』に書き、日本の恐るべき強さについて強調した。ただ、日本はロシアに対抗するほどには強くなったが、「アジア人のためのアジア」という夢を実現するほどには十分強くないとしていた。[107] その約五年後に、これも地元で発行されていた『サンセット』誌に寄稿した「もし日本が中国を目覚めさせるなら」という小品では、黄禍の危険性を具体的に問うている。日本人と中国人を合わせると四億五千万人になり、それはすべての白人を合計したよりも多数であって、その同質な二国民が、「広大な人種的冒険」に乗り出したらどうなるだろうかと問う。具体的には、日本人と中国人という「倹約家で勤勉な」人々が、中国の石炭や鉄を利用して、四億五千万人で産業の競争に加わってきたらどうなるかと問うて、「たしかにそれは経済的衝突にすぎないが、その次には常に武力による衝突がくる。そしてその次は。ああ、例の幻影、すなわち黄禍だ」とその問いに自ら答えている。[108] 続いて翌一九一〇年にニューヨークの『マックルアズ・マガジン』誌に掲載した小説「比類なき侵略」においては、実際に黄禍が動き出した近未来の世界を描いている。彼は数の力を重視する。この小説の中では、日本の影響の下、近代化を遂げた中国が、着実に増加する莫大な人口の力で周辺各国を植民地化していき、世界を制覇していくさまが描かれる。最終的には、西洋の力によって中国は滅亡させられるという物語であるが、凄まじい数の中国人を滅ぼすには細菌兵器を用いるしかなく、その桁外れの数に対する恐怖が描かれている。[109]

一九〇六年頃から黄禍論の論陣に加わったのが米西戦争の英雄リッチモンド・ホブソンであった。海軍を退役し、日露戦争前後から極東問題について主に海軍の視点から論じていたのが、急速に日本脅威論に傾きつつあった。当時アラバマ州選出の下院議員であった彼は、ハースト系の『サンフランシスコ・エグザミナー』紙に、複数回にわたって、日本脅威論を書いた。彼の論もまた、日本と中国が連携するというものであった。新聞の半面を使って掲載された「日本は太平洋岸を奪うかもしれない」などといったそれらの文章には、「日本はまもなく黄色人種全体の軍事的資源を指揮することができるようになるだろう」とか「中国では四〇万人近い学生が日本の指導を受けつつある」といった説明書きの付いた絵（図7）が添えられていた。[110] 年が明けると同じくハースト系の月刊誌『コス

Warlike Preparations in Japan By Capt. Richmond P. Hobson, Ex-U. S. N.

"THE JAPANESE ARE THE MOSTSECRETIVE PEOPLE IN THE WORLD."

"JAPAN WILL SOON BE ABLE TO COMMAND THE MILITARY RESOURCES OF THE WHOLE YELLOW RACE."

"IN CHINA NEARLY 400,000 STUDENTS ARE RECEIVING JAPANESE INSTRUCTION."

"JAPAN WILL SOON BE ABLE TO COMMAND THE MILITARY RESOURCES OF THE WHOLE YELLOW RACE."

"THE JAPANESE ARE THE MOSTSECRETIVE PEOPLE IN THE WORLD."

"IN CHINA NEARLY 400,000 STUDENTS ARE RECEIVING JAPANESE INSTRUCTION."

「日本はまもなく黄色人種全体の軍事的資源を意のままにできるようになるだろう」

「日本人は世界で最も秘密主義の国民である」

「中国では 40 万人近くの学生が日本人から教育を受けている」

図 7 『サンフランシスコ・エグザミナー』1907 年 11 月 10 日

モポリタン・マガジン』に、三回にわたって、「万一戦争が起きたら」と題して、もし日本と戦争になった場合、備えは十分かなどといった点について論じた。この雑誌の編者は、ホブソンを「戦争科学の現存する最大のエキスパートの一人」として、この連載は「純然たる想像の産物ではない」と言い切った[111]。それと並行して、ホブソンは、『アトランタ・コンスティテューション』をはじめとする有力紙に、「日本はアメリカを戦争へ追いやろうとしている」であるとか「日本の外交的戦争準備」などと題する扇動的な文を次々と寄稿した。ホブソンは、下院議員として、それらの文章を議会に提出し、それらは米連邦議会議事録に掲載された[112]。ただ、彼の論には賛否両論あり、「ホブソンの戦争」であるとか「ホブソン氏の趣味」とか「ホブソンよ気にするな」などとからかい気味に取り上げられることも少なくなかった。しかし、まったく無視されるわけでもなく、からかわれることで、多くの新聞雑誌に彼の黄禍論が取り上げられたのも事実である[113]。

もう一人代表的な人物を挙げるとするなら、ホーマー・リーがいる。彼は、一八七六年にコロラドで生まれたものの、幼いころ母が病死し、父親の再婚もあって十代の時に一家でロサンゼルスに移り住んでいる。少年時代にはチャイナタウンをしばしば訪れ移民の世界を身近に体験するとともに、宣教師らとも交流している。そして、その縁がもとで一九〇〇年には義和団の乱の中、軍事顧問として中国に渡っている。カリフォルニアでの東アジア系移民との交流から移民について、そして軍事的経験から日本の脅威について、もっともらしく語りうる経歴の持ち主であった。一九〇九年に出版した『無知の勇気』は、日米戦争が勃発するものの、アメリカ軍は連戦連敗で、ついには日本陸軍がアメリカ西海岸に上陸し占領するという内容であった。アメリカの備えのなさを警告する意味では比較的好意的に受け止められた[114]。しかし、その荒唐無稽な内容やアメリカが負けるという結末は、当時としてもさすがに途方もないものと考えられたという。ウィリアム・タフト政権の陸軍長官を務めていたヘンリー・スティムソンは、この「小さくて猫背の男」の書いた本について、当時はただ「荒唐無稽」と思っただけであるが、後に真

珠湾攻撃直後に、「彼［リー］の予言したことは今やきわめてありうることに思える」と日記に記すことになる。(115)

止まない日本脅威論

一九一〇年前後には、将来の日米戦争の可能性について書かれたものがアメリカで持て囃された。この時期、扇情的な近未来物だけではなく、高級紙や学術的著作においても日本人を警戒する論説が見られた。日中の同盟に対する恐怖は抱かれ続けていた。当時東アジアに住んだ経験のある数少ない著述家のジョゼフ・キング・グッドリッチも、実現の可能性はないから安心であると断りつつも、「日本が中国に、日本との同盟は賢明であると納得させて、さらに侵略行為に加わるよう説得できるとしたら、改訂強化された『黄禍』から生じるあらゆる種類の災難を懸念する十分な根拠があることになろう」と一九一一年出版の著作で書いている。(116) 一九一二年三月一〇日付の『ワシントン・ポスト』紙は、「黄色人種と白色人種が世界戦争で衝突するとき」と題する論説を掲載した。旭日旗を掲げる日本軍と星条旗を掲げるアメリカ軍がぶつかる絵（図8）を伴うこの長文の論説は、日中連合軍と欧米連合軍との衝突が不可避であると論じる。それによれば、黄禍の脅威はインドから生じるのではなく、「ジャップとその中国の隣人から生じる」ことになる。そして次のように述べるのであった。

時代の兆候が偽りでなければ、大戦争は白人と黄色人種の間で生じ、数的に後者が圧倒的に有利である……近代戦の科学技術を中国人兵士に教える場や、同様に中国人士官を教育する場には日本人士官が見られるだろう……欧州の国が十万の兵士を擁するのよりも少ない費用で東洋のどちらの国［日本と中国］も百万の兵を維持できるというのも言いすぎではない……この迫り来る闘争はたわいない夢想などではない。(117)

WHEN the YELLOW and WHITE RACES CLASH in the WAR of the WORLD

Racial Antipathy, International Diplomacy, and the Axiom That History Repeats Itself Combine to Prophesy a Death Struggle Between the Caucasian and the Mongolian and His Allies.

図8　「黄色人種と白色人種が世界戦争で衝突するとき」（『ワシントン・ポスト』1912年3月10日）

アジア人はそもそも白人を信用しておらず、東洋に長く住んできた白人なら、東洋と西洋を橋渡しできるなどと考える者はいないと論じる論説もアメリカ各地で見られた。そのような主張の主は、民間だけでなく、政府関係者の中にも存在した。駐デンマーク公使のモーリス・イーガンは、一九一〇年の国務省への意見書の中で、日中露同盟の危険を警告している。それによれば日露戦争終結以降、ロシアは対日政策を転換しており、日本とロシアが極東で組んで、それに中国も加わるというのである。イーガン公使は、イギリスは日露戦争で日本を支持することによって、「長い無気力から黄色人種が立ち上がるのを助け、自らの力に気づかせてしまった」とイギリスを批判し、そして、「黄色い亡霊は箱から出て、再び封じ込めることができない」とまで書いた[118]。同じ頃、極東で三六年もの勤務経験のある英陸軍の少佐が、黄禍は現実であるとして、日本による対米戦争と中国人の大群による殺戮が将来起こると予言すると、英自治領において大きく取り上げられた。この少佐によれば、よく訓練された何百万もの中国人の大群は、「地上の白人にとって恐るべき脅威」となるというのであった[119]。

日本人移民を、白人の職を奪うという意味でのみ危険な存在と見るのではなく、軍事的に危険視する見方も見られた。あるハーバード大学の歴史学教授は、日本人移民は「軍隊の前衛」を構成しており、いざという時には真っ先に戦うと一九〇九年出版の著作の中で警告した[120]。日本からの移民を偽装兵士やスパイとみなす考えは珍しいものではなく、一般の市民から、日本人が港湾を偵察しているとか、地図を作成しているとかいった密告書が、軍部やその他の政府機関に数多く送られてきたのもこの時期である[121]。これは人種による偏った見方が幅広く存在したことを示している。

西海岸の日本人移民に対する人種差別が、翻って日本人の心にアメリカ人に対する反感を醸成し、それが中国人などによっても共有される可能性については、英米人によっても認識されていた。ロンドンの『サタデー・レビュー』誌が掲載した日本の世界進出に関する記事は、「東洋人に対するアメリカの排斥政策は、日本人の憤りを刺激している。劣等だという汚名のせいだが、その感情は中国人も共有している」と論じ、日本人移民を排斥する運動が日本人の反感だけでなく、中国人をも憤らせる可能性を指摘していた。この記事は、すぐに大西洋をわたり、ほどなくしてボストンの『リビング・エイジ』誌に転載されて多くのアメリカ人に共有された[122]。

時のタフト政権は、現実主義志向の強いルーズベルト政権と異なり、日本の極東政策を黙認するのではなく、門戸開放主義に基づき積極的に対抗しようとした[123]。ルーズベルト政権は、対日戦争の場合、フィリピン防衛が不可能であることを重視して、移民問題や満洲問題において日本と対決することは避けた。一九〇六年にサンフランシスコ市教育委員会が、日本人学童の人種的隔離学校への転校を命じたいわゆる日本人学童隔離問題の際には、連邦政府として直接介入して隔離をやめさせてもいる[124]。また、国務省内に極東部を設けたのも同政権であった（一九〇七年に試験的に導入、翌年正式に発足[125]）。一方、タフト政権は、現実主義から日本の行動を黙認しがちだったルーズベルト政権とは異なり、中国大陸において積極的な政策を展開した。その政策は中国寄りで、経済的力を背景に、アメリカの道義的威信を強調するものであった。具体的には、湖広鉄道借款を成立させ、四国借款団への米国の参加を実現させるなど、中国大陸におけるアメリカの影響力拡大に腐心した。また、日露の反対にあい実現しなかったものの満洲の諸鉄道の中立化を実現させようと動いた。

相互作用

太平洋の対岸同士では相互作用がみられた。日本では、太平洋の対岸にあたるアメリカ西海岸での日系移民排斥の動きに触発され、汎アジア主義に転換する者もあった。特に一九一三年一月にカリフォルニア州議会が開会すると大量の排日法案が提出され、なかでも日本人の土地所有を禁止することを目的にした外国人土地法案が四月になって下院を通過すると、日本の世論は盛り上がった[126]。徳富蘇峰も、移民問題をきっかけに列強との融和を求める態度を改め、白閥打破へと転換していった一人である。その後、五月に入って間もなく、その修正案がついにカリフォルニア州議会上下両院を相次いで通過すると、蘇峰は自らの主宰する『国民新聞』においても「白閥を退治するの必要を感ぜずんばあらず。白閥とは申す迄もなく、白皙人種の世界に於ける跋扈是れ也」などと書いた[127]。このような日本側にみられた感情に対してアメリカ側もまったく無頓着なわけではなかった。例えば、五月一九日にカリフォルニア州知事が外国人土地法に署名したことを受けて、五月二二日付の『国民新聞』で蘇峰が、アメリカの人種差別を批判し、「若し華盛頓政府及び聡明なる米国の輿論によりて、此の問題が一掃的に解決せられん乎、太平洋は其名の如く長しへに太平ならむ」と書くと、ほとんど時を経ずして、同日付の『ニューヨーク・タイムズ』紙は、この蘇峰の発言を報じている[128]。中国研究の権威であった京都帝国大学の桑原隲藏が、雑誌『新日本』に著した「黄禍論」と題する小論において、「白人が余りに黄禍、黄禍と囃し立てて、みだりに黄人を抑へ付けると、それこそ黄人の大反抗を惹き起して、黄禍の実現を見るに至るかも知れぬ」とさえ書くに至ったのもこの頃であるが、これも対抗言説の一つと見ることができよう[129]。

カリフォルニア州の外国人土地法をめぐっては、ロンドンの『タイムズ』紙が、ヴァレンタイン・チロル論説委員の長文の論説を掲載し、それに対するアルフレッド・T・マハン提督の反論も掲載して話題を呼んだ。まず五月一九日付紙面に掲載されたチロルの論説は、明確にカリフォルニア外国人土地法を批判するものではないものの、日本を直接刺激するような手段はとるべきではなく、そもそもこの日本との人種問題は、より大きな問題を孕んでいると警告した。六月二三日に掲載されたマハンの反論はチロルの論を、日本に大国の地位を与え、ひいては自由移民の権利も与えるものであると批判し、カリフォルニアの立場を擁護した。「中国が近代的組織化を遂げて、その潜在力を十分な軍事力に転化させていく可能性は多分にある」と書き、日本が中国人を率いてヨーロッパを支配する可能性もあると主張していたマハンがそのような立場をとることは容易に想像できた。マハンの反論が掲載された同じ日の社説で『タイムズ』紙は、マハンの考えに一定の理解を示しつつ、日本の採るべき道として、次のように結論した。すなわち、アジアの隣国とは異なる文明国として欧米列強と対等に見られたいという欲求と、アジア諸国の盟主として西洋と対峙したい欲求の両方が日本に混在していることを指摘し、両者は両立しないから、「他のアジア人種から距離をおくのを望むか、汎アジア主義の理想の公然としたチャンピオンでいくか、腹をくくるしかない」と鋭く論じたのである。(130)

おわりに

日本が日清戦争に勝利して西洋文明を十分にわがものとしたことを示すと、アメリカ西海岸への東アジアからの移民の流入によって醸成されていた、異質な存在に職を奪われてしまうという以前から存在した心理的土壌もあって、日本を警戒する論調が見られるようになった。日本が中国を率いて欧米に襲いかかってくるといった可能性が現実のものとして真剣に論じられるようになったのである。アジア連合論的な軍事的黄禍論の誕生である。近衛篤麿の同人種同盟論が出されたのは、そのような時期であった。さらに日露戦争で、欧米列強の一翼を担っていたロシアと対等以上の戦いができることが示されると、そのような論調はますます強まった。それは二〇世紀に入って急増した西海岸への日本からの移民の流入と相まって、アメリカ人の想像力を刺激した。自分たちの理解を超えた他者が自分たちを超越するかもしれないという恐怖は大きかった。太平洋の対岸で抱かれたそのような恐怖感は、日本に逆流して日本人の反米意識を強め、それらの感情は相互作用によって増幅していった。しかし、現実主義をとる米国のルーズベルト政権は、カリフォルニアの日系移民問題に介入して鎮静化を図るなど、黄禍論に引きずられることはなかった。だが、政権が代わり、また第一次世界大戦の勃発によって西洋文明に行き詰まりが見えるようになり、その中で日本が中国での影響力を飛躍的に増大させると、状況は大きく変化していくことになる。

第2章　第一次世界大戦とパリ講和会議

——人種差別撤廃案の挫折——

はじめに

日本のアジア主義に対する懸念が深刻化していくのが、第一次世界大戦中である。欧州列強がヨーロッパでの戦争に追われ、東アジアにおける勢力圏の防衛が手薄になると、日本が欧米人を追い出して勢力拡大を図ることが現実味を帯びていった。ここにおいて、それまでは半ば机上の話であった日本の汎アジア主義に対する懸念が増大していくことになる。その懸念を裏づけるかのように、日本政府は中国に対して二十一カ条要求をつきつけ、また日本国内ではイギリス政府の再三の要求にもかかわらず、インド独立派を支持するような勢力を厳しく取り締まろうとはしなかった。これらの動きに対して米英はどのように対応したのであろうか。

第一次世界大戦と日本の対中要求

一九一四年六月のサラエボ事件を契機に始まった第一次世界大戦は、当初その年のクリスマスまでに終結するものと広く考えられていた。だが、予想に反して戦争が長引くにつれ、主戦場のヨーロッパから遠く離れた植民地や勢力圏の防衛が手薄なことがヨーロッパ列強によって不安視された。日本の中国に対する動きはそれに拍車をかけた。日本政府が中華民国の袁世凱にいわゆる対華二十一カ条要求をつきつけると、米英は懸念をもってそれを見た。[1]ロンドンの『ニュー・ステイツマン』誌は、日本の対中要求は、極東における新たなモンロー主義の確立を目指すものであるとして警戒した。日本は中国に対していわば「実質的宗主権」を主張しており、それは日英同盟に抵触するのみならず、中国はもはや独立国家ではなくなってしまうとの懸念を表明した。また、中国の独立が損なわれる一方で、世界の他の人々に対する黄色人種の独立が高められるだろうし、それが日本の狙いであるとみなした。そして、将来において、どの欧米列強も、日本に相談することなしに中国を扱うことはできなくなるだろうと予測した。[2]ロンドンの『タイムズ』紙は、二十一カ条要求について、日本政府のそうした動きを牽制する内容の社説を書いた。その社説は、二十一カ条要求によって中国を属国化させるような、戦争が終わったときに列強の妬みや敵意を買うことになる道を、日本が今選ぶほど近視眼的であるなら、彼らの声望は失われるであろうと警告していた。[3]

アメリカ政府は、当初は日本の対中要求に対して比較的好意的であった。ウィリアム・ブライアン国務長官は、当初はマスコミによって事態が誇張されて伝えられていると見ていた。[4]しかし、袁世凱政権によるリークや、日本の野心に対するポール・ラインシュ駐華公使の警告もあり、ウィルソン政権は危険視するに至った。[5]ただ、直接行動には出ず、日本の行為に対して不承認を宣言するにとどまった。日英同盟によって連合国の一員として第一次世界大戦を戦う日本を表立って刺激することは望ましくなかったのである。ボストンの『リビング・エイジ』誌は、どの欧米列強も、日本に相談することなしに中国を扱うことはできなくなるだろうと予測した『ニュー・ステイツマン』誌の先の記事を転載して警告した[6]。中国寄りの米国人は、日本が中国を支配して西洋に歯向かう危険性を指摘した。かねてより中国の領土保全を主張してきたボストンの日刊紙『クリスチャン・サイエンス・モニター』は、「汎アジア主義」と題する論説を掲載し、日本人は軍国主義的国民であり、中国人は平和愛好的国民であるとの理由を挙げて、中国の領土保全の必要性を訴えた。この記事はさらに、日本を自国の資源だけに押し込めておく分にはほとんど何もできないだろうが、中国の何百万もの地域や天然資源、そして限りない交易の機会を支配したなら、憂慮しなければならない強国となるだろうと、日本と中国が合同する場合の危険性について警告した[7]。日本の汎アジア主義的動きに対して警戒的であった米国人ジャーナリストのトーマス・ミラードが上海で発行していた英字誌『ミラーズ・レビュー』は、「現代の汎アジア主義」と題して、この『クリスチャン・サイエンス・モニター』紙の記事を転載し、東アジアで暮らす人々に警告を発した[8]。このような、中国を支配した日本が欧米に歯向かう危険については、同じ頃、ウッドロウ・ウィルソン大統領自身も同様の可能性について触れていた。一九一七年二月二日の閣議で、ドイツとの外交関係を断絶するべきか否かという話題になったとき、ウィルソンはそれに反対する理由として、もしロシアと同盟し中国を支配することになった場合の、日本人のような黄色人種との対戦に備えて、白人種全体もしくはその一部を強く保っておくために、ドイツに対して何もしないでいるのが賢明だと感じるのであれば、何もせずにいて、弱いとか臆病とかいった汚名やいかなることにも甘んじようではないか、とまで述べている[9]。

対華二十一カ条要求に対するこうした欧米の反発は、翻って日本人のアジア主義を煽る結果となった。小寺謙吉は一九一六年に『大亜細亜主義論』を著し、大アジア主義を欧米による「白禍」に対抗するための人種的連帯と捉えた。[10] アメリカ西海岸の日本人移民排斥運動によってすでに白閥打破へと転換していた徳富蘇峰は、同年の大著『大正の青年と帝国の前途』の中で、アジア・モンロー主義について論じ、「亜細亜の事は、亜細亜人によりて之を処理するの主義」を意味しているが、現在のところ日本以外にそれをなしうるものがないから、「日本人によりて亜細亜を処理する主義」とならざるをえないと論じた。[11]

西原借款

第一次世界大戦中に日本が中国に対して単独で借款を与えたことも欧米列強を苛立たせていた。戦前の日本は、資金力にも乏しく、米・英・独・仏で構成された四国借款団に、ロシアと共に加わるのが精一杯であった。しかしこの借款団は、政権交代によってアメリカが離脱し、また大戦が勃発したことで、機能しなくなっていった。そのような中、大戦による特需で好景気を迎え、債権国となった日本は、民間人を介した形で、国際的枠組みを超えた単独での対中借款に乗り出すことになった。いわゆる西原借款である。これに対して欧州各国は対日不信をつのらせたものの、ヨーロッパが戦場となった大戦への対応に忙殺されており、日本を十分に牽制する余裕はなかった。一方、ヨーロッパから遠く離れたアメリカのウィルソン政権は、中国の門戸開放を重視しており、先の四国借款団ですら、中国の主権を脅かすものとして脱退していたほどであったので、日本の動きを警戒した。[12]

西原借款について、北京の米国公使館関係者は、その実態を把握するのに当初苦労した。ジョン・マクマレー代理公使は、「妬ましいまでに秘密にされ」ていると書き送っている。[13] しかし、徐々にその実態が明らかになると、日本が中国をコントロール下に置こうという意図の下に行われているとみなし危険視する者も現れた。なかでも米国駐華公使のラインシュは、西原借款を「東アジアにおいて日本の優越を主張し、アメリカや諸外国を排斥する基礎として、中国の財政、交通、伝達のシステムを支配するための総合的計画の一環」とみなした[14]。この頃までにラインシュは、日本のことを「悪の体現者、自由と民主主義の敵、そして将来のすべての世界紛争の原因」とみなしていた。それゆえ、なんとしてでも日本の勢力を中国から排除すべきと考えていた。国務省内でラインシュのこのような考えと同じ考えをもっていたのが、同省で第四位の序列にあったブレックンリッジ・ロング第三国務次官補である。アメリカでは、彼が中心となって新借款団の提案が起草されていくことになる[15]。

日本では一九一八年九月に西原借款の後ろ盾となった寺内内閣が総辞職し、代わった原内閣は、速やかに対中借款を停止して、対米英協調路線に舵を切った。また、借款を受けた段祺瑞政権は、日本の影響下に入ることなく、また、中国内における影響力も失っていった。こうした事情のため、西原借款をめぐるアメリカとの摩擦は深刻化することなく終わった。ただ、国際借款団のルールに反する形で秘密裏に巨額の借款を与えるという日本政府のやり方は、アメリカ政府内に日本の対中政策に対する疑念を残すことになった。

アジア主義関連出版物の反響

米国に比して東アジアや南アジアにより多くの権益を抱える英国にとって、中国よりも気がかりだったのがインドであった。一九一六年後半になると、人種主義的言説を逆用してアジアで指導的立場に立とうとする日本の動きに、英国の注意が払われるようになる。中国に比べると日本から遠く離れているとはいえ、第一次世界大戦によって英国の力が欧州に割かれているときに、植民地であるインドの貿易において日本の存在感が増しており、危惧が現実化しているように思われた。また、敵国ドイツがインドなどの英領植民地や中国において、植民地支配反対の活動家を支援したため、英国による植民地支配に反対する動きが世界各地で俄かに高まった。日本にも一九一七年タラクナート・ダスらインド独立活動家が渡来し、「日本は亜細亜の盟主として、総ての亜細亜人を率ゐて、屹然として立たねばならぬ」と説いていた。ダスは、中国を訪れて唐紹儀とも会談し、将来的に日本と中国を提携させて、それにインドを加えて、東洋の諸民族を連合させ、将来的に起こるであろう「人種的競争」を念頭に、欧米列強に対して備えなければならないという考えで一致した。そのような考えをもとに、ダスは、『日本はアジアにとって脅威か』と題する小冊子を上海で発行した。唐が序文を、蘇峰が付録を書いたこの冊子は、「アジア独立の大義」に捧げるとされていた。唐が序文の中で「日本と中国とインドが、すべての外からの侵略者に対してアジアの独立のために立ち上がり共同して活動することを希望する」と書いていることに象徴されるように、日本はアジアにとって脅威ではなく救世主であるというのがその趣旨であった。このダスの唱える「アジア人のためのアジア」という主張に影響を受けた大川周明や頭山満らは、「全亜細亜主義」をとるようになる。(16)

英国陸軍も日本をインド独立活動家たちのきわめて重要な連絡拠点とみなし、インド独立派に対して好意的姿勢を示す人々が日本にいることに警戒感を抱いていた。彼らの観察によれば、「インド独立派を支援することで、漠然とした日本主導の汎アジア運動を促進しようと考える実態のはっきりしない政治集団が日本には存在」しており、なかでも頭山満らが主導して、英国政府が日本政府に拘束を依頼したラス・ビハリ・ボースを官憲から逃れさせた一件については、ボースらは事前に警告され、当局は逃走を黙認したとこれを重視した。(17)

同じ頃に英国政府内で回覧された「インドに対する危険性の度合い」と題する英陸軍情報部作成の覚書は、日本の行動が直ちにインドの状況に直接的影響を与えることはないとしながらも、日露戦争以来、極東やインドにおける英国の威信が低下し、逆に日本の威信は増大しており、このままでは危険であると論じた。また、日本政府が日本国内のインド独立活動家たちに対して甘いと不満をもっていたが、欧州での戦況を考えると日本にあまり強く出るわけにもいかなかった。(18) 同時期に書かれた同じく英陸軍情報部による「汎アジアの可能性」と題する覚書は、中国人は欧米人を嫌っている以上に日本人のことを嫌っているので、汎アジア同盟の形成はありそうにないと冷静に分析していた。しかしその一方で、日本が中国の政治を掌握してしまえば、既成事実を中国人は黙認してしまうだろうし、また、欧米列強の勢力を日本が中国から放逐すれば、日本の威信は高まり、汎アジアを実現するうえで大きな推進力を得ることになるだろうと論じた。また、華北の中国人は、十分な訓練とよい指導者によってよい軍人となる素質を持っているから、日本人士官に率いられた巨大な中国軍の創造を不可能と打ち捨てるべきではないとした。[19] ここにも、日中連携は難しいとしつつも、一旦日本が中国を制圧してしまえば、中国人は日本人に従うだろうという考えが見られる。また以前の黄禍論に典型的にみられた、近代化した日本に率いられた大人数の中国人の軍隊という考えも表れている。イギリス人士官がそのようなイメージを抱いたのにはおそらく、大量のインド兵を率いるイギリス士官というイメージとの間の連想もあったと思われる。[20]

少しさかのぼれば、優秀な指揮官に率いられた大量の非白人による軍隊というイメージを記憶に残す出来事があった。一八七八年に時のディズレーリ政権によってインド軍がマルタ島へと派兵されると、果たしてそれは賢明な策であるのか、それともとんでもない愚挙であるのか、イギリスを中心に大きな議論となった。マルタ島というヨーロッパの一部にインド兵を自由に動かしてよいのかという批判もあり、そもそも賢明な策とはいえないという議論もあった。そのような中、インド兵はひ弱であるとの従来の見解を否定して、インド兵の活用を賞賛したのが、戦勝を重ねたイギリスの軍人ガーネット・ウルズリーであった。彼はこの年の夏、ニューヨークで出版されていた月刊誌『ノース・アメリカン・レビュー』に「インドの現地軍」と題する長文の論説を寄稿した。ウルズリーは、「イギリスはアジアの強国の中で最強である」と述べたディズレーリこそがインド軍の本当の価値に気づいた最初の賢明なイギリス人であるとまず書いた。ウルズリーによれば、当時イギリスと敵対しているロシアの人口が八三〇〇万である一方、イギリスの人口は三二〇〇万であり、ロシアに対抗できるほどの数の軍隊を得られるか不安この上ないが、まさにマルタへのインド軍の派兵という事実がこの議論自体を破壊してしまうと述べる。インドの人口は二億四千万だからである。また、インド人は「世界で最も強烈に戦争好きな人種」であり、それゆえ、イギリスはほとんど無制限な徴兵場所を持っているといえると書いた。加えて、インド兵が特に強いのは、イギリス人士官に率いられたときであるとも指摘した。[21] なお、このウルズリーの論にアメリカ国内で注目したのは、カリフォルニアの人々であった。七月一五日付の『サンフランシスコ・クロニクル』紙は、ウルズリーを「イギリスで最も有能な士官の一人」と認めたうえで、彼のインド兵の活用を勧める論を重きをおかれるべきであるとした。ただ、この記事はそれだけでは終わらず、インド兵の質の高さを絶賛するウルズリーの説は、インド兵の増殖を警戒する論、ひいてはアジアの軍事力増大を警戒する論を承認することにつながるのみであると警告した。中国からの移民の波にさらされていたカリフォルニアとしては、莫大な数のインド兵の問題を自分たちの問題と引きつけて捉えたのであった。[22] 二日後の『ロサンゼルス・ヘラルド』紙も、ウルズリーがイギリスの強みとする莫大な数のインド兵が、イギリスにとって弱点となるかもしれないとその災いについて指摘していた。[23]

一九一七年に戻るなら、上海におけるダスの『日本はアジアにとって脅威か』の出版に触発されて、同地のセント・ジョンズ大学の舫春宗は、「日本の最大の過ち」と題する英文パンフレットを書いた。その中で舫春宗が「日本の最大の過ち」としたのは、イギリス側に立っての第一次世界大戦への参戦であった。「アジア人のためのアジア」という政策を重視して、アジアに抑圧を加えるイギリスに敵対して参戦すれば、今頃はイギリスのアジア艦隊を撃破していただろうとする。そして、「日本人と中国人は……同じ人種に属していることは忘れてはならず」、そのため、両国は「アジア人のためのアジア」という同じ大義のために共に戦わなければならないと論じていた。このパンフレットは、日本国内に配布されたが、日本国内では、連合国として参戦して第一次世界大戦を戦っているときに、その事実を批判する危険な出版物とみなされ、取り締まりの対象となった。このパンフレットの概要とそれが日本で配布された事実については、早速AP通信が報じ、複数のアメリカの新聞が様々な見出しとともにそれを掲載した。最初に報じたのは、ペンシルバニア州のある地方紙で、著名な中国人教育者による「アジア人のためのアジア」をテーマとするパンフレットが、日本で配布されたこと、その内容は、日本が英国側に立って参戦したことを過ちとするもので、日本と中国は違いを忘れて合同し、「ヨーロッパ人種の圧倒的支配に抵抗」すべきであると結論していることを伝えた。[24]『アイダホ・ステイツマン』紙は、「黄色人種はアジアを支配する力があると語る」、「著名な中国人の教育者が、極東をアジア人のために保持するために日本との合同を唱導」との見出しを掲げて同じ内容を報じた。[25]また、『インディアナポリス・スター』紙は、「『アジア人のためのアジア』のパンフレット、協商を批判」と題して同一内容を報じた。[26]このような、中国の一大学教員によるパンフレットの発行が、複数の新聞によって米国内で報じられたのは、アジア人のためのアジアという問題が、一部のアメリカ人を刺激していたことを示している。

一九一八年に黒龍会が、『亜細亜大観』と題する書籍を出版すると、日本における英国外務省の出先機関はこれに注目した。同書出版の目的は、「大亜細亜主義実現ノ一端ニ資セム」ためとされており、また、この書の序文を書いた黒龍会の中心人物内田良平は、英国政府によって「暴力的に反英的な『亜細亜時論』誌の所有者にして、インド人反逆者たちの友人」としてマークされていた人物であった。英国横浜総領事館のチャールズ・デヴィッドソン副領事は、この書物を日本における他の汎アジア主義的な著作物同様、帝国主義的かつ略奪的精神を育むことを目的としており、そのため軍関係には好評だろうと分析した。しかし、彼がより注目するのは、この書物には「東洋と西洋の諸国民の間に人種的敵意を沸き立たせるという、より邪悪な目的」が潜んでおり、しかも、そのような感情は、「残念なことに、毎年この国［日本］で顕著になりつつある」という点であった。同書にはアジアを学ぶうえでほとんど価値はなく、ただ日本賛美と白人種に対する軽蔑を繰り返し教え込む以外のなにものでもないのに、戦争中の微妙な時期に、よりによって同盟国である日本において、このような害のある書物が公的に推奨されるのは理解に苦しむと結んでいる。東京の英国大使館もデヴィッドソン副領事の意見に全面的に同意し、同書の中身には「あまりに妄想的でほとんど狂気」に見える部分もあり、これを読んだ読者が極東における欧州列強の既存の利権に害を与えるように計算されていると付け加えてロンドンに電送している(27)。

第一次世界大戦の終結

一九一八年一一月、ドイツのヴィルヘルム二世がオランダへと亡命し、ドイツは休戦調停に調印、第一次世界大戦は終結した。この第一次大戦終結直後の東アジアにおける国際関係は不安定であった。脱亜入欧のスローガンを前面に出し、欧米列強のルールをいち早くわがものとすることで行動してきた日本が、欧米の力がヨーロッパに割かれている中、地域的大国として力を増してきたのは明らかであった。アジア太平洋地域においてアメリカ政府がまずもって重要視したのは、東アジアにおける指導的国家としての立場に自信をもち始めていた日本との間に安定的な秩序を形成するということであった。日米間には中国をめぐる問題や米国内の日系移民排斥問題など様々な課題が横たわっていた。

このとき日本と米英の鬩ぎ合いの舞台の中心となったのは、一つには戦後世界秩序の方向を形成する会議が開かれていたパリであった。戦後世界の枠組みは米英主導の下、ここで形づくられていく。他方、ヨーロッパが戦争で疲弊する中、相対的に日本とアメリカの力が増しており、その日本とアメリカの鍔迫り合いの主たる舞台となったのが、日米ともに進出の機会をうかがっていた中国と、日本からの移民の流入で人種問題が深刻化していたアメリカ西海岸の、二箇所であった。中国では、日米それぞれの後押しを受けた地元紙や週刊誌が、激しく互いを批判し合っていた。例えば、日系の『順天時報』は、アメリカに批判的な論説を盛んに掲載し、米系の週刊誌『ミラーズ・レビュー』は、日本を批判する論説を掲載し続けた。一方、アメリカ西海岸では、大量に流入した日本からの移民が米国人労働者の反感を買い、排日運動を引き起こしていた。

第一次世界大戦終結を受けて日本政府は、急遽、第一次世界大戦の講和への参加について考えをまとめる必要に迫られた。早速一一月一三日に外交調査会が開かれ、その点が話し合われた。ただ、急な開催であり、また大演習のため陸軍大臣が欠席していたこともあって、同年一月にウィルソン大統領によって発表された十四カ条が講和の指針となるのではないかとの考えに基づいて、内田康哉外務大臣が意見書を読み上げたのがこの会でなされたことの中心であった。内田外相が十四カ条からまとめた秘密外交廃止などの七点の中で、最後の七点目に挙げた国際連盟創設に関する部分において、人種的偏見が取り除かれない状態で国際連盟が組織されると日本にとって不利となる恐れがあるので、「人種的偏見ヨリ生スルコトアルヘキ帝国ノ不利ヲ除去センカ為メ事情ノ許ス限リ適当ナル保障ノ方法ヲ講スルニ務ムヘシ」と、人種差別撤廃の重要性が強調された(28)。

この外交調査会での話し合いについて、内田外相から説明を受けた駐日米国大使のローランド・モリスがまずもって憂慮したのは、日本が人種差別撤廃を実現するために、中国と同盟を結ぶのではないかという点であった。講和会議に向けた日本政府の姿勢の中で重視されるべき点の一つとしてモリス大使が注目したのは、すべての議論の根本となる問題として、「黄色人種の平等」を主張する機会を国際連盟の創設は与えてくれていると日本人が考えているように見えるという点であった。それはまさしくモリス大使の当初の懸念と結びつくものであった。モリス大使は早速、パリでの講和会議において人種平等問題について共闘するために、日本政府内で、中国との同盟を直ちに結ぶことが真剣に話し合われていると、一一月一五日付で国務長官に向けて打電した(29)。

「英米本位の平和主義を排す」

第一次世界大戦後の国際秩序の方向性が不明で、日本の出方が注目されていたまさにこの時期に、二七歳の若き貴族院議員近衛文麿による、英米主導の国際秩序を批判した「英米本位の平和主義を排す」と題する論説が雑誌『日本及日本人』の一九一八年一二月一五日号に掲載された[30]。急逝した近衛篤麿の長男で、将来の日本の指導者の一人と目され、その後講和会議へも西園寺公望全権の随員として参加することになる近衛文麿が、英米を批判したこの文章は、大いに注目を集めた。この中で近衛は、領土も狭く、植民地も少ない日本が、世界を支配する英米の利害に基づいた国際秩序の固定化を許してはならないと主張した。また、「黄人に対する差別的待遇を規定せる一切の法令の改正を正義人道の上より主張せざる可らず」として、世界が、いわゆる英米本位の平和主義へ向かうのか、真の意味での正義人道に基づくのかを決するのが、次の講和会議であるとその重要性を強調した。この文章に、彼の父親が二〇年前に発表した「同人種同盟」論が想起され、欧米人は注目せざるをえなかった[31]。

モリス駐日米国大使は、この近衛の論説を危険なものとみなし、早速、英米の利害に基づく平和に日本は盲従すべきではないという内容について国務省に報告した。モリスが着目したのは、国際機関設立について、英米が利益を独占するような国際秩序を維持するための機関であるなら、受け入れることはできず、ドイツと同じ現状打破の態度を取らざるをえないと述べている点であった。また、英米やその植民地において黄色人種が受けている差別的待遇の除去を主張している点も強調した。そして、近衛一人がそのような論を唱えているならまだしも、近衛の見解が数多くの日本の識者たちに共有されている点は注目されるべきだと報告書を結んだ[32]。

アメリカ国内にも、近衛の論説に注目する者があった。その一人が、メソジスト派の中国宣教師の家庭に生まれ幼少期を北京で過ごしたニューヨークの著名な法律家のガイ・モリソン・ウォーカーである。ウィルソン大統領をはじめとしてホワイトハウスや議会ともつながりがあり、また、極東問題について多くを書いてきたウォーカーは、この近衛論文と、日本のこれまでの行動を比較して、日本を痛切に批判する短い文章を一九一九年にニューヨークで出版した。その中でウォーカーは、近衛論文を読むとアメリカ人読者は「日本の二面性」に「驚くだろう」と書いている。すなわち、植民地支配や二十一カ条要求などの日本のこれまでの行動を踏まえたうえで、近衛の主張と比較し、ここに「日本の二面性」が表れていると書いて日本を痛烈に批判した。また、日本の人種平等に対する要求についても、白人に対して人種平等を訴える一方で、中国人などアジアの隣人を差別していると強調した。この文章は、米国内の新聞などにも掲載された(33)。

上海の『ミラーズ・レビュー』誌も近衛の論考を巻頭の社説で取り上げ、東京で刊行されていた英字誌に掲載された英訳を転載しつつ、驚きをもって紹介した。そして、パリ講和会議の日本代表団の一員が、後発列強ドイツのやり方に共鳴し、アメリカとその同盟国が作り上げた講和案に疑念を抱くのを見るのは「残念だ」とした。ただ、結論としては講和会議で近衛の論に聞く耳をもつものはいないだろうとして基本的には楽観視した(34)。

パリ講和会議での人種差別撤廃要求

パリ講和会議で日本が人種差別撤廃を試みることが伝わると、これを好意的に伝える米国紙もあった。ジョゼフ・ピューリツァーの『ニューヨーク・ワールド』紙は、社説の中で、もし今回人種差別撤廃が認められれば、肌の色にかかわらず同胞となる世の中が近づくことになり、そのような要求をするうえで、日中両国は正義と権利を有しているとまで書いた(35)。

しかし、そのような論調は例外的であった。パリ講和会議において人種差別撤廃条項を国際連盟規約に挿入させようとする日本政府の動きは、アメリカ国内ではすぐに西海岸における日本人移民問題を想起させた。新しく設立される国際機関で人種平等が謳われるとアメリカの主権が制限され、日本からの移民を制限することができなくなるのではないかとの考えから、早速、パリにおける日本政府の人種差別撤廃に向けた動きを危険視する意見が出された。一九一九年一月七日には連邦上院において、ノースダコタ州選出のポーター・マッカンバー議員が、国際連盟に関する長い発言の中で、「我々は、我々の国民の性質や水準を下げることなしには、これらすべての劣等人種を同化することはできない」と述べたうえで、次のように強調して、国際連盟が人種平等を謳った形で創設され、アメリカ国内の人種問題に影響を及ぼすことのないように訴えた。

人種の排斥や受け入れの問題は、国内問題にすぎない。人種的性質、その習俗、理想、制度、そしてそのような性質に沿った政治制度を保存する権利は、すべての現実の国家の最も不可欠かつ神聖な権利である。[36]

特に熱心だったのは、カリフォルニア州選出の連邦上院議員で、排日運動の巨頭でもあるジェームズ・フィーランであった。パリの講和会議アメリカ代表団に向けて、フィーラン議員は次のように打電した。

人種平等、もしくは単なる取り扱いに関する規約内のいかなる宣言も、移民、帰化、選挙権、土地所有、結婚といったものに関する管轄権を連盟に譲り渡すものと解釈されるかもしれず、避けるべきである。これらが国内問題であるとする積極的宣言は、既存のアメリカの政策と調和させられるべきものである。アメリカにおいて東洋人が白人と対等になるような抜け穴には、西部の上院議員やその他の議員は反対すると考えてもらいたい。自己保存に関わるきわめて重大な問題なのである。[37]

フィーランは、その数日後には、カリフォルニア州議会の上下院合同会において登壇し、パリ講和会議で日本が人種平等を求めていることについて触れ、「会議は今のところ構成国の主権を侵害しようとはしていないと思う」としつつも、「日本が会議出席国の五強国の一つであることを心に留めなければならない」と警告した。[38]

その間、日本国内では、連盟規約に人種差別撤廃条項を盛り込むことを目指す大会が開催されていた。そのことは米国内でも大きく報じられた。『サンフランシスコ・クロニクル』紙は、「東京の集会は人種平等協定を要求」と題する記事の中で、「日本人は、天皇の要求を認めない規約を罵」っているとして、集会の模様を報じた。[39]『ニューヨーク・トリビューン』紙は、「日本人は世界連盟における人種境界線を争う」と題して、東京での大規模集会において、「人種差別撤廃条項を含まないいかなる国際連盟規約にも反対する」との決議が採択されたと報じた。[40]

結局、オーストラリアなどの反対もあって、人種差別撤廃条項の採択は難しいと思われる中、日本代表の牧野伸顕は、人種差別撤廃条項のための熱のこもった演説を行った。日本代表がパリ講和会議において人種問題について大いに不満を表明したことは、米国内でも報じられた。『ニューヨーク・タイムズ』紙は「人種不平等を押しつける連盟にアジア人は満足しない」と牧野が述べたと報じ、また、『サンフランシスコ・クロニクル』紙は、牧野の発言の、人種平等を盛り込んでいない国際連盟規約など「アジア人のための規約ではない」という部分に注目した。[41]

その後、委員会で人種差別撤廃条項の採択が否決され、日本政府は採択の見込みなしとして総会への提出をあきらめ、この問題は一旦沙汰やみとなった。ただ、否決によって日本人が抱いた不満に、欧米人はまったく無関心でいたわけではなかった。特に東アジア在住の欧米人はその点に敏感にならざるをえなかった。上海の英字紙『ノース・チャイナ・ヘラルド』は、日本の汎アジア主義者たちが、パリでの人種差別撤廃条項否決という事実を、中国における反西洋宣伝に利用していると報じた。人種差別撤廃条項否決を引き合いに出して中国を日本の味方に引き込もうという働きかけは、北京大学学長の蔡元培などの中国の有力者にははねつけられたものの、この後も断続的

に見られることになる。(42)

アメリカのマスメディアは、人種差別撤廃条項否決に関する、日本国内での重要人物の発言や、新聞の論説などについて関心をもって報じ続けた。例えば、『大阪毎日新聞』が四月一六・一七日、一面トップで上下二日にわたって、「モンロー主義と人種平等案」と題した記事を掲載し、人種平等提案が否決された一方で、アメリカのモンロー主義を例外として認める条項が承認されたことを、「是理非を顚倒し正邪を錯置せるのみ」と痛烈に批判すると、『ロサンゼルス・タイムズ』紙は、「日本人は平等失敗を無念に思う」と題し、その『大阪毎日』の記事を抄訳して、日本人は強く不満に思っていると報じた。(43)

一方、移民排斥を主張してきたハースト系新聞は、人種差別撤廃条項否決にも満足しなかった。日本が確保した山東の権益を危険視し、「日本はいかにアジア本土に広がりつつあるか」と題する論説を掲げて、「もし日本が、眠る中国の［山東の］四千万人を起こし、訓練し、組織したなら結果はどうなるだろうか」と日本人が中国人を従える形での黄禍論を想起させ警告した。(44)

また大隈重信元首相が、大日本文明協会開催の演説会で、「講和問題に就て」と題して講演を行い、人種差別撤廃案が否決され、モンロー主義を認める条項が挿入されたことについて、「今や巴里の天地は暗雲に包まれ雨か霧か講和の前途寔に憂慮に堪へず」と熱弁をふるうと、そのことに伝えるAP電が広くアメリカで報じられた。演説の中でも特に米国で注目されたのは、大隈が西洋を批判した部分であった。世界の人口の三分の一にも満たない白人が世界を支配することは正義と人道に対する汚点であり、人種平等を認めない正義と人道はほとんどその名に値しないと述べた点、並びに、傲慢な西洋人を凌ぎ、膝を屈させるのにさほどの困難が伴わないことを希望すると述べた点であった。(45)

同じ頃、国際連盟に参加するか否かをめぐって議論が戦わされていた米国連邦議会では、人種的な視点から、参加に否定的な意見が表明されていた。ミズーリ州選出のジェームズ・リード上院議員は、国際連盟は、白人に属するのではなく、「黒、黄、褐、赤といった人種の、しばしばあまりに混血したため分類もできないほどの雑種」からなっているので、そのようなものに加盟しようものなら、白人種の運命を無知蒙昧で迷信を信じる有色人種にゆだねることになると力説した。そしてそのような危険の論拠の一つとして、日本が提出した人種差別撤廃案を挙げた。すなわち、国際連盟の日本代表はいつでもその提案を再提議できると述べて、有色人種が発言権を持ついかに危険な組織であるかを述べたのである。当時、日本がパリ講和会議で人種差別撤廃を提案したのは、アメリカ西海岸をはじめとする日系移民問題で譲歩を引き出すためとの噂もあり、関連地域の住人にとっては、リード議員の発言は絵空事とは思えなかったはずである。(46)

世界各地の反応

この不安定な時期に、日本の東アジアにおける野心の危険性をより切実に感じていたのは、そこに居住する米英の人々であった。アメリカ人によって上海で出版されていた英字隔週刊誌『ミラーズ・レビュー』は、アメリカ留学経験の長い国民党系のジャーナリストであった董顕光の筆による、日本の野心を警戒する論説を掲載した。その中で董は、日本の軍部や文民の指導者たちは、「アジア全体を含む大帝国を武力によって創り出すという野心」をいまだに抱いており、そのような政策は、民主主義や民族自決といった世界の趨勢に無頓着であるだけでなく、きわめて近視眼的であると批判した。董は、「何世紀にもわたって休眠中であった中国人種の好戦的精神が、いずれ蘇り、世界を驚かすかもしれない」し、そうなってから日本の指導者たちが対中政策を再考しても遅すぎると警告した。(47)

また、オーストラリアでも、日本の動きは不安感を抱きつつ注視されていた。「白人のための豪州」をスローガンとする有力週刊新聞『シドニー・ブレティン』は、どの国も夢や幻想を抱くものだが、すべての国がそれを実行に移すわけではないとしたうえで、日本の「汎アジア的夢」について考察している。この論説によれば、それは日露戦争や第一次世界大戦における「成功という酒と一緒に飲んだ狂信的急進主義」である。この論説はまた、日本が主張した人種差別撤廃条項が講和条約に含まれなかったものの、講和条約によって日本は汎アジアの夢の第一段階を達成したと論じた。そして、将来、日本の中国支配が強みとなるか弱点となるかは不明であるが、ヨーロッパのアジア進出がピークに達してしまったことは確かであり、アジアに残るのは国際連盟の古い棺だけだと論じた。(48)

第一次世界大戦の終結によって新たな国家が続々と誕生しつつあった東欧に派遣されていた『シカゴ・トリビューン』紙のトーマス・ライアン特派員が、「白人の時代の終わりは近い、黄禍が来た」として、東欧の人々が黄禍の脅威を恐れているという内容の記事を配信すると、『トリビューン』をはじめ、アメリカのいくつかの新聞がそれに独自の解説や見出しを加えて掲載した。『トリビューン』は、新たに独立を果たしたものの、ソ連の脅威を恐れる東欧の人々は、ヨーロッパ的であるよりもアジアに近いと思われるロシアを恐れるあまり、黄禍の脅威を感じているのではないかと想像した。西海岸の有力紙『サンフランシスコ・クロニクル』は、「アジアの魔の手に無防備なヨーロッパの喉、おそらく日本によって中国が道具として使われよう」との小見出しを掲げ、この特派員電を伝えた。このような黄禍論についての報道を日本側で真っ先に捉えたのは、アメリカとの対立を切実に肌で感じていた外地の人々であった。日系メディアによるアメリカ批判と米系メディアによる日本批判が直接ぶつかっていた中国大陸では、『満洲日日新聞』が「黄禍論再燃」と題して、先の『クロニクル』の記事について、欧米人は自分たちが世界を支配しようとしているので、日本人の存在が邪魔で、黄禍論を吹聴するのであって、日本人を「苦々敷く」思わないわけにはいかないのだと切って捨てた。(49) そのような日本寄りの報道は、日本が資金を注入して影響下に置きつつあった、多くの中国の地方紙においても見られた。それに対して、トーマス・ミラードに代わって上海で雑誌の出版を続けていたアメリカ人ジャーナリストのジョン・パウエルは、第一次大戦中から戦後にかけての中国におけるそのような日本の影響力の増大を危機感をもって見ていた(50)。

この不安定な時期、中国がこの日本の人種差別撤廃提案に向けた動きや汎アジア主義について、どのように対応すべきかについては、同じパウエルの雑誌に寄稿する知識人たちの間でも、見解が大きく分かれていた。中心をなしていたのは、日本の人種平等の訴えの影には日本の利己的野心があり、中国はそれに惑わされてはいないと世界に向けて訴えるものであった。南京大学の王治平は、東洋を率いるためには、日本は野心を隠さねばならず、そのかわりに出した切り札が人種平等であったと論じた。そして、血は水より濃いというのは昔の話であって、現代では友好親善といったものにおいて人種の壁はなくなっていると書いた。そして、人種といったものの重要性は増しておらず、汎アジア主義も不可能だと結論づけた(51)。一方、後継誌に掲載されたアメリカ人特派員の論説は、血は水より濃いという諺の日中関係への適用を、中国人の論者ほど自信をもって否定できなかった。一九二〇年に『シカゴ・トリビューン』紙の特派員として中国に滞在したフレイザー・ハントは、現在、中国は幸運なことに日本を一番嫌っているが、「西洋は中国人が黄色人であり、日本の黄色人と大いなる同色の絆でつながっていることを忘れてはならない」と書いた。その上で、一つのエピソードを紹介している。

それは上海のある個人宅での夕食であった。三十膳ものすばらしい夕食であった。中国人の中でも最も優れた頭脳を持ち最も賢明な中の一人が、親密な感じで私に内緒の話をした。「パリ会議での我々の代表は、山東問題すべてを不問に付した上で人種平等要求において日本を強く支持しなかったとき大いなる間違いを犯しました(52)。」

日本のアジア主義の海外進出と米英の警戒

第一次世界大戦の戦後処理がパリで進む一方、東アジアでの日本の影響力の増大や南アジアでのその懸念もあり、この戦争直後の時期、イギリス政府はしばらくの間、日本の脅威を真剣に捉えていた。それは何よりも、日本人がイギリス植民地の独立派と、各地で戦中から積極的に接触していた事実による。サンスクリット語の日本人研究者がインドを訪問してすぐに国外追放になるなどイギリス側は神経をとがらせていたのである[53]。

この時期の日本人による汎アジア主義的活動は、日本国内にはとどまらなかった。大陸を拠点に、よりスケールの大きな運動を目指す動きも現れた。亜細亜義会の活動がそれである。この組織は、一九〇九年頃に中野常太郎によって設立され、本部を東京の赤坂に定めてアジア諸民族の連携のために活動していた。設立趣意書に名を連ねた発起人には、犬養毅や頭山満の名もあった。それが辛亥革命後に大亜義会と改称して、本部を東京から奉天に移し、広く活動し始めたのである。一九一九年三月からは、機関誌『大亜』の刊行も開始された。それによれば、支部は大連、カルカッタ、イスタンブールにもあり、イラン、アフガニスタン、タイにも進出予定とされた[54]。

一九一九年一二月一〇日付の北京のジョーダン特命全権公使からロンドンの外務省宛ての報告書には、『大亜』についての覚書が同封された。分析対象となったのは入手された一九一九年一〇月号と一一月号であり、それによると、本誌は欧米の白人種による抑圧に苦しむ十億のアジア人に向けたものであり、アジア人が救われるとするなら、それは同じアジア人によるであろうとされていた。同誌の中身を分析して、この覚書は、「これらの記事はすべてその基調において暴力的に反欧、特に反英的かつ反米的である」と結論づけた[55]。

日本で発行されている英系英字紙『ジャパン・ウィークリー・クロニクル』は一九一九年一二月一一日付の紙面

に、「汎アジア主義　奉天からの日本のプロパガンダ」と題してこの動きを報じる中国の英字紙の記事を転載した。それによれば大亜義会の活動は、アジア人のためのアジアを目指すのみならず、インドや東洋全体におけるイギリスの有害な影響を示すことを意図しており反英的であるとされた。また、『大亜』の出版の目的は、「欧米の白人による抑圧の結果として被った損害と不正義に対して、何億人ものアジアの民の目を覚まさせること」であり、もしアジアの民が救済されるなら、それはアジア人以外の手によるのではなく、「黄色人種の熱狂的発奮」による、とされている点に注目した。ただこの記事は、上記機関誌が、アジア各地との連携を謳っているわりには、日本語と中国語の部分がほとんどで、モンゴル語、トルコ語、アラビア語などで書かれたページはわずかしかないと批判的に書いた。また、支部に関しても、広がりを評価するのではなく、なぜカシュガルやウランバートルには支部がないのかと、ない部分を皮肉ることも忘れなかった(56)。

ジョーダン特命全権公使は、続けて一九二〇年一月一九日付で、奉天からのさらなる報告書を添えて、大亜義会の汎アジア主義的な活動に関する自らの見解を書き送っている。その奉天からの報告書によれば、大亜義会の目的は、欧米に対抗するためにアジアを組織し、アジアをアジア人のためのものとするという見地から、汎アジア運動を促進することであるとされていた。ただ、奉天領事館の調査の結果、この組織の関係者として名前の挙がっている有力中国人も、同組織にほとんど関心をもっていないとされ、毎月行われている会合も重要性は低いと結論づけた。この報告書を受けてジョーダン公使は、その組織の目的が「馬鹿げているように見えるかもしれず、また宣言も大げさである」と認めつつも、「このプロパガンダの底流にある考えはわかりやすく、それは無知な大衆には訴えかけそうなものである」し、「一言で言えば、『反白人的』である」と危惧を表明した。また、その会員数などについても疑わしいが、「日本人によって指導され、アジア全体の不満分子に働きかけようとしている事実が、そうでなければ重要でない本件に重要性を与えている」と結論づけた。このように、合理的に思考してその重要性を否定しつつも、不安を抱かずにはいられないという傾向は、日本のアジア主義的な動きに対する米英の態度の特徴として継続的にみられることになる。[57]

ワシントン海軍軍縮会議によって、第一次大戦後のアジア太平洋秩序が一応の安定を見せる前のことであっただけに、これらの要素は日米関係をいっそう不安定化させるものであった。米国務省が、日本が主導する汎アジア主義的な動きを系統立てて観察するようになったのはまさにこの時期であった。この頃、日本が中国とインドに働きかけて、関係強化のための会議をローザンヌで企画しているというような不確実な情報が、スイスの駐在武官から米国政府にもたらされた。このような根拠薄弱な情報ですら、日本の汎アジア的動きの一環として取り上げられていたのである。[58]

アメリカにおける人種主義の展開

パリ講和会議における人種差別撤廃案の否決や、一九二〇年のカリフォルニア州外国人土地法制定に象徴されるアメリカ西海岸の日系移民排斥問題が、一九世紀末から急増していた東欧や南欧からの移民の問題、いわゆる新移民問題と相まって、アメリカ社会を不安にさせていた。有色人種によって白人が脅かされる危機を描いた、ハーバード大学出身の歴史家ロスロップ・ストダードによる『有色人種の勃興』が出版されたのも一九二〇年である。この書物の中でストダードは、当時アメリカで大問題となっていた東欧や南欧からの移民の流入によって、北欧や西欧のアーリア人種が「汚染」され、それによってアメリカの国力が弱まり、一方、有色人種がその多産性によって勃興し、圧倒的となると主張した。この考えのもとになったのは、ストダードの師であるイェール大学出身の法律家で優生学者でもあるマジソン・グラントが一九一六年に出版した『偉大なる人種の消滅』であった。ただ、南欧・東欧系に西欧・北欧系が飲み込まれるという白人の中の盛衰を中心に書かれたグラントの書物がさほど売れなかったのに比べ、白人全体に対する有色人種の危険を大きく扱ったストダードの書物は、第一次世界大戦によって荒廃したヨーロッパ文明に対する悲観的な見方と相まって、大評判となり版を重ねた。この書は、数年後には、F・スコット・フィッツジェラルドの小説『偉大なるギャッツビー』の中にまで登場することになるが、それも、繁栄を謳歌しつつもその繁栄が永遠には続かないだろうという不安がよぎる世相を反映していたからであろう。グラントが問題にしたいわゆる西欧・北欧系白人と東欧・南欧系白人との差異が、アメリカ人の意識の中でより大きな白人という枠組みに取り込まれていくようになるのもこの頃からである。[59] これが中国人や日本人との接触によるものか、それとも逆にこれによって中国人や日本人の脅威に焦点が集まるようになったのかはさらなる検討が必要なところではあるが、いずれにせよ東洋人の脅威が殊更強く意識されるようになったのもこの頃である。特に、白人に抑圧されてきたアジア人による内と外からの動きによって白人文明が圧倒されるという考えには、東アジアでの接触のみではなく、西海岸において大量の東アジアからの移民との直接接触を経験していたアメリカ人にとって、ヨーロッパ人が感じていたものよりも切実なものがあったはずである。また、このようなアメリカにおける人種主義の展開は、日本にも影響をもたらさずにはおかなかった。日米戦争まで予見する、有色人を人種的に危険視するストダードの書の内容に日本人が刺激を受けたことは、早くも翌年に邦訳が出版されていることからも見てとれる。[60]

バクーでの東洋諸民族大会

大戦中に出されたレーニンの平和に関する布告やウィルソンの十四カ条に刺激されて大戦終結直後には、非白人の連帯の機運が高まった。一九二〇年九月一日から一週間ほどにわたって、アゼルバイジャンのバクーにおいて、コミンテルン執行委員会主催のもと、東洋の諸民族の代表が一同に会する東洋諸民族大会が開催された。参加者は中央アジアからが中心であったが、インドや中国、ヨーロッパ諸国、そして日本からの参加もあった。東洋諸民族の代表が一同に会する国際会議としては初めてのものであり、その意味で画期的であった。ただ、この会議の主目的は、近隣諸民族に、帝国主義、特にイギリスの支配の打破という観点から、ソヴィエトとの連帯を訴えることであった。そのような文脈では、日本は帝国主義国の一つとして、アメリカと極東の覇権を争っている国として非難される立場にあった。そのため、この会議は、日本を中心とするアジア主義という意味においては、重要性をもたなかった。また、会議自体も盛り上がりに欠け、第二回大会の開催を見ることもなく終わった。[61]

ゆれるイギリス側の評価

一方でこの時期、英国政府内では、日本の汎アジア主義の影響力が過大評価されていたとの再評価が進んだ。アジア各地での日本人による活動は見られるものの、それらと日本政府との共謀は見られず、また、中国や朝鮮半島で、日本人は地元の人々の反感を買うようなことばかりして汎アジアを実現する能力がないことを露呈しているなど、冷静に朝鮮半島での植民地統治や中国に対する態度を分析すれば、日本を指導者とする汎アジア主義は実現の可能性がきわめて低いという結論にたどり着いたのである。[62] 英国の高級紙『タイムズ』の論調もそれに沿ったものであった。米国の有力誌『マックルアズ・マガジン』の共同社主であるサミュエル・マックルアの東西人種対決論に対する『タイムズ』紙の評価に、それが如実に表れている。一九二一年一月一五日付で、マックルアの東西人種対決論が、同紙に掲載された。それは、日本人の不満や、白人が世界の大部分を支配している現状を考えると、大陸規模での人種対決が必ず起きると論じるものであった。マックルアの人種対決論の一つのきっかけとなったのは、彼が一九一七年の訪日中に行った徳富蘇峰との会談であった。その時、蘇峰は、日本が世界に求めているのはただ平等な扱いのみであり、宗教や人種によって劣った扱いをするのをやめてもらいたいだけであると述べたという。『タイムズ』紙は耳目を惹くマックルアの説を掲載したものの、同日付の社説において、人種対決を強調するマックルアの論は、経験不足な者による典型的な一般化であり、ほとんどの英国市民にとっては「奇妙に誇張され」ており、「必要以上に人騒がせ」に思えるだろうと否定的に論じた。(63) マックルアの説はあまりに刺激的で反響が大きかったため、同紙では、「東洋と西洋」というテーマの下、しばらく投書欄においてこのマックルアの論をめぐる議論が続いていった。ただ、取り上げられた論の多くは、一五日付の社説に沿った、マックルアの論には現実性がないというものであった。例えば、マックルアの論はストダードの『有色人種の勃興』と同じで根拠が薄弱であり、東アジアでは日本人の方が欧米人よりも実は恐れられていると論じるものや、日本人による世界政府という話はあまりに現実味がないという安心させる論が見られた。ある准将は、経験のない人々は「日本人に率いられた巨大なアジア軍を連想するのだろうが、中国での経験のある者ならそのようなことが起こりえないことがわかるだろう」と書いた。ただ、日本人をアメリカやオーストラリアなどから締め出しているが、あまりに多くのところから締め出してばかりいると、日本はいつか暴発しかねないとする投書も、それらの中に混じって掲載されていた。(64)

イギリス政府は、日本と中国の連携の実現性は低いとみる一方、インド独立派と日本のアジア主義との結びつきには神経をとがらせ続けざるをえなかった。一九二一年四月二七日付のイギリス外務省からインド省に宛てた秘密文書は、頭山満らによる英字月刊誌『エイジアン・レビュー』についての情報を伝えている。それによれば、反欧インド人の間での同誌の人気は疑わしいとしつつも、一番不愉快なのは、日本である種の公的な支持を受けている点であると強調している。この雑誌は、一連の論説でイギリスを罵倒しているにもかかわらず、日本当局は取り締まっておらず、それどころか、頭山らに対する配慮のせいか、政府がその動きを許容しており、時に助長しているようにすら見えると不快感を露わにしていた。また、同時に、この雑誌は「『抑圧された』アジア諸民族の指導者となる日本の野心の表れとみなしうるかもしれない」とも警告している[65]。

日本の汎アジア主義的動きに対するイギリス側の警戒は、相互的なものであった。第一次世界大戦末期からしばらく、日本では米英が結託して日本を圧迫するという論調が盛んに見られた。そのピークとなったのは、一九二一年六月のシンガポール海軍基地の建設決定であった。

ワシントン海軍軍縮会議

ワシントン海軍軍縮会議が企画され、実施されたのは、アメリカが日本の汎アジア主義的動きを体系的に観察し始めるとともに、日英同盟への危機感を強め、それと同時に、イギリスがインド独立派の動きと日本のアジア主義者たちとの関わりに神経をとがらせ、そして日本側は米英の動きに反発を強めつつあった、まさにその時期であった。

ワシントン会議に向けて米英で共通していたのは、その発想の中に色濃く見られる人種主義的思考法であった。万が一、日米戦争が勃発したときには、日英同盟の存在のためにイギリスが日本の側につくのではないかと危惧する論説の中で、著名なアメリカ人ジャーナリストのロバート・スモールは、日米戦争のときイギリスが、「日本側に」つくかもしれないと書くかわりに、「黄色人種の側に」と書き、自らの人種主義的発想法を露わにした[66]。ロンドンの『オブザーバー』紙は、これから会議で話し合われる太平洋の問題において「英語国民」が同じ考えをもつことが望ましいとしたうえで、一旦陥ると世界を計り知れない災厄へと確実に導くような「白人種と黄色人種の長年にわたる血の復讐」を避けたいと、人種的な問題が背後にあるのを隠そうともしなかった[67]。より極端な論を唱える者もあった。有名なシカゴの慈善事業家のレイモンド・ロビンズは、もしこの軍縮会議が失敗に終われば、第一次世界大戦が小規模な争いにしか見えないようなとんでもない戦争になると予測した。その死者は三千万人に上ると予測し、結果として、西洋文明は破壊され、世界は黄色人種に支配されるようになると予言した。このような発言が一流紙に取り上げられたことや、ロビンズ自身がセオドア・ルーズベルトの友人で、のちに大統領となるハーバート・フーバーとも近いことを考えると、まったく影響力がなく荒唐無稽とばかりも言っていられないであろう[68]。

実際に会議が始まってからも、このような人種主義的発想は隠されもしなかった。『ボストン・グローブ』紙の編集者で著名な政治アナリストでもあるジェームズ・モーガンは、「人種戦争を避けるためにとモーガンは語る」と題する記事において、ワシントン会議でアメリカが行っているのは、「考えうる最も恐るべき戦争、すなわち、紛争が終わる前にどちらかが破壊されなければならない二つの文明間の絶滅戦争を避けること」であると述べた。なぜそうなるかといえば、彼によれば、アメリカは西洋の前哨点であり、日本は東洋の前哨点であるからだった。アメリカが西洋文明を代表し、日本が東洋文明を代表して戦うことになるという論は、当時広くみられた考え方であった[69]。

軍縮会議が日米英の間で合意を見ると、『ボストン・グローブ』紙は、「太平洋は、その名の通り「平和の海」になるだろう。その恐怖、すなわち白人種と黄色人種の争いの不安は、少なくとも一〇年間は、そしておそらくは永遠に取り除かれた」と安堵を示した[70]。しかし、そのように楽天的な考えばかりではなかった。ハースト系新聞グループ社主のウィリアム・ランドルフ・ハーストは、自身の新聞の一面において、ワシントン会議での日本との合意を批判した。ハーストにとって、最も好ましくないことは、日本がワシントン会議によって、「世界の黄色人種の国々の支配的国家、すなわち、白人に対する十億もの人種的敵の軍事的指導者」と正式に認められたことであり、「世界の最も大きな争い、真の世界戦争はまだ起きておらず、それは黄色人種と白人種の間に起こるだろう」と断言した。そして、白人同士が争っている一方で、黄色人種は日本の指導の下でまとまり、それが白人側に大打撃を与えるだろうが、それを許したのは、ワシントン会議に責任のある政治家たちであると非難した。その上で、「ワシントン会議は画期的なものである。しかし、それがもたらす画期とは、白人優越に対する、災害とまでは言わないが、恐ろしい危険の一つであるだろう」と結論づけた。[71]

ハーストには、日本脅威論を煽ることで自社の新聞販売促進が図れるメリットがあるため、その意見は割り引いて考える必要がある。だが、ワシントン会議と人種を結びつける考え方は、なにも彼に限ったものではなかった。大戦中は米陸軍参謀本部情報部などに所属し、パリ講和会議時には駐英米国大使館の駐在武官補佐官も務めた経験のあるクラーク大学のアルフレッド・デニス教授は、ワシントン会議終了後、『ニューヨーク・タイムズ』紙に「ワシントン会議とカラーライン」と題する長文の論説を寄稿した。その中でデニス教授は、日本が極東で支配的な大国になることを決意し、その指導的地位を脅かす欧米の国のいかなる試みをも妨害しようと決意している以上、ワシントン会議は、異なる人種の接触、すなわち、白人と黄色人種の関係の政治的、経済的、軍事的側面に関するものとなったのだと総括した。[72]

ただ、国際政治上の観点から日英両政府は、ワシントン会議に向けて基本的に日英同盟を継続させる立場であった。日本政府としては、日本は第一次世界大戦中、イギリスのために働きつつも得るものが少なかったという考えであったものの、対米関係を考えると日英同盟はかけがえのないものであった。日米が敵対することになった場合、イギリスが日本側に立ってアメリカと戦うとは思えないが、少なくともアメリカの側にも立たないという意味があった。日英同盟なしには日本が孤立することを考えると、それは日本にとってなくてはならないものであったのである。また、イギリス政府にしても、日英同盟なしには、極東並びに太平洋における立場が脆弱になるため、同盟は必要だと考えていた。しかし、それが会議の過程で、アメリカの反対やアメリカとの関係強化を求める自治領の要望、さらに極東在住イギリス人関係者らの反対によって、同盟は更新されず、はるかに無力な四カ国条約の締結となったのであった。日本側にしてみれば、これをアングロ・サクソンによるアジア人に対する陰謀と見ることはたやすく、後に事が起こると、そのような文脈でワシントン会議は語られることになる。(73)

ワシントン会議においてその主目的であった、建艦競争にアメリカの提案したやり方で終止符を打つことに、日本政府が合意し、日本が対米和解の道を選んだことを条約の締結によって示すと、アジア太平洋地域の戦後秩序が安定を見せ、米英側の不安は和らいだ。米国西海岸では日系移民排斥運動が継続していたものの、紳士協定によって日本からの移民数は自主規制されており、以前のような年々歯止めなく増加する形での移民の大量流入は止まっていた。また、親中的なウィルソン政権の時代は終わり、アメリカは共和党政権下で空前の好景気を迎えようとしていた。世界におけるアメリカの道義的役割を前面に押し出すウィルソン政権期と異なり、共和党政権がビジネス関係を重視する姿勢を強めたのも日米の友好的関係には好都合であった。イギリス側も日本人の人種差別に対する不満を意識していないわけではなかったが、とにもかくにも一九二〇年代が平和に過ぎていく中、シンガポール海軍基地建設の工事は中断されたままとなり、再開されるのは一九三二年になってからのことである。(74)

そのような中、一九二三年九月に関東大震災が発生した。アメリカからは官民を上げて他国を圧倒する大量の支援が寄せられ、それが大々的に日本国内で報道されることによって一時的に対米世論は改善した。(75) ただ、それは一時的にであって、問題が根本的に解決したわけではなかった。そうした中でも対米感情として、棘のように残っていたのが、パリ講和会議での人種差別撤廃条項否決や西海岸における日系移民制限問題にまつわる、人種に基づくわだかまりであった。多くのアメリカ人は日本人の抱くそれらの感情には無関心であったが、アジアとの関係に詳しい一部のアメリカ人は切実なものとして受け止めていた。ハーバード大学の著名な心理学者であるウィリアム・マクドゥーガル教授は、アジアの人口急増とアメリカのアジアからの移民拒否に関して、日本やインドのような国の人口過剰が原因となっての白人に対する人種戦争はありえないことではないと警告した。その理由の一つとして、マクドゥーガル教授は、異なる人種が出会っても、その人種的プライドの高さが異なれば問題はないが、日本人と西洋人は共に高い人種的誇りをもっているため、お互いの反感は大きく、危険である点を挙げた。[76] 一九二三年も押し詰まった頃、『シカゴ・トリビューン』紙は「米国と日本」という論説の冒頭で、移民問題について警告し、「地震の影響から回復しつつある日本はまた怒りをたぎらせつつある。米国で日本人を制限する提案の報道が日本に届くたびに、そこには怒りがある」と書いた。[77] また、一九二四年初頭に出版された著書の中でトーマス・ミラードは、日本が、西洋の人種差別を利用することでアジア人を糾合し、アジアから西洋の帝国主義を排除しようとしていると記した。そして、日本人が人種差別により欧米に対していつ爆発するとも知れない不満を抱いており、その危険性について欧米人は無意識のレベルでは理解しているものの、第一次世界大戦という緊急時の便法として日本を利用してしまったと警告した。[78] この人種問題に対する日本側の「怒り」は、米国議会の行動によってまもなく一つの臨界点に達することになる。

おわりに

第一次世界大戦によって欧米の力が欧州に釘付けになると、日本はそれを「天佑」としてドイツの支配地域を瞬く間に占領し、東アジアにおいて影響力を拡大した。その結果、欧米にとってそれまでは半ば空想上の恐怖であった日本のアジア主義が現実化したように見えたのである。世界大戦が終結すると、大戦中に地域的大国としての立場に立った日本が、大戦直後の不安定な時期に極東においてどのように出てくるか、米英は強い関心をもって見守った。第一次世界大戦終結直後の国際関係の不安定さは、日本の人種的脅威に対する恐怖感を煽った。パリ講和会議での人種差別撤廃案の否決やアジア主義者の大陸での活動もあり、米英は懸念を深め、時に過剰に反応した。日本のアジア主義的動きを合理的に解釈してその影響力や重要性を否定して見せつつも、心情的に不安を抱かずにはいられないという傾向は、日本のアジア主義的動きに対する米英の態度の特徴として継続的に見られることになる。極東の国際秩序が不安定な中、米英には、第一次世界大戦の次は太平洋を舞台とした白人種と黄色人種による大戦争となるのではないかという懸念が見られた。そうした状況下で、日英同盟の存在はアメリカ人を不安にさせた。ただ、人種主義的思考は常に米英人の間に広くあったものの、ワシントン海軍軍縮会議で日本が米英主導の国際秩序に参加することを示すと極東の秩序は一応の落ち着きを見せた。ウィルソン民主党政権に取って代わった共和党政権は、ビジネス関係を重視し、人種主義的思考が政策には採り入れられることはなかった。関東大震災の被害への米国の多大な援助も、日本の対米世論を大いに改善させた。しかしその直後、最悪ともいえるタイミングで、米国連邦議会は人種という日本人の敏感なところを突いてしまうことになる。

第3章　排日移民法と全亜細亜民族会議
――黄禍論とアジア主義の鏡像関係――

はじめに

日本がアメリカ主導のワシントン条約に署名し、軍縮に同意することで、極東の国際秩序は一応の落ち着きを見せた。また関東大震災へのアメリカからの援助によって日本の対米感情も改善したかに見えた。しかし、その直後、日本からのアメリカ西海岸への移民流入に端を発した排日運動の結果として、米連邦議会は日本からの移民の流入を禁止する条項を含む移民法を成立させた。ヨーロッパからの移民はどのような小国からの移民であれ全面的には禁止されなかった一方で、第一次世界大戦の戦勝国でいまや五大国の一つとなった日本からの移民を一切禁じるとは人種差別以外のなにものでもないとして、日本ではこの法律を排日移民法と呼んで反米感情が沸き上がった。国際連盟で常任理事国となり、押しも押されぬ大国として世界に認められたと考えていた多くの日本人にとって、この移民法は、いかに富国強兵に励もうとも、白人でない以上受け入れられないということを象徴的に示しているとしか思えなかった。そのとき生じた反米感情や失望感、挫折感の一部は、アジア諸国は連合して欧米に対抗すべしというアジア主義的な動きへとつながっていくことになる。

排日移民法案通過

日本のアジア主義にとって大きな契機となったのは、一九二四年のアメリカ連邦議会による排日移民法の制定であった。日系移民排斥の動きはそれ以前から見られたが、それらは都市や州レベルの問題であり、アメリカの一地方による局地的なものと考えることもできた。東アジアからの移民の流入に対してアメリカ連邦政府は一八八二年以降、中国からの移民の禁止などによって対応してきたが、国内が混乱を極め軍事力に劣る中国と異なり、富国強兵に成功し年々国力を充実させる日本からの移民に対しては、全面禁止を避けて自主規制などによって対応してきた。それがこの年の四月に連邦上下両院でそれぞれ、排日条項を含む移民法案が通過し、七月から施行されることになった。この移民法の主たる目的は、アメリカ社会が伝統的に好ましいと考えてきた西欧や北欧からの移民とは異なる、世紀転換期から急増していた東欧や南欧からの移民を大幅に制限することにあった。ただ、そこには日本からの移民の全面禁止を意図したいわゆる排日条項が含まれており、それは連邦レベルで、すなわちアメリカが国として日本人移民を一切認めないということを意味した。明らかにこの移民法にはアメリカ社会の人種に対する考えが体現されていた。共和党のクーリッジ政権は、人種偏見が外交関係に影響を与えるのを好まず、日米のビジネス関係を重視して対日関係の悪化を望まなかった。国務省は、日系移民排斥の動きは西海岸の一部の排日論者によるもので、アメリカ全体は親日であることに変わりはないと説明し、その影響を最小限にとどめようとした。たしかに排日移民法が西海岸の労働者を中心とする排日運動に基づくものであることは事実であった。しかし、日本の為政者は、いかにアメリカ人外交官が親日を唱えようと、この排日移民法の背後にはアメリカ社会に深く根ざした人種偏見があること、すなわち排日移民法が、アメリカの有権者のアングロ系白人を頂点として有色人種を下に置く世界観に由来するものであることを見抜いていた(1)。

日本では、排日条項を含む移民法案がアメリカ連邦議会を通過すると七月の施行を待たずに反米世論が燃え上がった。各地で反米集会が開かれ、多くの参加者を集めた。映画館はアメリカ映画の上映を自粛し、アメリカ風のダンスをするホテルのホールに刀を持った男たちが押し入った。アメリカ大使館から星条旗を盗んだ者が喝采を浴び、排日移民法に抗議の切腹をする者まで現れた(2)。

そのような反米感情の高まりの中、それまで有力であった、米国をはじめとする西洋との友好を唱える論が日本国内で大きく説得力を失い、国際関係を有色人種対白人種の問題として捉える言説が溢れた。それは西海岸への日系移民の流入を東西文明の衝突の端緒と捉える排日運動期のアメリカ人の論と対をなすものであった。総合誌『太陽』は、農商務大臣も務めた政治家大石正巳の論説「アジア民族の総同盟を策せよ」を掲載した。そこで大石は、移民法が「亜細亜民族、即ち有色人種に関する重大問題であり……支那、印度を味方として強力なる有色人種連盟を組織し、吾々有色人種の共同の敵たる白人種に対抗しなければならぬ」と熱く論じた(3)。作家の樋口麗陽は移民法案の通過を受けて、『米禍来る日本危機』を急ぎ出版し、その中で、排日移民法は「全亜細亜の有色人種に対する侮辱であり挑戦であることは明白な事実で、既に亜細亜の各有色人種は、日本を盟主として大同団結し、この絶大なる侮辱と驕慢なる挑戦に対抗しなければならぬと憤激して居るではないか……知らず亜細亜有色人種の大同団結と米国とが、太平洋上に相まみえて人種的争闘の○○《ママ》を演ずるの日は果して何れの時であらうか」と書いた(4)。

このようなアジア主義的主張の広がりに対し、米国のメディアも無関心ではいられなかった。『ニューヨーク・タイムズ』紙は、右翼的主張をもつ人々だけでなく、米国との貿易関係の深い日本企業の関係者によってすら、アジア主義的主張がなされていると書いた。特に欧米との安定的な貿易関係を重視するはずの大手船会社の幹部が、いまや日本人はアジア諸民族と連合を育み、なかでも中国と密接に協力すべきときであると述べたことを驚きをもって報じた。アメリカ人実業家たちは、日本側の貿易相手は、日系移民排斥が西海岸の労働者を中心とする一部のアメリカ人によるものだと理解し、それによって影響を受けることはないだろうと楽観視していたのであった。(5)

こうした反米感情の盛り上がりの中、言説だけではなく、実際にアジア主義的団体を組織する者も現れた。例えば、大阪では、極東連盟協会が組織され、反米集会を開催した。六月九日に大阪中ノ島公会堂で開催された集会には五千人の聴衆がつめかけ、米国は正義の仮面を被って偽善的に世界平和を唱導していたが、排日移民法によってついにその邪悪さが暴露されたと訴えた。(6) また、七月一日に予定通り移民法が施行されると、岩崎勲や今里準太郎といった帝国議会議員や実業家たちが中心となって東京で全亜細亜協会が発足した。アジア民族の親交を深め、「東西両洋文明の融和を図り……全人類の安寧福祉の為めに貢献せむこと」が究極の目的とされていたが、排日移民法に触発されて発足したこの会の当面の目標は、「欧米諸国の暗躍を監視し亜細亜の平和を永久に確保し一朝事あるに際してはアジア洲は打つて一丸となり白人の極東侵入に対抗出来得るだけのものを作る」ことであるとされた。(7)

日本生まれで当時日本のことを最もよく知るアメリカ人の一人であった外交官ユージン・ドゥーマンは、後のインタビューの中で回顧して、移民法によって「日本人は骨の髄まで傷ついた」と語っている。また、同じく駐日米国大使館のジェファソン・キャフリー代理大使は、移民法以前と以後で、外務省を訪れたときのアメリカ人に対する対応が大きく変わったのを感じたという。すなわち、移民法以前は、外務省を訪れると、アメリカ人外交官に対して進んで便宜を図ったり情報を提供したりしてくれていたのが、移民法以後は、あからさまに不承不承応じられるというようになってしまったというのである。(8)

ただ、米国側も、日本人と日常的に接触する東京の米国大使館は移民法の影響を懸念し続けたものの、ワシントンの連邦政府は、自国の立法府の行為を表立って批判することもできなかった。この件に関しては、埴原正直駐米大使を通じて国務省へ抗議文が提出されるなどしたが、国務省としては、連邦議会の立法には行政府は口を出せないと説明するのみであった。カルビン・クーリッジ大統領は、八月の共和党大統領候補受諾演説の中でこの件に触れ、「本件は解決済みである。我々は何か移民以外の方法で日本国に対して感じている友誼と敬意を示す方法を探さねばならない」と述べた。立法府による人種差別的な法律はアメリカ政府の意図するところとは異なるとして距離をおく姿勢を示すことで、対日関係の改善を目指したのである。この問題を解決済みとする米国政府の態度に対して日本の世論は反発したが、日本の政府レベルでの対応も、この問題についてはこれ以上事を荒立てないというものであった。九月に入って外務省は国務長官宛に、納得したわけではないが、これ以上を本問題に関してやり取りを重ねても日米両国の世論を悪化させるだけであるので、ひとまずやり取りをやめる旨伝えた。(9) 幣原喜重郎外相は、『東京朝日新聞』の取材に対して、「此種の問題は此方で余り騒がぬ方が却てよい結果を得ると思ふ」と述べて、積極的に日本から働きかける意思のないことを明らかにした。(10) 幣原外相はのちに、ジェームズ・ブライス元駐米英国大使との会話を引いてこの決断について説明している。パナマ通航税について米国から不当な扱いを受けたブライスが、幣原が驚いたことにはアメリカに対する抗議をやめると述べ、さらに、アメリカは不当な行為を外国に対してなしても自身から改める国であり、アメリカと戦争をする覚悟がないのであれば、日本も移民問題で抗議を続けない方がよいという助言に感服したと記している。(11) この時期、日米両国政府とも市井の人種主義的世論の盛り上がりとは距離をおいていたといえる。それは一つには、当時米国のアジアにおける最大の貿易相手国は日本であり、政権は日本との実業関係を重視する共和党であったことがある。また日本の方でも幣原外相による日米協調を重視した対米外交が展開されており、移民法をめぐってアメリカといつまでももめ続けることは本意ではなかった。

孫文の大アジア主義演説

この一九二四年の一一月二九日に孫文が神戸高等女学校において神戸商業会議所の会員などを前に、大アジア主義についての講演を行った[12]。内容は、日本のアジア主義を批判しているようにも読めるものであるが、さりとてあからさまに日本を批判したものでもなく、幾通りもの解釈を許すものであった。そのため日本国内ではこの講演を自らに都合よく解釈したりそれに触発される者もあった。なかでも『大阪毎日新聞』は、「亜細亜民族の団結」と題する社説を掲載し、日中の提携の必要性を訴えた。これはかなり感情的な表現に富むもので「一体、欧米諸国民は亜細亜及び亜細亜人を馬鹿にしすぎる」と、嘆きとも怒りともとれる表現に満ちており、排日移民法の制定を念頭においていることは明らかであった。そして、「小異を捨てゝ大同に就くの準備と覚悟」がなければ、「亜細亜は恐るべき白皙人種の食物となり、永久に浮ぶ瀬が無いかも知れない」として、欧米に対抗するための日中提携を訴えた[13]。これに対して、神戸の英系紙『ジャパン・クロニクル』は早速二日後にコメントした。そのコメントは、孫文の講演は日本で行われたため、日本人に対して比較的友好的なものであったが、日本人がそれを言葉通りに受け取って、『大阪毎日新聞』などが孫文が日本主導の日中提携に積極的であるとまで思い込むとは思わなかったと皮肉るものであった。また、ソ連を味方に引き込もうという孫文と、無理やりにでもアジアを率いたい日本がどうすればうまくやっていけるのか考えもつかないとしたうえで、次のように結論した。

しかしながら、汎アジアとか汎なんとかという計画について話されるとき大いに意味不明なことが常に存在する。かつて機知に富んだ人がいて、「汎」運動は概して「フライパン」運動だと観察したことがあったものだ[14]。

この『ジャパン・クロニクル』紙の記者のように、東アジアに住む欧米人の中には、日本で唱えられるアジア主義に他のアジア人が靡く可能性が低いと見て取る者もいた。ミラードに代わって上海で雑誌の発行を続けていたジョン・パウエルは、排日移民法に対して日本人と共にアメリカに反対するように中国人を煽る日本人の努力は奏功せず、それどころか、日本人のそのような試みは、かえって中国人に、日本の移民制限、すなわち日本政府が中国人労働者の日本入国を厳しく制限している事実に目を向けさせることになってしまったと日本人に都合の悪い事実を指摘した[15]。

東アジアの外では、イギリスの支配に苦しむアイルランドの主要紙『アイリッシュ・タイムズ』が、孫文演説の数日後、この演説について「アジアの解放、孫文の理想」と題して、大アジア主義のため、そして世界平和実現のため、日中は手をとってアジア人を率いなければならないといった部分を中心に報じた[16]。ただ、この演説は当時は重視されておらず、それ以外には欧米でこの演説が取り上げられた例は見当たらない。この演説が注目されるようになるのは、一九三〇年代後半になって汪精衛（兆銘）らが、親日路線を歩むうえで、この孫文のアジア主義をその理由づけに持ち出すようになってからである。

移民法とアジア主義に対する異なった見方

別の視角から、日本国内でアジア主義の機運が高まったことを、冷ややかな目で眺める者もあった。日本の支配下にあった朝鮮半島の人々の考えの一端を、当局の検閲によって削除された新聞各紙の論説からうかがうことができる。排日移民法通過直後、一九二四年五月二日付の『東亜日報』は、世界が「白人種の横行跋扈する独占的舞台」となっている以上、黄色人種やその他の有色人種が団結して白人に対抗する気運が出てくるのは当然としつつも、その気運を阻害しているのは日本の帝国主義にほかならないとする。その上で、米国の移民法の不正を認めつつも、「米国の排日問題が沸騰する機会をとらえて、隠に亜細亜民族の大同団結を慫慂《ショウヨウ》するのは、その根性の陋劣さの甚だしきものというべきか」として、日本のアジア主義を、「一時の便宜上から出たもの」と非難した。『朝鮮日報』も、米国の移民法を「世界の平和と人類の平等のために到底容認することのできない罪悪」としつつも、そのような「恥辱を甘受して退嬰自屈する反面、嘲笑ものの亜細亜《アジア》連盟を提唱している日本人の言動は、まことに笑止千万といわざるを得ない」と書いた。また、七月に移民法が施行されるや、中国に二十一カ条要求を押しつけ、朝鮮半島を併合しておいて、「亜細亜主義とか、東洋の平和とかを唱えるのは、むしろ甚だ滑稽ではあるまいか」と日本を非難した。そもそも隣国の民衆の心が日本から離れる原因をつくったのは日本自身であり、その日本人による「誠意のない亜細亜主義の提唱に、亜細亜人としていまだになんらかの共鳴があったということを遺憾ながら耳にしたことがない」と指摘した。(17)

ただ、排日移民法に対する日本国内の反米感情の沸き立ちと汎アジア主義の高まりを、遠くから観察していたアメリカ人の専門家には、危機感をもった者が多かった。当時米国における数少ない極東国際関係の専門家であるジョージ・ブレイクスリーですら、排日移民法が日中協商を実現させる要素の一つになる可能性について言及するほどであった。ブレイクスリーは、「相当な汎アジア感情が、［日中両国や］アジアの他の地域の両方でいくつかの集団において近年発展してきており、そして、この感情は、共通の人種的侮蔑とみなされていることについての意識によって強化されてきた」と書いて、白人の人種差別が極東の国際関係に及ぼしかねない悪影響について懸念を表明した。(18)パウエルに雑誌を託して、上海からニューヨークに引き揚げていたトーマス・ミラードも、『ニューヨーク・タイムズ』紙に寄稿した極東問題についての長文の論説において、日本による汎アジア主義には強い影響力があり、それを日本政府は、アジアにおける覇権の獲得と白人優位の転覆のために推進していると論じた。ミラードによれば、白人の帝国主義とその支配を除去するため、アジア再生という題目の下、日本は着実に活動しているとされた。そして、そのような活動の動機が、米国における日系移民排斥問題や、パリ講和会議での人種差別撤廃条項否決などに常に意識的に関連づけられていることが認識されていた。[19] パール・バックも、一九二五年にコーネル大学へ提出した修士論文の中で、もしアメリカ人が人種偏見を捨て去らなければ、日本人とインド人が中国人に対して「最終的に白人に対して行われる最終闘争」へと加わるように促すだろうと警告した。[20]

排日移民法を制定したアメリカ以外の列強の反応は様々であった。チャールズ・エリオット駐日英国大使は、日本人は深く傷ついたものの、アメリカに復讐などを考えているわけではないと見た。ただ、エリオット大使ほど楽観的ではいられない者も多かった。同じ頃、日露戦争時に日本の緒戦での勝利について、「白人に対する非白人の勝利」という側面を重視し、それを「我々の人生で最も重要な歴史的出来事」と語ったオックスフォードの歴史家ジマーンは、一九二五年一月のコロンビア大学での講演で、日露戦争から二十年経った現在も、第一次世界大戦を経てすらなお、上記の発言を保持したい気持ちになると述べた。[21] フランスのポール・クローデル駐日大使は、日記に次のような見通しを記した。すなわち、七月一日が、日本が西洋列強を離れて、アジア諸国に加わる歴史上の大きな分岐点になるかもしれないというのである。そして、国民感情は当局の制御を超えており、いつ何時思いがけなく噴出するとも知れないとも記した。パリでは、元植民相のアルベール・サローが、ヨーロッパと東洋の有色人種との衝突の危険性について警告した。彼によれば、黄禍は日露戦争において白人に対して黄色人種が初めて勝利した日に生じたのであった。[22] またカナダの有力紙『モントリオール・スター』は、アジア全体の文脈でこの問題を捉えた。「アジアのトラを煽る」と題する社説において、同紙は、時として自国に敬意をもって接しない強大な隣国アメリカを揶揄して、中国、日本、インドの三国で世界の人口の半分を占めるうえに、トルコやエジプトなども勃興してきている今は、「楽しいことを崇拝する大陸に住む……甘やかされて……ぜいたく好きで……太って……

愚かな人々が、アジアの『虎』の目をとがった棒で突くには著しく間が悪い」と論じて、アメリカが余計なことをしでかしてくれたと困惑を示した。[23]

排日移民法に対する反発を契機に膨れ上がった日本のアジア主義について欧米で懸念が広まる中、米英との協調を選んだ日本政府は、日露戦争当時と同様、沈静化に動いた。加藤高明首相は、シカゴの著名なジャーナリストであるエドワード・ベルとの独占インタビューの中で、「アジア連合」の問題に触れてそれを否定した。加藤はまず「アジア・ブロック」などという言葉は、「実体のないことば」であり、「希薄な靄」のようなものであると語った。そして、「ブロック」というものは同質なものの親近性を意味するが、アジアにはそのようなものはないと断じた。その上で、日本の「心理は、その火山列島のように、アジア本土とは離れて存在する」し、「我々は、アメリカ人やイギリス人と異なるように、中国人とも異なる」と述べて、アジア連合の可能性を完全に否定した。このインタビューは、シカゴの有力紙『シカゴ・デイリー・ニューズ』の一面に大きく掲載されるとともに、同紙から冊子として発売されるに至っている。[24] また、ロンドンの松井慶四郎大使は英米の有力紙に寄稿した。その中で松井は次のように書いて、日本がアジアを糾合し西洋に立ち向かうなどということは考えていないと弁明した。

時折ある方面で囁かれる欧州に対するアジア諸国民の連合という考えには、日本は共感をもっておりません。アジアの同輩たちと日本を結びつけている絆に日本は無頓着というわけではありません。実際、国際連盟規約がクリヨンホテルで話し合われたとき、人種平等原則のために戦いました。しかし、その絆の中に、すべての国家間の平和維持という最高の義務であり重要事と相反するように仕向ける何ものをも見出すわけではありませんし、東洋と西洋との根深い敵対心を復活させるいかなるものをも嫌うものであります。[25]

この記事は、アメリカでは『ニューヨーク・タイムズ』や『シカゴ・トリビューン』、イギリスでは『ロンドン・

モーニング・ポスト』や『マンチェスター・ガーディアン』などの有力紙に、例えば『シカゴ・トリビューン』は、「日本はアジア・ブロックに反対。西洋に未来を見る」など、それぞれ独自の見出しとともに同じ文面で掲載された。(26) 日本政府がこれほど神経質にアジア主義について火消しに追われたのも、アジア主義に対する懸念が米英で強く見られたことを反映していた。そのような懸念が実際の政策において採り入れられ、対日本の欧米連合が形成されることを何より恐れたのである。

全亜細亜協会

排日移民法に触発されて設立されたアジア主義的団体のほとんどが一九二四年中に沈黙する一方で、移民法施行直後に東京で発足した全亜細亜協会は活動を続けていた。全亜細亜協会は、政友会の国会議員が中心となって、アジアの発達などを目的として設立された団体である。(27) 一九二五年七月二四日に日比谷にて開催された理事会では、専務理事の今里準太郎らを中国へ派遣することが決まった。今里は、中華民国臨時政府臨時執政に就任していた段祺瑞や馮玉祥らと会談し、また中国の汎アジア主義団体とも協議した。その結果、一九二六年三月上旬に上海において亜細亜民族大会を開催することが決定された。ところが、今里が北京において再度、その詳細について中国側と協議した結果、開催地を上海にした場合、参加するインド人やベトナム人に圧迫が加えられる可能性もあるとされ、開催場所を長崎に変更し、また、中国側の大学関係者の希望によって、開催時期については準備委員会を七月一五日から、本会議を八月一日からとすることになった。これらの変更を含めた全亜細亜民族会議準備細目協定を、一九二六年一月二一日付で、今里が中国側と結ぶに至った。(28)

アジア主義的団体による国際会議開催の企画に、米系メディアは無関心ではいられなかった。序章でも引用したように、米系英字紙『ジャパン・アドバタイザー』は、「脅威もしくは恩寵」と題して、「汎」の文字が付く言葉は、「汎米」も「汎欧州」も「汎太平洋」もそうではないのに、「汎アジア」という言葉だけが「不気味」に響くと説き起こして、早くも一九二六年初頭にこの団体の動きについて論じていた。同紙は、その団体の存在が、真にアジアの連帯を促すものか、それとも「日本製」のものかは判然としないと訝しがる。そして、日本政府の指導者たちが、いかに西洋対東洋の対立図式で国際政治を描くことの危険性を認識していようとも、無知の民衆は自分たちを押しつぶそうとしている「心無き化け物」として西洋のことを考えるかもしれないと警告した。そして、現在アジアで指導的立場にあるのは日本であるから、全亜細亜協会という組織についてそれが日本帝国のために存在するとアジアの人々がみなしてしまえば、この団体の試みは失敗に帰すであろうから、その成否は日本人にかかっているとまとめた。逆にいえば、日本人の動き次第では危険なものになるという認識がもたれていたのである。[29]

このアジア主義的大会の企画についてアメリカでまず報じたのが、『シカゴ・トリビューン』紙であった。二月二二日付の同紙は、特派員のロデリック・マーセソンによる記事を掲載した。それによれば、中国の都市ではなく、日本の長崎で、日本、中国、タイ、アフガニスタン、イラン、トルコ、インド、フィリピンから一五〇人の代表が出席して大会が開催されるとのことであった。なぜ日本で開催されるかについては、上海では、反英インド人や排外中国人、反米フィリピン人などを制御しきれないからであるとされた。[30] このような日本のアジア主義的動きを、排日移民法と結びつけて考える論も当然あった。ペンシルベニア州の地方紙『ユニオンタウン・モーニング・ヘラルド』は、「汎アジア同盟はアメリカの移民法の所産、日本で会議を計画」と題してこの動きを次のように論じた。

この「全」亜細亜協会は、アメリカの排斥法に対する日本の憤りの急激な発生を受けて、一九二四年の夏に突発的に誕生した……それ以来、その運動は静かに、しかし体系的に広がり、その結果、主要な東洋八カ国が、永続的な汎アジア連合を考えるまでに十分に宣伝されてきた[31]。

そして、この運動の重要性については、事情通のアメリカ人も、まだこの運動が、有力なアジア人たちを糾合する本物か、狂信的な日本人による「日本製」の企みかはわからないとしていると断定を避けた[32]。ボストンの有力紙『クリスチャン・サイエンス・モニター』も、この会議が、移民法に対する憤り、すなわち西洋に対する憤りの直接的結果として誕生した組織によるものである点に注目した。そして、「汎アジア」と聞かされたときに欧米人が「恐怖と不吉」を感じるのは、そこに西洋に対して隊列を組んだ一つの大陸を見るからであるとして、この会議もそのように考えるべきかと問う。その上で、この会議を日本政府が公的に支援するようなことはないだろうが、非公式には国を挙げて支持しており、それは評議員や相談役に、田中義一や後藤新平など有力者が多く含まれていることを見ればわかると結んだ[33]。公的には政府の支持は受けていないものの、国全体に支持するムードがあることを感じ取り、アメリカの排日的な動きがきっかけとなって生じさせた汎アジア的な動きに警戒の念を抱かざるをえなかったのである。

開催時期が近づくと、長崎で全亜細亜民族会議が開催されるとの情報が知れ渡り、内外のメディアや関係諸団体は反応した[34]。開催予告を受けて、チャールズ・マクヴェー駐日米国大使は、七月八日に国務長官宛に、「アジア民族連盟の結成、アジア文化の再興、東洋諸国間の意思伝達の改善」などに向けて、アジア諸国民のより緊密な関係の促進を目的に、百人以上のアジア各国からの代表によって大会が開催されると大きく報告した[35]。米有力紙の『フィラデルフィア・レジャー』は、企画された大会に反西洋的性質を感じ取った。同紙は、「日本人が反西洋の汎アジア連合を計画」と題して、国籍よりも人種が重要との見解の下、アジアの諸国民に西洋に敵対する協調行動を促すものであると書いた[36]。

それに対して、この企画を危険視せず、日本が欧米との協調の道を歩むと考える見方もあった。『ニューヨーク・タイムズ』紙は、この汎アジア会議開催の知らせの中に、ドイツ皇帝ならば黄禍論実現の証拠を見る思いだろうが、アジアは、宗教、文化、民族によって大きく分かれているので、汎アジアが実現する可能性は汎欧州よりも小さいと見て、日本の国益は欧米との協調にあると冷静に説いた[37]。日本人のそのような動きに中国人が反発している様子を報じるものもあった。例えば、『ニューヨーク・イブニング・ポスト』紙は、日本が「東洋の擁護者」をもって任ずるのは「まったくの偽善」とする中国紙の見解を掲載した。それによれば、西洋が東洋に対する抑圧者を意味するなら、日本は西洋に属するだろうし、独立を求めて闘うアジア連盟において日本の居場所はないとされた[38]。とあるボストンの夕刊紙も、黄色人種による白人の圧政に対する反撃であると日本人は言うが、中国人によれば、日本が東洋一の加害者であり、そのような日本が中国やペルシャやトルコを指導するようなことはできないだろうし、それゆえ、アジアの人種的統合は「キメラ」であると論じた[39]。

八月一日に実際に長崎で大会が開催されると、開会当初から日本代表と中国代表の間で議事進行をめぐって紛糾が生じた。大会開始の前提としてまず中国代表が日本代表に対して二十一カ条要求の撤廃を求め、それなくしては議事の進行を認めないと譲らなかった。日中の対立による紛糾はインド代表が間に入ってようやく収まった。ただ、中国代表も、日本批判に終始するだけではなく、例えば、黄攻素が「欧米列強が中国と日本を離間させようとしていることはすでに明らか」と欧米批判を繰り広げる一幕もあった[40]。

これらのあり様を観察した外国メディアの反応は、中国人が日本批判を繰り広げるなどまとまりがなく、また重要人物も不参加ということで、大会自体にあまり意味がないと考えるものと、その反西洋的側面を危険視するものとに大別された。『ニューヨーク・イブニング・ポスト』紙は、中国代表が「アジア友愛の第一歩は日本の二十一カ条要求撤廃」であるとして譲らない様を報じた。ロンドンの『タイムズ』紙も、「汎アジア会議——中国人と日本人の相違」と題して、そのまとまりのなさを報じた。『ロサンゼルス・タイムズ』紙は、反西洋的な決議は採択されず、過激な演説もなく、大会は一般に重要性が低いと考えられているとだけ報じた。[41]

それに対して、会議のまとまりのなさではなく、その危険な可能性に注目する有力紙も多かった。『ニューヨーク・タイムズ』紙は「汎アジア集会はあからさまに反西洋」と題して、会議の反西洋的な側面に注目した。参加したアジア各国の代表者たちをまとめていたのは反西洋主義であり、それぞれの代表がことごとく西洋に対して不満を述べている点を強調した。この大会自体はいかなることも達成できないとみなしつつも、東洋全域で反西洋主義が増大しつつあることを示し、将来のありうる展開を表していると結論づけた。[42]『ボルティモア・サン』紙は、K・K・カワカミの名でアメリカで活躍するジャーナリスト河上清の「汎アジアの融和がいまや微かに現れつつある」と題する論説を掲載した。その論説には、長崎の会議自体が失敗に終わったことは驚くに足りず、むしろ、その経過によって、アジアの人々の大半が日本に対して好意的であることがわかり、日本人は「汎アジア連合が実現不可能ではまったくない」ことを知って勇気づけられていると書かれていた。また、河上は、西洋の支配にもかかわらず、すべてのアジア諸国に人種的統一の感覚と、調和と協調を求める感情が育ちつつあるのは疑いないと断言した。[43]『ホノルル・スター・ブレティン』紙は、「汎アジア会議には意味がある」と題する社説を掲げた。「世界の白人指導者たちは日本の長崎での汎アジア会議に注意を払うべきである。それこそ明らかに黄色人種と褐色人種による連合した共同の動きである」との一節から始まるこの社説は、重要人物が参加していないなどという点は認めつつも、アジアが西洋の支配から立ち上がり西洋に対して共闘する未来を想像して、次のように主張した。

長崎における「重要でない」人々の集会の重要性は、初めて帝国日本においてそのような集会が開かれたことにある。その王朝が十世紀もしくはそれ以上さかのぼる国において初めて、十余りのアジア人種の人々がアジア諸国の共同行動のための連盟について公然と議論するために集まる……それは、自国統治のため、外国の人種によって政府が支配されていることからの独立のため、アジア人種が共に取り組む日が近づいていることを意味している。[44]

日本国内で発行されていた英字紙も、会議を危険視する記事を掲載した。『ジャパン・タイムズ・アンド・メール』紙は、『シカゴ・トリビューン』など米英の有力紙の日本特派員を兼ね務めるロデリック・マーセソンが寄稿した長文の記事を掲載した。マーセソンは冒頭、「長崎の会議、それは偉大な運動の最初の小さな始まりか、それとも、西洋の文明に対する東洋の希望を第一次世界大戦が破壊して以来、東洋で多くの者の心に抱かれてきた夢を現実にしようというもう一つのむなしい試みなのか」と問う。その上で、その会議は「冗談のように見える」かもしれないが、そうではなく「世界の有色人種が、肌の白い人々に敵対するために隊列を組む力強い運動の、最初の結晶化を見る」可能性も同じだけあると危険視した。[45]『ジャパン・ウィークリー・クロニクル』紙は、長崎の会議を「決して画期的な出来事ではない」としつつも、「汎アジア主義の本質は反ヨーロッパ主義」であるとみなした。そして、「そこから何が生まれるかはいまだ神のみぞ知る」と結んだ。[46]『ジャパン・アドバタイザー』紙も、反西洋主義が育まれている点を重視した。[47]

中国語の刊行物の多くは、この会議を、日本の帝国主義者がアジアを支配する野心をもって開催したものであると批判的に見ていた。『広州民国日報』は、この大会には、侵略を目論む日本帝国主義の馬脚が現れていると主張し、その試みは失敗に終わったとみなした。上海の『商報』は、アジア主義団体は日本帝国主義によるアジア支配の道具でしかないと主張した。[48]ただ、中国で出版されていた中国語刊行物を読むことができる欧米人は極めて限られており、その見解が広まることは難しかった。代わってそれらの意見を世界に伝えたのは中国で発行されていた英字出版物であった。

中国において欧米人の手によって発行されていた英字出版物の論調は、中国を含めたアジアが日本のアジア主義的な動きに協力的で、欧米に敵対する危険があるという論調を、できるだけ否定しようとするものであった。『チャイナ・ウィークリー・レビュー』誌は、「アジアの調和に対するハンディキャップ、長崎会議」と題して、この大会について論じた。その趣旨は、中国人は今回の長崎会議に代表される日本のアジア主義に同意しているわけではないというものであった。その論拠として同誌は、日本は「アジア主義という美名の下に」長崎で会議を招集し、アジア民族の安寧に努めていると主張しているが、自分より弱い近隣の国々に抑圧的な政策をとっているのが実態で、断じて長崎会議には反対であると主張した。またある大学教授が日本の新聞社に送付した、日本が中国との融和を図りたいなら、まず、中国の関税自主権を認め、治外法権を放棄すべきであるとの要求書を掲載した。その上で、「日本の支配の下で大々的に告知された東洋人種の連合に、西洋が恐れるべきものはほとんどない」と結論した。これは、長崎での会議を恐れる欧米に対して、日中はまとまっていないと示すことを目的としたものと思われる[49]。『チャイナ・プレス』紙も、「東洋は西洋に対して隊列を組むか」というタイトルの論説の中で、この問題について論じ、中国やインドといったアジアの大国は内部で分裂しており、「『黄禍』の見通しは、乱れた頭脳の産物として安全に捨て去ることができよう」と書いて、タイトルで掲げた問いに否定的に答えることで、長崎での会議を重視しようとする欧米を諫めるものであった[50]。中国寄りの米英人は、本国の人々が日中がまとまるとみなして、中国が反西洋主義の下、日本に協力すると考えるのを阻止しようとしたのである。

米英の駐日大使館もこの会議を注視していた。駐日米国大使館はこの会議の反西洋的側面を重視した。マクヴェー米国大使の報告書は、長崎での会議を日本の外務省は重視しておらず、重要な成果を生み出すことができないであろう様子に安堵しつつも、欧米列強に対する敵意を表すのには成功した点を強調していた[51]。一方で駐日英国大使館は、長崎の会議からは、汎アジア的目的に関しては、ほとんど何の成果も得られず、日中の代表者の離反に終わっただけだと結論づけて、胸をなで下ろした。ジョン・ティリー英国大使は本国外務省へ向けて「長崎の汎アジア会議はほとんど、もしくはまったく重要性がなかった。著名な日本人は一人として出席しておらず、議長は政友会の無名な人物である」と報告した。また、英国当局は、この会議に参加するため日本に向かった反植民地活動家のマヘーンドラ・プラタープの日本上陸を、日本政府が拒んだことを高く評価した。(52)

そもそも日本政府は、米英、特にイギリスの反応を危惧して当初からこの会議を厄介視していた。政府の方針が外務省によるプラタープの上陸拒否という形で表されると、複数の国会議員が会議への参加を取りやめた。この会議に大きな役割を果たしたであろう横田千之助の急逝もあり、また、賛助員の後藤新平や田中義一らが距離をおいたこともあって、長崎大会は、日本国内での強い支持を得られないまま幕を閉じたのであった。(53)

汎ヨーロッパ主義

一九二六年の長崎での会議には、汎ヨーロッパ主義を提唱し、その中心人物となっていたリヒャルト・クーデンホーフ＝カレルギーも注目していた。彼は、一九二三年に出版した著書『汎ヨーロッパ』の中で、第一次世界大戦で大被害を被ったヨーロッパが、ソ連によって植民地化されたり、アメリカの保護領となってしまわないためにも、連合を組まねばならないと論じていた。(54) 欧州各紙に掲載され、時を経ずしてボストンの『リビング・エイジ』誌に転載された文章の中では、六月にパナマで開催された汎アメリカ会議および一〇月にウィーンで彼自身が中心となって開催予定の汎ヨーロッパ会議と並べて、八月に長崎で開催された全亜細亜民族会議を取り上げた。そして汎アメリカ主義、汎ヨーロッパ主義、汎アジア主義、それぞれの特徴を次のようにまとめた。汎アメリカ主義は保守的かつ平和的、汎ヨーロッパ主義は進歩的、汎アジア主義はナショナリスト的で革命的と総括したのである。このうち、汎アジア主義は、白人の侵略をきっかけに成立し、日露戦争での日本の勝利によって盛り上がったものであるが、孫文の死と中国国内の混乱によって主導権は日本にあるとした。その上で、汎ヨーロッパ主義の成否が独仏が融和できるかにあるように、その成否は、日中が融和できるかにかかっているとした。今回の全亜細亜民族会議が画期的なものとしてアジアの歴史に刻まれるかどうかは、指導者たちが個々の国の都合よりもアジア共通の善を上に置けるかどうかだというのがクーデンホーフ＝カレルギーの見立てであった。[55]

太平洋問題調査会

一方、日本人をアジア主義へと駆り立てたアメリカによる日系移民排斥問題は、アメリカ国内で別の動きをつくり出していた。東アジア諸国を理解し、友好的関係を取り結ぶことで、太平洋共同体をつくり出そうという太平洋問題調査会（ＩＰＲ）の動きである。[56] アジア系移民の排斥問題をなんとか融和的に解決できないかということで、それを検討するための会議を、アメリカとアジアの中間地点ともいえるハワイにおいて開催しようというアイディアが発案された。それはもともと、キリスト教青年会（ＹＭＣＡ）主導の宗教的な試みであったが、アメリカを代表する東海岸の財団が関わることでより大掛かりなものになっていった。この動きは、日本側における同時期のアジア主義的動きが政府とは関係のない人々によって主導されたのと同様、アメリカの民間人によって形づくられた動きであった。実際、当時盛んに活動していた米国マサチューセッツ州ウィリアムズタウンのインスティテュート・オブ・ポリティクスという同種の組織が、ヨーロッパとの関係を重視し、国務省との関係が密であったのに比べ、太平洋問題調査会に対しては、国務省は概して冷淡であった。[57] この組織は紆余曲折を経て変化していくことになるが、東西文明対立という考えが有力であった当時において、東西文明融和を目的としたこのような動きが見られたのは特筆すべきことといえる。そして後に、二〇世紀も終わりになって、一九二〇年代に太平洋問題調査会が唱えた環太平洋共同体という考えが、アメリカ政府も関わって大きな力を持つことになっていくのである。

もう一つの汎アジア主義

一九二六年秋、米英政府は、日本人が主導するのとは別の汎アジア主義に頭を痛めることになった。ソ連が中心となって、トルコ、中国、ペルシャ、アフガニスタンなどと連合して汎アジア連盟を組織しようとしているのではないかという疑念が生じたのである。これらの国々の国務大臣や大使級の外交官などの要人がそれぞれの国を行き来し頻繁に会談をもつ中で、そのような疑念は湧き上がっていった。一九二六年一〇月二五日、米国海軍少将でイスタンブール駐在の高等弁務官であるマーク・ブリストルが米国務省に伝えてきたところによれば、中国の施肇基駐米公使が、イスタンブールに一カ月ほど逗留し、その間、首都アンカラにも訪問予定とのことであった。その頃、ソ連の斡旋によって、モスクワで中国とトルコの間に条約が締結されたとの噂があったため、担当者が本人に問いただしたところ、条約の締結については否定したものの、モスクワでそのような交渉が行われていたことについては認めた。また、同じ頃、イスタンブールの地元紙が、トルコの外務次官が在外公館開設のために北京に赴くとの記事を掲載したが、それについては施肇基は否定した。(58)

施肇基に加えて、ペルシャの大臣、トルコの駐テヘラン大使、ソ連とアフガニスタンのトルコ大使らが、アンカラに同時期に居合わせたことは、『タイムズ』紙の疑念を招いた。ペルシャ政府は、トルコおよびソ連との三カ国条約が検討されていることを否定したが、『タイムズ』紙は、三カ国でなく、中国とアフガニスタンを加えた五カ国でなんらかの条約か連盟が検討されていることはありうると考えた。そのソ連側の動機は、その五カ国の背後で指導的立場に就くこと、すなわち、「多くのアジア諸国が国際連盟に対して抱くよく知られた不満と不信につけ込む」ことで、「抑圧されたアジア諸国のチャンピオンになること」であるとみなされた[59]。

このソ連を中心とする汎アジア主義についての疑念は、トルコのテヴフィク・ルシュトゥ・アラス外相とソ連のゲオルギー・チチェーリン外務人民委員が一一月一二日にオデッサで会談するという情報が伝わると頂点に達した。ルシュトゥ外相がオデッサに向けてイスタンブールを出発すると、『タイムズ』紙は、この会談が極秘のうちに準備されたことや、ペルシャの閣僚が最近アンカラを訪問したことなどから考え合わせると、今回の会談はある種のアジア連盟が検討されているという見解に実体を与えるものだと報じた[60]。翌日の『ニューヨーク・タイムズ』紙は、「トルコとロシアの外相会談は謎に覆われている」と題して、報道では、オデッサでの会談はロシアとトルコの友好の証拠であり、西洋列強に向けられた「アジア・ブロック」の証拠ではないとされるが、単なる会談のためにチチェーリンを誘うだろうかと訝った[61]。

この件により強い懸念をもったのは、アメリカよりも地理的に近いヨーロッパであった。ヨーロッパ各地のマスメディアは、こぞってこの件について論評した。国際関係を主に扱うパリの週刊誌『新しいヨーロッパ』は、ド・ジュヴネル上院議員の「アジア版国際連盟」という論説を掲載した。その中で彼は、「オデッサで、アジア版国際連盟が生まれたのではない。しかし、それは生まれようとしており、我々はある朝目覚めて、それを成し遂げられたこととして見出すかもしれない」と警告した[62]。ローマの日刊紙『ラ・トリブーナ』は、ソ連は、ヨーロッパにはヨーロッパの顔を向け、アジアにはアジアの顔を向けるヤヌスのような存在であり、アジアの盟主としてトルコを取り込むことで、イギリスや国際連盟に打撃を与えると書いた[63]。一二月一二日付の『ル・タン』紙も、このアジア連盟結成の動きはトルコによるものではなく、アジア全体を配下におくような反ヨーロッパ連盟を組織しようとしているソ連が中心であると警告した[64]。

欧米列強が安堵したことには、日本で汎アジア主義を進める全亜細亜協会が、このソ連を中心とする汎アジア的な動きと無関係などころか、これを非難したのである。協会は、スタンリー・ボールドウィン英首相に宛てたシンガポールの要塞化を非難する電文の中で、ソ連の動きについて言及し、この動きと日本とは無関係であると明言したのである。『ニューヨーク・タイムズ』紙は、ソ連やトルコが提案しているとされる汎アジア団体について、共産主義を宣伝することを目的しているとの理由で、全亜細亜協会は参加しないと今里が述べた旨を報じた[65]。『チャイナ・プレス』紙も、全亜細亜協会の理事会の決定として、ソ連の動きは同団体とは無関係であるとした旨掲載した[66]。少し遅れて『ロサンゼルス・タイムズ』紙も、「日本の団体はロシアとトルコの計画との関係を否認」と題してボールドウィン宛電文を紹介した[67]。また、施肇基公使が任地であるワシントンへ戻り、ケロッグ国務長官と会談した折、トルコとの条約について触れ、中国と条約を結ばないように日本とイギリスの政府から説得されたとトルコ政府関係者から打ち明けられたことを明かした。日本政府が反対したことは、この動きが日本、ソ連、中国、トルコなどを含む巨大なアジア連盟へと向かうものでないことを意味し、米国政府は安堵した[68]。

この一九二〇年代において、さらに別の日本も含めた連合論が存在した。トゥーラン民族の連携を模索するトゥーラン主義によるものである。トゥーラン民族とは、もともとアーリア民族の対概念として現れ、トルコ人、タタール人などのテュルク系、ハンガリーのマジャール人、フィンランドのフィン人、モンゴル人、満洲人、朝鮮人、日本人を含むとされている[69]。それゆえトゥーラン民族には国を持っていないものも多く、独立国としては、日本、トルコ、ブルガリア、ハンガリー、フィンランドがあるのみということになる。また、日本以外は第一次世界大戦の混乱で国力も弱く、そのため、ハンガリーの熱心な活動家は、日本を頼った。なかでも日本との関係で活躍したのは、バラートシ・バログ・ベネディックであった。彼は日本国内でアジア主義者と接触し、ツラン民族同盟を組織した。しかし、日本のアジア主義者は、バラートシらのトゥーラン主義の反露的な側面には関心を抱きつつも、特に積極的に共闘しようとはしなかったようである。[70]

一方、米国内ではこのころ、アジアを連合させるという動きをまったく別の視点から見つめている人々もいた。ニューヨークの黒人週刊誌『ニグロ・ワールド』は、自らの人種差別のせいで復讐される悪夢にうなされている白人たちは、まもなくアジア連合を太平洋の向こうに見るだろうと予言した。アジア人は攻撃的ではないが、劣っていると見られることに我慢がならず、さりとて、「白人の驕慢」が黄色人を平等に扱うことをためらわせているとして、アジア連合の動きを利用して自国の白人を批判した。[71] ただ、このような有色人種の見解が米国世論に大きな影響を与えるようになるのはまだ先のことであった。

第二回全亜細亜民族会議

一九二七年に入ると、全亜細亜協会が第二回のアジア民族大会を、秋に北京で開催するというニュースが伝わった。日本側を代表して今里準太郎が打ち合わせのために北京へと赴き、日程は一一月一日からの三日間とされた。中国で開催するのは、前年の日本での開催において、イギリス政府の要請を受けた日本政府から圧迫があり、プラタープの上陸が阻止されるなどの妨害があったためと目された。その後、中国側の理事である黄攻素が東京を訪れ、その要請によって、開催地が北京から上海へと変更になった。理由としては南京政府の援助を受けるのに好都合とのことであった。この会議の実力については、今里は、長崎での第一回会議で採択された諸項目が実行に移されていないと認めつつも、「毎年斯ノ如クシテ会議ヲ重ネ居ル内自然本同盟モ強力ト」なるとの認識を示した。[72]

一一月になると当初の予定より少し遅れて上海で第二回全亜細亜民族会議が開催された。米国の上海総領事の報告は、会議は最初から気まずい雰囲気でまとまりがないとするなど、否定的なものであった。中国代表からの、日本が中国から撤退しないなら日本を汎アジアの一員とは認めないという指摘に対して、日本軍の撤兵を問題とするには適切な時期ではないし、この会議の目的は「アジア人のためのアジア」ということであって、アジア内の関係を話し合うことではないと返答する日本代表の態度を「ナイーブ」と冷笑的に表現した。そして終始、「汎アジア会議」という「ご立派な」大義のもとに集った少人数の会議は、「完全な茶番にすぎない」と断じた。[73] アメリカの主要メディアはこの会議を取り上げず、小規模な地方紙が、汎アジアの「汎」とフランパンの「パン」をかけて、この会議は「フライパン会議といえるかもしれない」などとからかう程度であった。[74]

現地の状況をよく知る者は、このような会議が影響力を持つ可能性をまったく無視することはできなかった。地元中国の英字紙の反応は、「三〇人の重要でない人物による南島のある庭園での集まりは、個人宅での一流のポーカーの試合ほどのニュースでしかない」し、むしろ、アメーバの大きさくらいの重要性しかないものを、象ぐらいの大きさに見せようとの試みがなされていることに対して関心がもたれるべきだろうと、嘲りを含んだものが多かった。また、情報が少なく、「謎めいた汎アジア集会」と見出しを掲げるものもあった。ただ、なかには、たしかに今は「あらがう幼児」のようなものと報じられているが、「大抵の孤児がそうであるように、生まれたときはいかに弱々しく見えても、政治的に力を持った重んじられる巨人となることが知られている」と、危惧する論もあった。[75] 中国での三〇年以上の布教経験を有する宣教師は、イリノイ州の教会での年次夕食会の講演において、近年に複数回にわたって汎アジア会議が開催されている点を指摘し、「有色人種は白人の支配の下でもだえ苦しんでいる」と述べた。[76]

英米においてこの会議に注目した主要紙は、『マンチェスター・ガーディアン』であった。同紙は、英米のマスコミがこの会議について報じない理由として、英米人の特派員の取材が認められなかったからかどうかは不明であるが、いずれにせよ英米人が会議に参加しなかったからであろうと推測した。それゆえ同紙は、この会議が「大したものなのかそうでないのか、アジアにおける白人の活動に対するもう一つの抗議にすぎないのか、西洋に対してアジアの人種を最終的に糾合する運動の始まりなのか」を見極めることは不可能だとして想像をめぐらせるのであった。(77)

北京から上海への開催地の変更の理由とされた、南京政府からの援助であるが、果たして得られていたのかどうか判然としない。少なくとも国民党の上海支部は、支援するどころかこの会議に反対していたようである。まず、各国の代表と称する人々が実際にはそれらの国々を代表していないという理由から、この汎アジア会議を批判する宣言を出した。また、一九二八年一一月にカブールで開催が予定される第三回大会への中国の参加に、この組織が日本人帝国主義者によって組織されているとの理由から、反対する請願書が同じく上海支部から出されることになる。(78)ただ、会議終了後、一部の参加者が監視付きとはいえ、南京へ赴くことを許され南京に入っていることから、なんらかの接触はあったものと思われる。

状況の改善と鬱積する不満

排日移民法制定から時間を経るにつれ、アジア主義の盛り上がりや反米感情は表面的には沈静化し、一九二八年にカブールで開催することが予定されていた第三回全亜細亜民族会議が実際に開催されることはなかった。一九二〇年代末から三〇年代初頭にかけては、日本人が主導する汎アジア主義的な動きもあまり見られず、また日本と米英との関係が安定していたこともあり、黄禍論的な恐怖も比較的語られない時期である。むしろ米英の関心はソ連を中心とする中東における汎アジア主義の動きにあった。ニューヨークの月刊誌『ワールド・トゥモロー』は、コルゲート大学の経済学者パーシー・クラークの「黄禍もしくは白禍」と題する論説を掲載し、白人の生産方法や文明を取り入れない限り黄色人種が急増することはないだろうし、白人の文明を取り入れるということはその低い出生率も取り入れるということで、心配には及ばないと黄禍論を戒めた[79]。これまで繰り返し黄禍の危険性を指摘してきた『クリスチャン・サイエンス・モニター』紙は、「『黄禍』は消えつつある」と題して、近年の平和運動の最大の成果の一つが、日米戦争という厄介ごとが静まったことであるとし、十年前にはひしひしと感じられた緊張が、今やほとんど消え去ったと書いた[80]。このような時期の気の緩みからか、国務省高官のウィリアム・キャッスルが、もともと親日的ではあったものの、日本のモンロー主義を認めるともとられかねない発言をしてしまい波紋が広がったのもこの頃である[81]。

一方、日本国内では、一九二四年の排日移民法によって刺激された、人種をめぐる不満は消え去っていなかった。それは公式に語られることはないものの、西洋との関係を考えるうえで、必ず日本人の頭のどこかにあるものであった。例えば、陸軍の有力者宇垣一成も、一九二八年八月三日の日記に「北米や濠洲が有色人の移住を排斥して白人国確保を国民生活の根本原理と成さんとの考を固執する限りは、将来世界に於て荒き風波の起るのは免かれ難き趨勢なりと認めらる」と書いた。そして、その欄外には力を込めて、「自国は門戸を閉鎖し置きながら東亜にのみ門戸開放を云々するは不合理千万なり」と記している[82]。

ただ、この排日移民法の問題についても、状況は改善しつつあるように思われた。排日移民法を修正しようという動きが起きるたびに西海岸で生じていた排日運動も、一九二〇年代も終わりに近づくにつれ、明らかに勢いを失っていた。逆に排日移民法を修正して、日本に対して移民枠を認めようという動きが勢いを増していた。一九三一年九月一七日、ヘンリー・スティムソン国務長官は、出淵勝次駐米大使に対して排日移民法修正の可能性について前向きに語った。また翌日付の『ニューヨーク・タイムズ』紙は、「『黄禍』に対しより寛大になったカリフォルニア」と題して、アジア系移民排斥の中心地であったカリフォルニアは、いまや日本や中国を割り当て制度に組み込む移民排斥法の修正に反対しないだろうと報じた[83]。しかし、そのまったく同じ日に、東アジアで勃発した大事件によって、関係改善に向けた動きは吹き飛ぶことになる。

おわりに

人種を理由としてアメリカへの日本人の移民を禁止する排日移民法の成立は、ワシントン海軍軍縮条約を批准し、米英主導の国際体制に足並みをそろえることを決意した日本政府関係者や親米派日本人に衝撃を与えた。いくら力を付け、欧米のルールに従っても、人種ゆえに決して完全に対等と認められることはないのではないかという疑念が頭をよぎったのである。排日移民法を発火点とする反米運動の一部は、アジア主義運動となって継続した。一九二六年に開催された全亜細亜民族会議に対しては、そのまとまりのなさにもかかわらず、米英のマスメディアはこれを危険視した。また米英の外交官も注目せざるをえなかった。多くの電文が本国の外交当局に送られたが、不安感とともにそれらの動きに注目しつつも、そのような人種的要素が、日本とのビジネス関係を重視する米国政府によって実際の政策に採り入れられることはなかった。一九二〇年代も終わりになると、アジア主義的な動きも目立たなくなり、また、移民法修正に向けたアメリカ側の動きもあって、関係は改善していくかに見えた。しかし、今度は満洲事変とそれに続く満洲国建国[84]の動きがその流れを変えていくことになる。

第4章　満洲事変から盧溝橋事件前夜まで

——盛り上がるアジア主義運動——

はじめに

一九二四年のアメリカによる排日移民法制定によって盛り上がった日本のアジア主義であるが、一九二〇年代末から三〇年代初頭には日米関係も落ち着きを見せる中その興奮も冷め、補助艦艇保有制限を主目的とする米英主導のロンドン海軍軍縮条約に日本が調印するなど、日本と米英の関係はひとまず落ち着きを見せていた。日本人をアジア主義に向ける大きな契機となった排日移民法にしても、米国内で日本からの移民を認めるように法律を修正しようというといういわゆる排日移民法修正運動が起こり、そのニュースは日本にも伝わって好意的に受け止められていた。排日移民法修正運動の効果は、スティムソン国務長官が移民法修正の見込みありと一九三一年秋に出淵駐米大使に語るほどであった。だが、スティムソン長官がそのように語ったのとまさに同じ頃、東北アジアでは満洲事変が勃発していた。事変は拡大の一途を辿り、日本の後押しによって満洲国が建国され、それにともないアジア主義もまた盛り上がりを見せることになる。アジア主義が、一九二〇年代の民間の自発的動きが中心の運動から、軍部や政府関係者の強力な後押しを得ての、より強力な動きに転換していく中、米英はどのように反応したのだろうか。

満洲事変の勃発

一九三一年九月一八日、満洲事変が勃発すると、これまではアジア・モンロー主義の主張やいわゆる田中上奏文という形で表れていた日本のアジア主義的野心に対する疑惑が、ついに現実の形で露わになったと当時中国に住んでいた多くの人々は考えた(1)。ロシアの影響力拡大をイギリスの後押しを受けて防いだ日露戦争や朝鮮併合、あるいはイギリスとの同盟関係によって参戦し東アジアや太平洋のドイツ領を支配下に置いた第一次世界大戦など、これまでの勢力圏拡大の動きとは、満洲事変は違った種類のものと受け止められた。米英の枠内で行動していた日本が、東アジアで勢力を拡大する独自の動きに出たとみなされたのである。そのようなときに日本の行動の背景にあるものとして、必ず取り上げられたのが田中上奏文であった。例えば、『ニューヨーク・タイムズ』紙は、以前はほとんどの人々が田中上奏文を「狂った軍国主義者の夢想」としかみなさなかったが、一歩一歩実現へと向かっているよく考えられた計画であり、中国侵略はその第一歩であると、ある中国政府の広報官が宣言したと報じた(2)。また、国民政府の陳友人外交部長は米国のウィリス・ペック南京総領事に対し、日本が満洲を欲しているのは、太平洋の覇者となることを目指していて将来の戦争のためにその資源を必要としているからであり、その主要敵はアメリカであるから、アメリカは日本を抑え込まないといけないと述べた。また陳部長は、日本はオーストラリアの植民地化を狙っているとも予言した(3)。このような、日本に世界征服の意図ありとする発言に対し、日本外務省は、日本こそが被害者であり、田中上奏文は偽書にすぎないと火消しに追われた。例えば、田中上奏文に沿って事態が進んでいるという記事が『ニューヨーク・タイムズ』に掲載されると、堀内謙介ニューヨーク総領事はすぐさま、田中上

奏文はまったくの偽書であるという内容の投書を同紙に送付した。(4)

一方で、アメリカ政府にとって満洲事変勃発はまさに寝耳に水であった。当初、スティムソン国務長官は、一部の兵による反乱であるとみなし、反乱は戦争行為には当たらないので、不戦条約には抵触していないように見えると考えた。(5) 国務省本省はおろか、極東にいたキャメロン・フォーブズ駐日大使にしてもネルソン・ジョンソン駐華公使にしても、日中が軍事衝突することを予期していなかった。フォーブズ大使に至っては、事変発生から二日後に休暇のためアメリカへと出発し、国務省に対しては、日本の外務省に問い合わせたところ、偶発的出来事でまもなく収束するとの説明であったので予定通り出発したと説明するあり様であった。国務省内部も混乱していた。これは一つには、満洲で何が起こっているのかについて圧倒的に情報が不足していたということもあったが、なによりワシントン海軍軍縮会議以降、共和党政権において対東アジア外交についての長期的政策の立案がなされていなかったことによる。前述のように、ビジネスを重視する共和党政権は、当時中国よりも圧倒的に対米貿易額が大きかった日本との友好関係を望んでいた。そのため、中国の領土保全を基本としつつも、日中双方と友好関係を保つという漠然とした対外政策に終始していたのであった。満洲事変に対してもフーバー大統領は、介入に消極的であり、スティムソン国務長官としては、中国におけるアメリカの権益を害する日中両国政府によるいかなる条約も認めないとするいわゆるスティムソン・ドクトリンを送付するのが精一杯であった。このような傾向は、政権交代以降も続き、また国内の大恐慌対策に追われたこともあって、フランクリン・ルーズベルト政権は、長期的極東政策のビジョンをもたず、三〇年代のほとんどを場当たり的な対応に終始することになるのである。

このころ中国に滞在していたパール・バックは、手がけていた『水滸伝』の翻訳を手伝ってくれていた高齢の中国人研究者から、「日本が満洲を獲得したということが何を意味するのかを米英人が理解しないということがどうして可能なんでしょうか。二回目の世界戦争になりますよ」と言われて、イギリス人やアメリカ人にはそういう関係は理解できないでしょうと答えるしかなかったと記している。中国の知識層にとって、満洲事変が日本と西洋との関係、特に対アメリカ関係の歴史の文脈で理解されるべきことは当然であった。すなわち、満洲を獲得するのはアメリカとの戦いを優位に進めるためであると当然のごとく考えられたのである。[6]

一九三二年一月末に上海において日本軍が戦闘を引き起こした。外国の特派員が少なく、実状が外に伝わりにくかった満洲に比べて、上海は国際的大都市であり、状況を異にしていた。民間人を含む多くの人々を殺傷したとアメリカのマスメディアが報じると、人道的観点からアメリカの世論は硬化した。二月二日には、上院の野党民主党ナンバーツーのジェームズ・ハミルトン・ルイス上院議員が、ラジオ演説において、日本は「アジア問題における主たる管理者」になろうとしていると警告した。[7] これ以降、満洲事変以前に見られた一九三〇年のウィリアム・キャッスルのコメントのような、米国政府高官による日本のアジア・モンロー主義を擁護するかのような発言のぶれは一切見られなくなる。

汎アジア主義的発言相次ぐ

一方で、中国側の発言を打ち消そうとする、外務省による米英での努力を無にするように、日本国内では有力者による公的な場でのアジア主義的な発言が相次いだ。一九三二年六月の日米協会における新任のジョセフ・グルー駐日米国大使歓迎晩餐会の席上、石井菊次郎元外務大臣は、日本は太平洋の向こう側のことには口出しを控えているわけであるから、もし、アメリカがアジア大陸を支配しようとしたり、太平洋のこちら側での日本の平和的で自然な拡大を妨害するようなことがあれば、実に深刻な事態が出来するだろうと述べた。新任大使の歓迎会という和やかさが演出されるべき場で、しかも石井菊次郎という外交界の大物がこのような発言をするのは異例のことで

あった。(8)

八月二五日には内田康哉外務大臣が、貴族院での演説において、「帝国政府ガ満洲国ノ承認ヲ以テ満蒙問題解決ノ唯一ノ方法ト認メマスル所以ノ梗概ヲ述ベテ、諸君ノ御諒解ヲ得テ置キタイト思ヒマス」と述べて、満洲国承認への決意を明らかにした。(9) これに対して欧米のマスメディアは、一部に驚きの念を表すものも見られたが、多くは来るものが来たという受け止め方であった。『マンチェスター・ガーディアン』紙は早くも演説の翌日、「満洲人のための満洲国？」という論説において、「その成果を認める準備もなしに、日本が満洲における作戦を行い、臆病な元満洲皇帝を誘拐して長春で儀礼的に為政者に据え、傀儡政権を打ち立てる費用と手間を費やすなどということはほぼありえない」と論じて、事前に周到に準備された計画によるものだと暗に主張した。他の多くのマスメディアは、内田外務大臣の演説を、国会の同僚に向けたものではなく、欧米に向けたものだと解釈した。『リテラリー・ダイジェスト』誌は、アメリカの論調をまとめて、内田の「率直な発言は、実際に貴族院に向けられたものではなく……明らかにアメリカ、イギリス、そして特に国際連盟に向けられたもの」であるとした。国際問題に詳しいジャーナリストのヘンリー・ノートンも「日本のモンロー主義作動中」と題する論説において、先日の内田演説は満洲に関して日本が決意を固めたということを各国に警告することを意図しており、日本は中露のみならずアメリカをも無視するという意向を示したものであると、同様の見方を示した。ただ、中国を征服するにはこれまでどの国が見せたよりも大きな力が必要であると、その実現性には否定的であった。(10)

内田が上記の演説を貴族院議院で行っていた同じ日、与党政友会幹事長の森恪が、衆議院で「アジアに帰れ」と演説していた。森はまた、九月一八日に満洲事変一周年を記念して開催された国民新聞社主催の記念講演会においても同様に「アジアに帰れ」と題して登壇した。三八度の熱をおしてのこの演説において森は、「九ヶ国条約はわが大和民族を……島国にとぢこめたのだ……第一の務めはこのカセを取り除くことである……意味なき連盟を捨て〻アジアに帰り、東洋の平和を確立することこそ、われ等の重大なる使命である」と熱弁をふるった。[11] このアジア主義的な熱弁は駐日米国大使館の注意を惹いた。この二つの演説で重視すべき共通点としてグルー大使が注目したのは、西洋との緊密な絆を断ち切り、日本のエネルギーをすべて東洋問題に向けるように唱導している点であった。もしこの演説が単なるプロの雄弁家によるものであれば、大使館は重視しないだろうと断ったうえで、森が、自身が衆議院議員であるのみならず、与党政友会の幹事長であり、また、犬養内閣においては内閣書記官長も務めた人物であるため、重視せざるをえないとした。アメリカ大使館の分析によれば、この「アジアに帰れ」運動の支持者は、満洲における日本の野心に対する国際連盟やアメリカの批判的態度に憤っている人々、「日本の平和」を極東に強制することを望む極端な国粋主義者、そして、西洋文明への同化を困難と感じ「古き良き時代」を懐かしむ人々から成っていた。ただ、現状ではそのようなアジア主義的な動きが強まると困る三井や住友のような産業資本から反対が出ていないことから、そのような巨大資本からは注意を惹くに値しないと思われているのだろうと判断した。[12]『ニューヨーク・タイムズ』紙も、森の演説について、「『アジアに帰れ』、日本の新しい叫び」と題するヒュー・バイアス東京特派員の記事を掲載して、大きく扱った。「アジアに帰れ」という「人々を掻き立てるこのスローガンは、西洋文明に対する信頼の喪失と、より自分たちに合った考えに立ち戻らなければならないという信念を象徴している」と太字で書いたこの記事は、急速に発展する日本が、移民の流出先も閉じられ、市場も閉じられていく中で、社会的に崩壊することを避けるために解決しなければならない問題の性質を、米国は理解すべきだと警告した。[13]

荒木貞夫のアジア主義的言動にも注意が寄せられた。陸軍大臣という要職に在りながらの、歯に衣着せぬ発言に各国は注意を払っていた。一九三三年二月に発行された荒木の著作『昭和日本の使命』は、日本を「自他共に東亜の盟主」とみなし、「白色人種」の「横暴を許容することは出来ない」と主張していた。「光は東方より」と題された、この冊子のためにつくられた歌詞の一節が、「世界の陸三が一、四千万方キロメータ、世界人口の半越す、十億の民大亜細亜、亜細亜一つに結ぶとき、普天の下に敵あらじ」と汎アジア主義的な内容であるのをはじめ、この小冊子はアジア主義的言説に満ち満ちており、これを重視した駐日米国大使館は早速全文を英訳して本省に送っている。なかでもグルー大使は、現在の政府の「手綱」を握っている集団の信条として日本国内で受け取られていると重要視した。(14)

しかし、現場の判断とは異なり、国務省本省はこれらの動きを重視しなかった。国務省極東部の部内メモは、「荒木将軍のパンフレットに読む価値はない」と切って捨てた。(15)また、英外務省と気脈を通じるロンドンの『タイムズ』紙は、森恪の発言や荒木貞夫の考えの影響力の大きさについて、日本は、森のアジアへ帰れというスローガンによって席巻されるには、「西洋の水を飲みすぎ」てしまっており、また、荒木の日本が中国を保護するという考えも、中国自体がその保護を恐れており、しかも、中国の方が保護されるには大きすぎるなど現実性を欠いていると否定した。そして、おそらく日本は、ここ七〇年来の付き合いである西洋と共に歩む道に戻るだろうと結論づけた。イギリス政府としては、大恐慌の中、日本の一部の国粋主義者たちの存在を過大評価して、自国の権益がほとんどない中国東北部をめぐって日本と争うつもりはなかった。また米国務省としても、日本政府の実権を軍部が握っているというのは信じたくない話であり、アメリカとの貿易関係を重視する人々が引き続き中心にいると考え、荒木のパンフレットを軽視したのではないだろうか。(16)

大亜細亜協会の起源

満洲情勢をめぐって国際連盟における日本の立場が危うくなるにつれ、日本人によるアジア主義の叫びは盛り上がりを見せるようになった。そのような中、有力なアジア主義関連団体が形成されるようになる。なかでも目立った動きとしては一九三三年三月の大亜細亜協会の設立がある。事の発端は、一九三二年八月に帰国した陸軍の松井石根が、中谷武世らの汎アジア学会に顔を出すようになったことである。この団体は、もともと中谷が、下中弥三郎や満川亀太郎、ラス・ビハリ・ボースらとともに結成した半学究的団体であった。それがある日、松井が訪ねてきて入会してから大きな変化を遂げることになった。松井のイニシアティブのもと、同学会を学究団体から実行団体へと発展させるため、同年一二月二二日には、近衛文麿も参加して、霞山会館で第一回大亜細亜協会創立準備懇談会が開催された。出席者は、松井をはじめとする陸軍関係者だけでなく、外務省の廣田弘毅、海軍の末次信正、東京大学の村川堅固や平泉澄など錚々たる顔ぶれであった[17]。中谷はこれに合わせて、『大亜細亜連合への道』を出版し、アジア諸国がお互い争っていると欧米に付け入る隙を与えることになり、「再び欧羅巴諸国の支配下に逆転せしむるか、又は新たに亜米利加の資本的帝国主義の植民地と化せしむる虞れが多分」にあるから、アジア諸民族間の「共同意識を更に誘発助長して」アジア連合を組織しなければならず、それがすなわち「実に皇国日本が当面する歴史的任務である」と訴えた。また、特にアメリカに関しては、アジア民族の連合から始まる「全有色民族団結」の動きが、アメリカ国内の人種関係に大きな影響を与えるであろうと仄めかした[18]。

大亜細亜協会設立に向けた動きに、欧米列強は注目せざるをえなかった。一九三三年一月二六日に東京会館で、第一回創立委員会が開かれ、ロイター電がそれについて伝えると、東アジアの英字紙は、早速この問題を論じた。一月二八日付の『ジャパン・クロニクル』紙は、「アジア連盟。著名な日本人後援者がジュネーブのライバルを支援。人種ごとのグループ分け」と題して、二日前に開かれたこの集会を国際連盟に対するアジア人による対抗物として捉えて報じた。同紙は、国際連盟で日本の立場が非難されるにつれ、日本国内の世論において、連盟から脱退して、巨大なアジア連盟を形成するという考えが支持を増やしつつあると指摘した。ただ、翌二九日付の同紙は、

「汎アジア主義再び」と題して、このアジア主義の問題を論説で扱った中で、アジア主義が発展するという「見込みに震え上がる権利を誰に対しても否定するものではない。しかし……ヨーロッパ化の作用によって連合することなしには、アジアは分断されたままでいるにちがいない」と、その実現性を否定的に論じている。[19] また、二八日付の『チャイナ・プレス』紙は、より軽蔑的に、「日本人と傀儡が汎アジア連盟の創設を計画」と題して報じた。[20]

駐日英国大使館は、この動きを、アジア主義を唱える日本人がきわめて「ナイーブ」であることを示すものと考えた。この考えを裏づける分析として、この報告書は軽蔑的なトーンで次のように続けている。

日本人の政治的心性は、他の様々な性質の中でも、自分たちの利害が関係しているときの愛嬌あるナイーブさによって特徴づけられる。それゆえ、ありとあらゆるアジアの諸国民が、ヨーロッパの抑圧者に対抗するために、無私の日本人によって率いられることを渇望していると、自分たちを信じ込ませることが日本人にとっていともたやすいことに思えてしまうのだ。このナイーブさなくして、今のこの時期に、大亜細亜連盟なるものの設立を日本人が提案することなど不可能だろう。[21]

グルー駐日米国大使も、国際連盟に取って代わろうとするものとして、この動きに注目した。同様に一九三三年一月二六日に開催された第一回創立委員会を観察して、その著名な出席者を報告書に列挙してはいるものの、「アジアに帰れ」運動には越えがたい困難が待ち受けているとして、理由を二つ挙げている。地理的にはアジアに位置しているものの、日本は東洋よりも西洋と思想や文化をより多く共有していることと、西洋のいかなる国よりも東洋の国々の中で憎まれ恐れられていることがその理由であった。グルーは、日本人の多くは自分と考えを共有していると考えていた。そうして、「この種の運動にあまり大きな重要性を付与するのは誤りだろう」と結論づけている。ただ、「アジアに帰れ」運動とは別に、他のアジア人の協力を必要としない「アジア・モンロー主義」は、日本の多くの反動主義者を惹きつけるのではないかと危惧した[22]。

満洲での状況を間近で観察していた奉天の米国領事も、一九三三年一月についての月例報告書の中で、国際連盟での日中問題の解決が不調に終わることが明らかとなって以来、満洲ではアジア主義が盛り上がっていると報告した。アジア主義に関する日本人による論説を観察し、その中で日中の紛争が日中満による同盟によってのみ友好的に解決しうるとされている点について、ソ連がそこに入っていないことに注目した。また、満洲国の指導者たちが、日本が国際連盟を脱退し、欧米列強の搾取から東アジアを守ることで、世界平和に貢献することができると語っている点にも注目している。ただ、奉天領事には、そのような同盟は可能とは思えなかった。そして、地元紙に見られるアジア主義運動に関する論説も、日満の地元消費のための言説であろうとみなすとともに、そのような記事は、もし日本の極東政策に欧米が強く反対するなら、「アジア人のためのアジア」という旗印の下、欧米人の極東での活動を日本に強く妨害されるかもしれないと、欧米列強に思わせるための策かもしれないと警戒することも忘れなかった[23]。

フランス人外交官の中には日本のアジア主義について日米関係の視点から重く見る者もあった。フランスの主要紙『ラ・レピュブリック』は、日米関係について、近ごろ横浜で起きた日本人群衆によるアメリカ資本のミシン工場襲撃から説き起こして論じている。アメリカ人にとって日本人は、開国させた当時は「黄色いちっぽけなサル」にすぎなかったが、その日本人が、近代国家を打ち立て、軍国化にも成功し、一撃のもとに台湾と朝鮮半島を手に入れ、ロシアをも苦しめたことを皆知っているとしたうえで、太平洋全体で戦いはすでに始まっていると述べる。そして日米の歴史を概観して、横浜の事件に視点を戻し、政府の行為は変わりうるが、「群衆の本能的行為に人々の魂を見ることができる」とその重要性を強調する。最後に、この六〇年間で日本人の本質は果たして変わったのか、それとも何も変わっていないのかと問うて論を結んでいる[24]。フランスの駐ハルビン領事は、満洲国外相の新年の挨拶について、国際連盟の無力さとその満洲国を過小評価する外相の姿勢を批判したうえで、彼がアジア・ブロック形成の構想を述べた点に注目した。この汎アジア主義は具体的な形をとり始めており、日本の右寄りの政治家や一部の有力軍人に支持されているだけでなく、なにより中国人の中にも支持者がいると注意を促した。(25)

連盟脱退と大亜細亜協会の設立

この時期、国際情勢は急速に展開していた。一九三三年一月から二月にかけての熱河攻撃を受けて、米英政府は日本に対する態度を硬化させ、また、日本政府は日本に対して批判的態度を強める国際連盟での展開を不本意に感じていた。イギリスの『タイムズ』紙は、日本の思惑に反した国際連盟における事態の推移と、日本国内のアジア主義の高まりを関連づけて論じた。連盟で思い通りに事が進まないと見る日本の反動主義者や満洲国の官吏は、「西洋の抑圧からアジア人を解放する」といういつものスローガンを唱えることで、中国やインドの「アジア同胞」に運動に加わるよう訴えかけていると書いた。(26) 可能性が小さいとはいえ、中国やインドが日本のアジア主義に共鳴するなどということは米英政府にとって悪夢であった。『チャイナ・プレス』紙は、日本が、西洋の帝国主義を真似て同じ道を進むか、アジア主義を唱えて、アジアの救世主となるか、二つの異なる道の間で「よろめいている」と書いた。同紙は、日本の「アジアに帰れ」や「アジア人のためのアジア」といったスローガンについて、真剣にとる必要はないと判断しつつも「完全に無視することもできない」とした。そして、「もし日本が連盟から脱退しなければならないと最終的に感じるなら、外交政策の過激な方向転換へ向けた動きが相当な勢いを得るだろう」と危惧した。(27) その三日後の二月二四日にはついに国際連盟において、リットン報告書に基づく勧告が総会で採択され、松岡洋右代表が退席するに至るのである。

　そのような中、満洲国建国一周年にあたる一九三三年三月一日、大亜細亜協会設立総会が東京会館で開催された。近衛文麿、廣田弘毅、松井石根、村川堅固ら創立委員のほか、荒木貞夫、南次郎、加藤寛治、本庄繁、芳沢謙吉らも駆けつけて盛況であった。後に企画院総裁となる鈴木貞一陸軍中佐は、今後の協会活動を展望し、「今後われわれが展開すべき亜細亜運動は、日本と中国が二本の柱になるわけであるから、中国革命の父孫文が提唱した大亜細亜主義にのっとり、大亜細亜協会と命名すべきである。そうすれば、中国国民も共鳴して協力してくれるであろう」と述べた[28]。中国の英雄の言葉を用いれば中国側にも受け入れてもらえるだろうという姿勢に、日本側の楽観的な見方が象徴的に表れているといえる。この楽観的姿勢を指して、董顕光は「目的の一つが、日本人指導の下、アジア諸国民を統合しようということだが、これによって日本人はユーモアのなさを露呈し、他のアジアの人々の心情を理解できないということを明らかにしてしまった」と鋭く指摘した[29]。設立総会自体は、一九二〇年代の全亜細亜民族会議が、無名人士による混乱に満ちた小規模なものだったのに対し、有力者による大規模で秩序立ったものであったのが対照的であった[30]。

　設立に向けた準備段階からこの会について観察してきた米英両大使館のこの組織に対する評価は低く、その評価が会の設立によって大きく変わることはなかった。ただ、社会で重きをなす重要人物が数多く設立総会に実際に出席したことから、注意深い観察が必要とされた。グルー大使は、新聞各紙が同会を「日本を中心に置くアジア国際連盟の先駆け」であると論じていること、設立総会には、荒木貞夫陸相、芳沢謙吉元外相、鳩山一郎文相など重要人物が出席したこと、日本人以外の出席者は、満洲国の代表であったこと、そして、演説の詳細は報道されなかったことを報告した[31]。フランシス・リンドレー駐日英国大使は、設立総会について詳細に報告したものの、宣伝活動によって日本の文化を広め、アジア民族を覚醒するという「いささか漠然とした目的」から判断して、この組織については当面真剣に取り合う必要はないと考えた。ただ、関連事項として、国際連盟のリットン報告書に関する評決で日本以外がすべて賛成に回る中、タイだけが棄権したことが日本で重く受け止められていることを重視すべきだとした。国際的舞台で思い切った日本寄りの態度を示したことに対して、衆議院で、タイへの感謝の念が表明されたのである。また、日本と他の有色人種諸国との貿易が促進されるようにとの希望が表明された点に対しても警戒すべきとされた[32]。同じころフランスのアルフレッド・ド・マルテル駐日大使は、日本の庇護の下において「ある種のアジア諸国連合」を実現させることを目指して中国を丁重に扱おうという考えが日本の軍部内に表れてきていると報告している[33]。これらは欧米各国の外交官が、日本と他のアジア各国との結びつきが強まることには神経をとがらせていたことを示している。

満洲では、満洲国建国一周年に合わせて、日本関係者によるアジア主義的活動が盛んに行われた。例えば、満洲国協和会は、アジア民族の連帯を訴える宣伝ビラを百万枚以上散布するなどの活動を行った。この宣伝文書によれば、東洋に平和をもたらすには、「亜細亜人の亜細亜を作る外」なく、それを実現するには、まず、「米国始め諸列強の魔手」が伸びてきて苦しんでいる中華民国と日本が連携するほかない。それゆえ、中華民国を救わなければならないとされた。この宣伝の効果は不明であるが、『チャイナ・プレス』紙は、この宣伝物を受け取った「多くの者は読めないし、学のあるものは感銘を受けるというよりも面白がっている」と軽蔑的に論じた[34]。

日本国内でも大亜細亜協会の設立、国際連盟脱退といった出来事に合わせて、アジア主義的言説が多く現れた。大亜細亜協会の中心人物松井石根も、『外交時報』一九三三年三月一五日号に自ら「亜細亜連盟論」と題する論説を寄稿した。この中で松井は、アジア人にはアジア人独特の体格があるのだから、欧州人の裁縫師が欧州人の体格に合わせて縫った洋服を無理やり着せようとしても駄目だと論じ、国際連盟はアジアの問題を解決できない構造的欠陥を抱えていると痛烈に批判した[35]。

これらの一連の動きを諸外国のマスコミは、各々の観点から観察した。イギリスの有力紙『マンチェスター・

ガーディアン』は、「『アジアに帰れ』　東洋連盟へ向けた日本人の動き」と題して、この問題を扱った。国際連盟で思い通りに事が進まないため、「もっと礼儀正しいメンバーによって組織されたある種の連盟をもって新たなスタートを切りたい」という日本の希望が観察されるとしたうえで、それらの結果として、大亜細亜協会の設立があるとする。ただ、この英紙が注意を払うのは、日本以外の動向であった。この時点で積極的に参加しているのは満洲国だけとはいえ、その後の可能性に注目せざるをえず、また、中国は加わりたくないだろうとしつつも、欧米列強の影響力を削ぐうえでの日本の協力は「魅力的な申し出」だろうと認めざるをえないとした。同様に、英連邦の一角であるインドが日本に取り込まれるかどうかについては注意を払わずにおれないとして、「ヨーロッパとのすべての関係を取り払おうとするインド人に日本は常に好意的であり……日本がインドを導き、兄となろうという感情が高まりつつある」とその危険性について言及している。[36]『シカゴ・トリビューン』紙は、トルコの有力紙『ジュムフリエト』に掲載された日本のアジア主義団体創設の動きについて批判する論説を一部引用して紹介した。同じアジア人であるトルコ人による日本のアジア主義的な動きへの批判を示すことは、欧米人による批判よりも有効であると考えられたのであろう。[37]例外的なのは、南部の有力紙『アトランタ・コンスティテューション』で、日本のアジア主義を有望なものと考えていた。日本のアジア主義に対しては中国にも支持者は多く、日本は中国の敵というよりは友人であり後援者のように見えると書いた。その上で、日本のアジア主義は「国家の連盟」のようになるだろうと次のように高く評価するのであった。

東京の指導によるアジア諸国民の自由な連合は、インドがイギリス人によって植民地化されたようなやり方での日本による中国の植民地化を意味するわけではない。それは国家の連盟、すなわち、世界がこれまで見てきた中で最も強力な政治的結合となるだろう。[38]

国際連盟総会から退席した後、ジュネーブから一九三三年四月末に帰国した松岡洋右は大歓迎を受けた。松岡は連盟脱退について説明したが、その中には人種をめぐる発言があった。それは、調査団を率いたリットン卿はインドで生まれ育ったため、アジア人に対する人種偏見をもっており、インド人に対してそうしていたように、最初から日本人に対して見下すような態度で接していたというものであった。この松岡の発言を欧米のメディアはほとんど気に留めなかったが、東アジアに暮らす欧米人は鋭く反応した。日本で長年英字紙を発行していたウィルフリッド・フライシャーもその一人であった。松岡帰国に関するフライシャーの記事は、人種偏見ありとしてリットンを批判した部分を大いに強調したものであり、それは彼を東京特派員として雇用していた『ニューヨーク・ヘラルド・トリビューン』紙に大きく掲載された。上海の英系英字紙『ノース・チャイナ・ヘラルド』も、リットンがアジア人を軽蔑する心的傾向の持ち主であると松岡が発言した部分を強調して伝えた(39)。東アジアで生活する欧米人はいかに人種による差別が日本人の思考の中で重きを占めているのかを理解していたのである。

一九三三年三月の大亜細亜協会設立から数カ月経った日本でのアジア主義の盛り上がりについて、東京の英国大使館は報告書をまとめている。その中で、日本の商工業関係者の間で最近表明されたアジア主義に関する意見をまとめた六月一三日付『ジャパン・クロニクル』紙の「アジア人のためのアジア」と題する記事が注目された。その記事は、欧米列強のアジアでの利権をなくし、日本を指導者としたうえでのアジア人のためのアジアを、多くの日本人が求めていることを述べたものであった。なかでも批判の矢面に立たされたのはイギリスで、日本がインドと友好的な関係を深めようとするのを邪魔しているのはイギリスであるとされていた。アジアの解放者となりうるのは日本のみであり、国際連盟から離れた今、日本が欧米と結んでいた過去を清算する好機が訪れており、アジアに「正当な体制」を打ち立てるときが初めて訪れたとされた。それらの意見を読んだ駐日英国大使は「イギリスがアジアの主敵として晒し台に晒される」ことになるかもしれないと危機感を表した(40)。

この頃、南アジアや東南アジアの英領には、円の切り下げによって大量の日本製品が流入し、イギリスの製造業を苦しめていた。一九二九年に発生した大恐慌によってすでに大きな打撃を受けていたイギリスの製造業にとってこれは脅威であった。イギリス人の多くは、この日本製品の流入を、日本との二国関係というよりも、西洋文明に対する東洋文明の挑戦として捉えた。英国下院においてある議員は、この「日本の経済的浸透」を「脅威」と呼び、「いかなる西洋の国」も太刀打ちできないと発言した。また、これは「貿易でなく経済戦争」であるとみなし、この日本の競争は「ヨーロッパ文明全体」に対する「極端に深刻な脅威」であると述べた(41)。

中国の懸念

日本国内がアジア主義で盛り上がる中、中国がそのパートナーとして日本と共闘するかもしれないと欧米では恐れられていたが、逆に中国国内で懸念されていたのは、人種的、文化的に近い日本のアジア主義に中国人が共鳴し西洋から離れて行こうとしていると欧米から思われてしまうことであった。それはすなわち欧米からの援助がなくなることを意味した。そのため、中国で発行されていた、中国寄りの欧米人や中国人による出版物は、中国が日本のアジア主義に共鳴していないと外に向かって盛んに主張した。『チャイナ・ウィークリー・レビュー』誌は、日本の汎アジア主義に好意的な段祺瑞の態度を批判する形で、中国が日本の汎アジア主義に共鳴することの無益さを説いた。すなわち、段祺瑞には汎アジア主義を唱導する理由があるのかもしれないとしたうえで次のように書いている。

しかし、国際的取り決めや約束を尊重しない盗人に与することから中国はどんな利益を得ることができようか。

日本人が大陸政策を夢見る限り、人種的、文化的つながりが二つの国民を結びつけることはない。結局のところ、血は必ずしも水よりも濃いとは言えないと言わなければならない。(42)

中国の有力紙『大公報』も、一九三三年三月の大亜細亜協会の創立について社説で取り上げ、日本のアジア主義を批判した。すなわち、日本のアジア主義は、日中両国に資するものではなく、中国国内の混乱につけ込んだものであると論じたのである。(43)

広東や新京での動き

他方、東京での盛り上がりを受ける形で、広東から日本に大アジア主義を呼びかける動きが生じた。広東大亜細亜協会なる団体から日本の各所に向けて「日本同胞に告ぐるの書」と題する勧誘状や「日本同胞に告ぐ」と題するビラが送付されたのである。この組織の実態は詳らかでないものの、四川南部の国民党、華南の中国人商人の団体、日本に関心のある中国人学生、そして日本人留学生などからなるものと見られていた。それらの配布物は「今にして覚醒しなければアジア民族は永久に白人の桎梏下に束縛されるにいたるであろう、日本はアジア民族の先駆者である……日、満、支三国提携してアジア民族の亜細亜を建設しようではないか」と呼びかけていた。そして、中国がこのまま「抗日の愚を繰返すならば支那は遂に亡びて欧米の国際管理となる、この際一切の白人勢力を東洋から駆逐して日、満、支提携して東洋モンロー主義を実現することは東方民族共存共栄の理想であり更生への唯一の途」であるとされた。組織の実態は不明であるものの、中国大陸から日中連携を呼びかけるこの動きは、米英政府の神経を逆なでするものであった。(44)

この広東での動きについて、グルー大使は憂慮した。彼は「日中は血縁国であり、その協力を通してのみ、東洋の恒久的平和と繁栄は達成しうるとの理解からすると、この運動は、アメリカが西半球で果たしている役割を日本が果たすという形での日本的モンロー主義の考えと一貫性がないわけではない」と危険視した。その上でグルーは、この動きは他国による満洲国承認を望む日本人によって触発された可能性があるため、その分は割り引いて考える必要があるとした。また同じ時期の中国在住の一万人ほどのユダヤ人による、この広東発の動きに対する支持や、彼らが日中印タイと共にアジア諸国民連盟の結成を唱えている事実を、同じ一連の流れの中のこととして憂慮した(45)。

駐日英国大使も広東発の動きに注目した。「アジアに還る・我外交方針の大転換」と大見出しを掲げる『読売新聞』の記事と、広東の汎アジア主義的活動を報じる『報知新聞』を挙げて、汎アジア主義を支持する世論の盛り上がりを示すものとして注意を払う価値があると注意を促した(46)。広東に比較的近いインドシナにアジアにおける権益が集中するフランスは、広東での動きに殊更関心を抱いていた。フランスの在広東領事館は、インドシナに広範な公安網を持つハノイ公安を通じ、沙面島警察に命じて、広東に創設された大アジアに関する委員会について報告書を作成させている。その報告書は、英米のそれを上回って詳細なものであった。フランス政府が懸念するベトナム人の参加は見られないと安堵するものの、たいへん有力な動きであると警戒している(47)。

八月に入ると、今度は満洲国の首都、新京で動きがあった。九日、新京西公園で日満青年大会が開催されたのである。それは約一二〇〇人の日本からの学生と、満洲国若手官吏並びに青年団など約二千人の若者によるもので、鄭孝胥国務総理、西義一軍司令官代理、小磯國昭参謀長などが出席する大々的かつ公的な色彩を帯びたものであった。この団体の歴史理解によれば、「欧米人の為に多年抑圧され侮辱された亜細亜人が、其の重圧より脱」することを長年希望して果たせなかったが、第一次世界大戦によって「欧米人自身が行詰りを覚り……之れが亜細亜精神の興起に機を与へ……それが形になって現はれたのが満洲国の独立である」とされた。この大会では、満洲国協和会の于静遠によって出された「白人種の鉄鎖と抑圧とを断つてアジア民族永遠の幸福と繁栄をもたらさんとする亜細亜青年連盟結成の緊急動議」により、亜細亜青年連盟が結成された(48)。

この動きに英国のA・G・メジャー奉天総領事は、集会についてその表向きの目的などを北京への報告書の中で詳細に記したのち、その真の目的を、「日満の若い世代に人種的憎悪を埋め込む」こととみなして危険視した(49)。メジャー総領事は、その後もアジア主義的な動きについて危機感をもって報告し続けた。九月一八日の満洲事変二周年の記念日には、関東軍司令官で満洲国大使も兼ねる菱刈隆が、日本の国威発揚のおかげで、長年西洋文明の下に抑圧されてきたアジア人種は勢いを得たという趣旨の発言をしたのに対し、仮にも一国の大使が、公の場でこのような発言をしたことを驚きをもって報告している(50)。

フランスの奉天領事もこの集会に関して警戒感をもって報告している。彼は北京の仏国公使への報告書において、その模様を詳細に記述したのち、関東軍の小磯参謀長がこの集会に参加していたことや、満洲国政府関係者が集会における非日本人メンバーの発言を準備していたなどの情報から、この組織の背後に日本の軍部がいると結論づけている(51)。

アメリカのM・S・マイヤーズ駐奉天総領事は国務省宛の報告書の中で、日満青年大会における有力者の出席などの集会の概要と、亜細亜青年連盟の結成、そして、「真の世界平和確立の基礎は大アジアの実現にあり」といった連盟の指導原則について報告した。また、連盟の主な機能は、親満洲国の宣伝を広めることと推測した(52)。

専門家たちの見解

この時期のアジア主義の盛り上がりに、欧米の極東問題専門家には、日本を中心とするアジア・ブロック形成の危険性について懸念をもち続けるものの、日中連携の可能性については否定的な見解をもつ者が多かった。ロンドンでは『タイムズ』紙が、「日本人は決して汎アジア主義のビジョンを失うこと」はなく、西洋の黄禍論的悪夢である「軍事力を持つ日本と、人口と可能性を持つ中国の組み合わせ」が「西洋の優越と戦ううえで理想的組み合わせ」だと認めつつも、中国人の反日感情のために実現はしそうにないと冷静に説いた(53)。前米国務省極東部長で国務省きっての極東問題専門家であるネルソン・ジョンソン駐華公使も基本的には同意見であった。新しく着任した英国アジア艦隊司令長官のフレデリック・ドライヤー提督との会談においてジョンソン公使は、日本を指導者とする形での日中の提携によるアジア連盟の実現は難しいとの持論を展開した。会談においてこの問題を持ち出したのは英アジア艦隊司令長官の方であった。長官は、日本の指導者たちが白人に対する形でのアジア諸国民の連合を説いており、それについて日本人はそのような計画を実行する勇気を持っている一方で、中国人はそのような資質は持ち合わせていないように見えるが、そのようなアジア連盟の実現は日中にとって可能だろうかと切り出した。それに対してジョンソン公使は、直接の答えは持ち合わせていないと断りつつも、日中両国民のお互いに対する態度についての豊富な知識をもとに、日中両国民はお互いを軽蔑しているので協力は不可能であるという自説を開陳した。そして、その根拠を喩えを用いて説明した。中国人は日本人を成り上がり者として軽蔑しているが、それはかつてメキシコを支配したスペイン系の人々が、今は落ちぶれて何もできないにもかかわらず、日雇い階級から成り上がった現在のメキシコの支配層を軽蔑的に見る見方と同じだというのである。その一方で、日本人は中国人を堕落し自分たちのことを統治することもできなければ外国の侵略に十分な抵抗を示すこともできない国民として軽蔑している。また、両国民の間には肉体的、性的嫌悪感が存在し、それを示す具体的証拠として、移民先で、中国人と朝鮮半島出身者は結婚するものの、日本人が中国人と結婚することはまれであり、入植地においても、日本人は地元民と溶け込まず、離れ小島をつくって住んでいることを挙げた。このようにジョンソン公使は、日本を指導者とするアジア連合が成功することについて否定的であった[54]。

ただ、ジョンソンは、日中連携の成功の可能性については否定的であるものの、アジア主義を掲げての日本のアジア進出の決意については重く見ていた。彼は、英アジア艦隊司令長官に加えて、スクリップス・ハワード新聞グループの所有者であるロイ・ハワード、そして、ソ連大使館のウラディミール・バルコフ参事官らともそれぞれ会談した。それらの内容をもとにジョンソンは「アジア大陸における日本の活動。太平洋地域におけるアメリカの権益に対する考えうる影響」と題する極秘報告書をまとめた。この中でジョンソンは、アメリカの今後の太平洋政策は日本の拡大によって大きく影響を受けるだろうとしたうえで、日本の南方に植民地を有する英仏蘭は、アメリカの太平洋政策を最重要事項として注目していると述べている。より具体的には、アメリカがもしフィリピンから手を引くことになれば、それは即座に日本の南方に対する拡大を意味し、英仏蘭にとっては死活問題になるとジョンソンは考えた。この点については、国務省極東部長のスタンレー・ホーンベックも同意している。もし、アメリカがフィリピンから手を引く場合は、フィリピンが日本の手に落ちるのを防ぐためにイギリスはフィリピン占領を考えるかもしれないと、ジョンソンはドライヤー提督の言葉の濁し方から推測した。たとえフィリピンが国際管理となっても、これまでの四カ国会議や不戦条約を軽んじる態度から日本政府がそれらを尊重するとは思えず、その場合は、英仏蘭は、日本の政策に同調するか対抗するかの選択を迫られるだろうと予想した。また、日本側の決意の強さについては、元ジャパン・タイムズ社社長でジャーナリストの頭本元貞による、東京でのアメリカ軍人との会話における発言を重視した。すなわち、大陸ヨーロッパは経済ブロックを提案しており、イギリスは大英帝国というブロックを持っている、そしてアメリカは巨大でそれ自体がブロックである一方で、日本にはそれがなく、生き残るためにはなんらかのブロックを形成するしかないという頭本の発言や、自分の議論が論駁可能であることは承知しているが、経済的必要から日本はそうせざるをえないと力説したことを引用して、日本のアジア・ブロック形成にかける意志の強さを示唆しつつ報告書本体を結んでいる。ジョンソンのこの報告書は、国務省極東部内で、「簡潔で、興味深く、よく書けている」、「きわめて考え抜かれた議論」などと高く評価され、最終的にはルーズベルト大統領にまで提出された[55]。

フランスの駐日大使館参事官も、アジア・ブロック形成に対する日本政府の決意が堅いと判断して、報告書を送っている。それによると、「アジア版国際連盟」などということを論じるまでもなく、日本政府が「黄色人種」が自由に振る舞うための場所をますますアジア大陸に確保しつつあり、近代的組織力と軍事力を持った日本が、「黄色人種」に共通の道徳と宗教における影響力を駆使して、満洲国と中国の一部を従えたアジア諸国ブロックにおいて第一位の地位を占めることは想像できるとした。そしてそれを「遠い目的」であるとしつつも、満洲事変以降二年間の出来事から判断して、日本は巧みに力強くその方向へと進んでおり、満洲国建国以降の中国との友好回復に向けての動きはその第一歩であり、内閣が代わってもその方向性は変わらないだろうと結論づけた[56]。

ジョンソン公使や先の『タイムズ』紙の記事などが、日中が連携する可能性の低さを強調したのに対し、他のメディアの多くは、不吉な面を強調して伝えた。ニューヨークの人気週刊誌『リテラリー・ダイジェスト』は、数ある記事の中から悲観的な情報を選択的に伝えた。例えば、上海の米系英字紙『チャイナ・プレス』が、日本のアジア主義的な動きを撥ねつけることができるようにとアメリカや国際連盟が中国に対して援助をすることで日本が「悔しがっている」という董顕光による記事を掲載すると、同誌はそれを引用して報じた。ただし、全部が引用されたわけではなかったことに注目すべきである。引用されたのは、西洋と中国が結びつくことが日本に打撃を与えており、日本が悔しがっているという同記事の本論の部分ではなく、日本がアジア各地でアジア主義的工作を行っており、そのため「近い将来、西洋列強を代表する国際連盟と、日本によって進められている汎アジア主義の間の争いについてもっと聞かれるようになるだろう」と予想する、英語圏の読者にとってより不吉な部分のみであった。[57]
同じ頃、『ニューヨーク・タイムズ』紙も日本のアジア主義を危険視し、警告を発した。これまで日本人が、アジアの人のためのアジアというスローガンを用いてきたのは、満洲国内のキャンペーンにおいてであったが、最近は国境を越えて広がり、西洋列強は敵で、日本人が「アジア人の守護者」であると中国人を説得するために用いられているというものであった。そして同記事は、それが今ではインドに対して「汎アジア主義の洪水を解き放った」とセンセーショナルに報じた。[58]

アジア民族青年代表大会

この一九三三年一二月半ばに東京で、アジア各地からの代表を集めて大々的な大会が開かれるとの不確かな情報が伝わると、欧米列強の在東京公館は注意を払った。米国の駐在武官は、日本の満洲政策がジュネーブやワシントンで承認されなかった反発から、アジアにおいて欧米列強に取って代わろうという日本の試みは勢いを増したと感じていた。ただ今のところ荒木陸相らアジア主義者たちの念願にもかかわらず、白人に対抗するためアジアを統合するという彼らの野心が実現する可能性は小さいと報告書に記した。[59]
実際に一二月一六日午後一時から日比谷公会堂で、アジア民族青年代表大会と称する会合が、「アジア民族の精神の作興を目指す」という目的の下に開催されると、当初予想された以上に大規模な集会であることが明らかとなった。中国や満洲からだけでなく、トルコ、アフガニスタン、インド、タイなどアジアの十以上の国と地域から代表が派遣され、また、来賓のリストには、鳩山文相、荒木陸相、永井拓相、頭山満、芳沢謙吉ら錚々たる名前が並んでいた。ただし、多くが代理を派遣して祝辞を代読させ、実際に出席したのは、芳沢や本多元駐独大使、滝外務政務次官など一部であった。『朝日』、『読売』、『日日』といった邦字主要各紙が、それぞれ「代表叫ぶ」、「若き血団結を誓ふ」、「団結の雄叫び」などと大きな活字で勇ましく、かつ主要な事実のみを短く報じたのに対し、『ジャパン・アドバタイザー』紙は、「多くの東洋の国からのメンバーが日比谷公園での会議に出席」などの見出しの下、論評は避けつつ、大会の中身について詳細に報じた。(60)

駐日英国大使は、主催団体である青年教団が、近年日本で「きのこのように」どんどん誕生している愛国主義団体とは一線を画する歴史のある組織である点を重視した。また、来賓のリストは、「立派な」ものだと認めないわけにはいかなかった。英国大使館は、この大会についての情報の多くを『アドバタイザー』紙の報道によったが、それとは別に二人の日本人協力者に情報を収集させている。一人は実際に大会に参加させ、もう一人には演説の放送を聞かせている。その結果、マスコミ各紙が報じなかった事実がいくつか明らかになったが、なかでもラス・ビハリ・ボースによって、いかにもそれらしい反英演説がなされていた点を気に留めないわけにはいかなかった。(61) 駐日米国大使館は、通常の月例報告の中で、多くのアジアの国々から代表を集めて大きな大会が開かれ、出席者によって「連帯して世界を救え」という演説がなされたと短く報告した。(62)

駐日仏国大使は、アジア民族青年代表大会について、他の列強よりはやや遅れたものの、他に比べて詳細な報告書をパリに送っている。それは、主催の青年教団の歴史やその代表の松本君平の伝記的紹介だけでなく、この大会について詳細に報じた雑誌『雄弁』二月号の特集「全亜細亜民族青年代表演説大会」をレポートし、各国の代表がどのような演説を行ったかをまとめたものであった。大使はそこで、日本における近年のアジア主義の盛り上がりを、満洲事変と対中関係の悪化によりもたらされた孤立化と、日本がアジアの責任者であり庇護者であるという自負心の結果であると判断した[63]。

オランダが抱いた恐怖

こうした中、欧米列強の中でも最も日本のアジア主義的な動きに恐怖感を抱いたのは、東南アジアに大きな植民地を有する一方で軍事的には比較的脆弱なオランダであった。早くも一九三三年六月の時点で、バタビアのオランダ当局は、訪れたイギリスの情報機関員に、日本の汎アジア主義に対する懸念を伝えている[64]。同じころ送信された東京の英国大使館からの報告書には、英国に比してオランダ当局が蘭印周辺での日本の漁業活動に不安を感じていることが報告されていた。その理由の一つとして、ある国が日本と経済などで関係を深めると、その国に日本がつけ入ることになるという教訓を、蘭印政府が満洲事変から学んだためと推察されている[65]。

一九三三年末に、英外務省は、日本の活動に対するオランダ側の懸念について覚書をまとめている。その覚書は、日本の蘭印における「脅威」について、オランダ側の見解は二つに分かれているとする。すなわち、日本が試みているのは単なる「商業的浸透」にすぎないとする「楽観的」見解と、最終的に「併合」を目指す深刻なものととる見方の二つである。そして、この覚書は、後者にも「幾分の理があると認めなければならない」と判断している。その理由としては、上述の日本の漁業活動が戦略的重要地点の海図作りなどを含んでいる点や、中国国民党や共産党が蘭印のナショナリズムの運動を支援しているが、日本もまた、極東の多くの場所における近年の東京発の汎アジア主義の一部をなすものとして、そうした運動を支援している点を挙げている。そして、現在は中国側の日本に対する敵対心のために状況はコントロールが効いているが、「もし、日中融和が実現することになれば、そして日中融和はおそらく遠くない将来に実現するだろうが、日本が扇動する民族主義運動が中国国民党の分子によって強力に補強されるだろうと懸念」されるとした。また地元民が大規模に蜂起するかもしれず、そのような時には、日本は在留邦人「保護」を口実に躊躇なく介入する危険があるとみなされた。また、「かなり不確かな仮定」としながらも、「もし、日本がなんらかの理由で、オーストラリアを攻撃することを望んだならば、もしくは、太平洋でイギリスもしくはアメリカとの戦争に踏み切るならば、戦略的理由から日本は蘭印を占領せざるをえないと感じるかもしれない」と推測してみせた。そして最後にこの覚書は、日本による蘭印における転覆工作などは、「起こりうるすべての事態に用心するよう苦しめられているオランダ人の熱病の表れにすぎないかもしれないし、蘭印のオランダ当局の多くが表明する恐怖は根拠のないものかもしれない」と書きつつも、未来だけがどれが本当かを語りうるとして、結論を避けている。(66)

東京ではグルー大使が、オランダ人が抱いた不安を感じ取っていた。その情報は、J・C・パブスト駐日オランダ公使からもたらされた。グルーは、在京の外交団の代表の中で、そのもたらす情報が概して正確かつ知的であるとしてパブスト公使の見解に重きをおいていた。グルーは、パブストが、様々な立場で足かけおよそ二〇年にわたって日本に滞在している日本通である点と、もともとオランダ陸軍の軍人で駐在武官として日本に滞在した経験もあることから、他の外交官が通常は得られない日本の軍人との親密な関係を築いている点を重視していた。グルーは、近年の日本の大アジア主義に関するパブストの意見を、重要なものとみなし、国務長官および次官のみに宛てた特別電報として送った。それによれば、パブストは日本の最近の汎アジア主義の盛り上がりをきわめて重要視しており、三月に東京で発足した大亜細亜協会を発展させる動きに注目していた。パブストによれば、廣田外相は諸外国との関係改善を望むという表向きの姿勢とは裏腹に、汎アジア主義の忠実な支持者であり、拡張主義的野心に共感している人物とされた。パブストは、確たる証拠があるわけではないと認めつつも、日本の野心とは、日本、満洲国、中国、そしてタイから成り、日本をその指導者とする「アジア版国際連盟」、言い換えれば、「白人に対抗する黄色人種のブロック」を発展させようというものであるとの自身の理解を説明した。そして論拠の一つとして、先の朝香宮の葬儀に際して、列国の花輪よりも上段に満洲国からの花輪が置かれていた点を挙げた。また、来たる一九三五年のロンドン海軍軍縮会議で日本が望み通りの成果を得られなかったときは、日本海軍が、突如としてフィリピンとグアム占領の挙に出る深刻な危険があるとさえ述べた。さらに、対米戦争がもたらすであろう経済的結果が日本海軍にとって抑止要因とはならないとの考えも示した。グルーは、廣田に関する見解など、同意できない点はあるとしながらも、「我々は油断なく一九三五年を迎えねばならない」との結びの言葉を添えて、パブストの見解に関する報告書を一九三三年一二月一二日付で本省に電送した。(67)

この報告に対して、米国務省極東部のホーンベックは、グルーからの電文に対する評価としては珍しいことに、これをルーズベルト大統領が直接目を通す価値のあるものとしてウィリアム・フィリップス次官に進言している。これを受けて、国務長官がワシントンを離れていたため長官代理の地位にあったフィリップスは、「パブストの意見が我々自身のそれといかに近いかは興味深い」との意見を添えて、大統領に一九三四年一月一五日付で送っている。(68)

ほぼ同じ時期の一九三四年一月六日、地球の反対側でも同様のことが起きていた。ベルリンで、駐独オランダ公使が、駐独米国大使を訪問し、日本のアジア主義的な動きに対する懸念を表明していたのである。公使は、本国の首相との会話に基づくとして、オランダ当局は、日本によるいわゆる「アジア版国際連盟」の展開に非常な不安を感じている旨を伝えた。そして、最近日本政府が中国に二人の将官を派遣したのは、最終的に日本が極東の支配権を握るべくアジア諸国間の緊密な連携を成し遂げるためであるとオランダ政府は考えていることを告げた。さらに、日本の外交政策には、アジアにおけるフィリピンとオランダ植民地の併合が含まれているというのが、オランダ政府の共通見解であると力説した。公使は、極東の政治経済関係を安定させるために英仏米がなんらかの形で協力することが喫緊の要事であると伝えた。米国務省極東部内では、このベルリンのオランダ公使の見解と、東京で示されたパブスト公使の意見の類似性が指摘された[69]。

一九三四年二月初旬、グルー大使は、近年の日本におけるアジア主義の盛り上がりについて、およそ一年前の大亜細亜協会創立のための準備段階までさかのぼって、報告書をまとめている。かなりの長文となる大亜細亜協会の設立趣意書の英訳を添えつつ、グルーは、この設立趣意書の「重要性を強調するのは容易い」としたうえで、自分なりの理解によって日本のアジア主義の歴史を振り返る。幕末の開国以来、日本はアジアにおいて拡張政策を着実に進めてきたが、その特徴は、常に日本人の頭にはそれが「自衛」のためだと認識されてきたことにあると、最近の東条英機の発言も交えて説明した。そして、現在盛り上がりつつあるアジア主義も目新しいものではなく、日本帝国内各地での盛り上がりは、日本側の要請によるものと分析する。欧米の反応に関しては、オランダはきわめて不安になっているし、イギリスも最近多少不安になっているが、オランダはともかく、イギリスははるかに強力であるので、もしもの時は自らの植民地を守れるだろうと分析した。また、今のところ日本にもインドをイギリスの「軛」から解放しようという欲望はあまり見えないとしている。さらに、駐日英国大使館のある書記官との会話を根拠に、イギリスは現在のアジア主義の動きに政治的重要性を見出していないようだと報告した。この報告書は最後に、発刊して間もない評論雑誌『解剖時代』の「大亜細亜運動と日満支の各陣営」と題する評論にまで目を配りつつ、文脈は多少違うものの、この評論と結論は同じく、日本がアジアを糾合してその指導者となることは難しいとしている。すなわち、結論部分の「日本が亜細亜民族を率いて強大なる西洋帝国主義或いは共産主義に対抗することが出来るか……日本は亜細亜解放戦の指導者たることは難事であろう」との部分を意訳した。そして「この運動は価値あるものであるが、多くを成し遂げることはできないだろう。なぜなら、日本自体が帝国主義的で、その結果、白人に対して他のアジア諸国民を率いることはできないからだ」という部分を報告書の結論としている。この報告書に対してワシントンでは、ホーンベックが、現在友好親善のための使節としてアメリカへ向かっている近衛文麿が、大亜細亜協会の主要メンバーとして名を連ねている事実について「興味深い」と記した。また、極東部メモは、この運動の評価についてはこの報告書の結論に同意している。[70]

第三回全亜細亜民族会議

日本の国際連盟脱退を受けて、アジア主義が盛り上がりを見せる中、一九二七年に上海で第二回大会を行って以降鳴りを潜めていた全亜細亜民族会議の第三回大会が、この一九三四年の二月一一日から大連で開催されることになった。当初は、プラタープらによるアジア主義義勇軍の大会として開催される予定だと『満洲日報』は早くも前年一一月半ばに速報していた。[71] 次いで、地元紙の『大連新聞』が一一月末に、より正確に全亜細亜民族会議として彼の地で開催されることを報じた。[72] 英字紙では『ジャパン・アドバタイザー』が、二月に入ってその事実を報じ、民族自決がすべての民族にとっての理想であり、アジア民族の支持を受けた独立した満洲国とともに東アジアに解放の時代が来るとの準備委員会の声明とともに、大会開催に向けた動きを伝えた。[73]

インド国民会議派やイギリス政府にとっての要注意人物プラタープが参加して大きな役割を果たしていることもあり、この大会に向けた動きを特に注意を払って観察していたのは、イギリスであった。大連の領事代理は、満洲での汎アジア主義的な動きに関わっている日本人に関する情報として、上記の『大連新聞』の記事の抄訳などを東京の英国大使館に送っている。[74] 集会開催日が近づいた二月八日付の大連領事からの報告は、二月六日にプラタープが、この会議に参加するために上海から大連に入ったことをまずもって告げていた。また、会場となるヤマトホテルに、参加各国の国旗と並んで、インド国民会議の旗があったことを記している。報告書は、日本の勢力範囲でプラタープが与えられている行動と言論の自由の大きさに驚きの念を隠していない。その理由を領事は、プラタープの活動が日本の「無私の指導によるアジア民族の合同という幸せな状況を実現するのに寄与するとの淡い期待」を日本陸軍が抱いているからだろうと、皮肉を込めて記している。[75]

駐日仏国大使館のフェルナン・ピラ大使は、師走のアジア民族青年代表大会の報告書の末尾で、この大連での集会の見通しについて触れている。それによると、一三もの日本の団体がすでに参加を表明していることや、その選ばれた開催地、そして、積極的になされている準備作業から、大連での会議が、昨年暮れのアジア民族青年代表大会よりも大きな重要性を付与されるべきとみなされていることがわかるという。[76]

大会開始直前、現地に向かう船中で今里準太郎は、前二回の大会当時とは、「連盟脱退になって日本に国際的変化があり、又加速度的に絶望的な政治的危機の底に沈みつゝある欧米の現状」のために周りの状況がまったく異なっており、それはチャンスであると語った。その上で、まずなすべきことは日中の提携であると述べた。インド代表として参加するA・M・サハイは、「民族の独立解放とか亜細亜民族は団結して欧米に対抗せよと……徒らに空虚なスローガンの羅列を作成することを止め[、]民族の平等、アジアの安定……等の具体的実践方針を決定したいものだ」と語った。[77]

一九三四年二月一一日に大連大広場のヤマトホテルのホールにおいて会合は予定通り始まった。松岡洋右、鶴見祐輔、樺山資英、頭山満らのメッセージが紹介された。ことに頭山の「諸氏の熱誠と努力を多とす、必ず初志を貫徹されよ」との電報には、場内拍手喝采であった。ただ、有名どころからのメッセージが多かった一方、実際に出席したのは、一九二六年の第一回大会の主催者であった今里準太郎、プラタープ、ほかアジア各国から四〇名ほどで、著名人は含まれていなかった。その日は夕刻から同ホテル内大広間で大連市主催の歓迎会が開かれ、八田嘉明満鉄副総裁らが歓迎の意を述べた。翌一二日には、サハイが「白色人種に圧迫されてゐる民族の独立なければアジア民族の融和も団結も不可能なり」と述べる中、「全亜細亜民族団結せよ」、「搾取なき亜細亜を建設せよ」と宣言して大会は終了した。上海の英字ユダヤ系新聞主筆からは、この大会を祝福するとともに、「ユダヤ民族も之れに合流せん事を希望する」旨の表明があった。(78)

この動きに、各国の駐大連領事たちはまずその模様を報告した。駐大連英国領事は駐日英国大使への報告の中で、インド独立運動に大きな影響を与えかねない要注意人物が参加している点に注目した。なかでもサハイら神戸のインド国民会議派やプラタープらの参加を第一に記述している。領事が興味を惹かれ紙幅を割いているのは、朝鮮人とインド独立派それぞれに対する日本人関係者の態度の違いについてであった。領事には類似していると思われる双方に対して、日本の官吏は、前者を弾圧する一方、プラタープら後者とは平気で宴席を共にしていた。アジアの連帯を語りながら、朝鮮半島や台湾での東洋人抑圧については「暗黙の裡に」考慮から外されていると記述している。会場のホテルには、インド国民会議派の旗が翻る一方、韓国の旗は一切見られなかった。イギリス人領事にとっては、日本は同じく植民地を統治する側の国であり、その支配する側の共通の利益について共闘するのが自然と考えられるのに対し、この日本人関係者の態度は理解しかねるものであった。これは、様々な局面でみられるイギリス側の当惑の一つである。また、中国からの代表の名前が伏せられている点や、蘭印やフィリピンからの代表がいない点、近年の満洲での出来事がまったく言及されない点、日ソ関係への言及がない点などにも注意が払われた。日本陸軍から代表が参加していない点については、陸軍の許可なしにこのような催しが大連で開かれるわけはないので、承認はあるにちがいないと解釈された。資金面においては、確証があるわけではないと断ったうえで、満鉄から巨額の援助があったとのうわさを記している。(79)

この大連領事からの報告を受けて、駐日英国大使は、この集会に対する評価を総括してロンドンに電送した。プラタープと国民会議派が大きな役割を果たしていることを重視し、また、日本からの公的な援助を得ていなかった一九二〇年代の集会とは異なり、大連市と満鉄から直接的な支援を受けており、満鉄からは直接の資金援助まで受けていることを「驚くべきこと」と記している。ただ、そのような大きな違いはあるものの、重要な政治問題は避けられており、アジア主義に対する一般の関心の高まりを示しているのみで、会議自体は実際にはほとんど重要性がないと結論した。また、日本政府はこうした動きを厄介な問題として避けたがっているに違いないと判断した。[80]

大連での会議に関しては、イギリス本国でも関心がもたれていた。議会下院では、「日本の支援を受けて大連で最近開催された汎アジア会議に外相の注意は払われていたか」との質問が出た。それに対して政府側の回答は、まだ駐日大使からの報告書が届いていないこともあって、その会議については報告を受けていない、という木で鼻を括ったものであった。ただ、さらに突っ込んだ質問が出たときのための想定問答が用意されており、それは一二月のアジア民族青年代表大会の内容について答えつつ、この種の会議に「例外的重要性」を付与するつもりはないとするものであった。[81]

駐大連米国領事は、大連での会合が軍部の支持を受けている点を警戒した。東京の大使館に宛てた詳細な報告書の中で米国領事は、英国領事がインド国民会議派の動向に注目したように、まずフィリピンの動向に注目し、フィリピン代表が参加しなかったことを最初のページに記載している。次に、中国代表の名前が伏せられている点も重要だと記している。会議の本質としては、代表の半分以上が日本人であることや、大連で行われているにもかかわらず会議の公式言語が日本語であることから、この会合は、「東洋における現在の日本の考えと政策を支持する目的で創設されたと考えてよいだろう」と結論している。また、この会議を日本の軍部が十全に支持しているとの情報を得ているとも伝えている。[82] この大連からの報告書を受けて、駐奉天米国総領事も会議が日本人によって支配されている点に注目した。満洲における一九三四年二月の月例報告書の中で、この集会から満洲国に送られた二つのメッセージに注目したのである。一つ目は、日満中がアジア民族の安寧における自らの重要な立場を理解して協力することを期待するというもの、二つ目は、満洲国の君主制布告に対する祝辞であった。これらのメッセージの中身から、総領事は、集会を支配しているのが日本代表であることは明らかであると結論している[83]。これらの報告を受けて、グルー大使は、アジア主義の危険な盛り上がりを示すものとして、この会合について月例報告書でまとめている。満洲事変によって日本におけるアジア主義的な動きが再燃しつつあるとして、グルーは西郷隆盛にまでさかのぼって日本のアジア主義について概観したうえで、中国がイギリスやソ連の悪い影響を受けて、抵抗もなくその浸食を許していると指摘することで、日本人はなんとか中国人にアジア主義の重要性と互恵性を説得しようとしていると観察している。また、イギリスやオランダはこの動きを「幾分不安感をもって」観察しているとした。そして、現在のところ「多くの会合が開かれているが、具体的に多くを成し遂げる単一の大規模組織は存在しない」と認めつつも、「東洋のすべての国々で相当な影響力をのちに持つようになるかもしれない」と結論している[84]。米国の駐日武官も会合を重要視し、この大連の会合は、一九二六年の長崎での集会に比べてより成功しているように見え、近年の一連の出来事から勢いを得ているので、欧米にとって相当な関心事の一つとなる可能性があると観察していた[85]。

フランスの奉天領事は、この会議の目的が、「アジア人種の統合、外国の軛からの解放、そして、世界平和の維持」であるとして、即座に反欧米的であることを感じ取った。ただ、プラタープら参加者の一部に過激な言動が見られるものの、その論調が抑えられている点に注目した。そして、日本政府はこれらアジア主義的な運動に強く関心をもち、その運動者たちの熱意に共鳴しているものの、このような運動が過激な政治運動とならず、経済的・知的領域にとどまる限りにおいてのみ支持を与えるだろうと判断した。その証拠として、日本当局のコントロール下にあるとされる地元紙が、汎アジア運動が反欧米と見られないようにするべきだと戒めている点を挙げた[86]。

世界の反応

満洲事変以降盛り上がりを見せている日本を中心とするアジア主義は、世界各地に刺激を与えていた。この時期、ラトビア公使としてソ連の動向に注意を払っていた、米国国務省の極東問題エキスパートで元中国公使のマクマレーは、ソ連の公式紙『イズベスチア』が、日本の「世界分割提案」について論じているのに着目した。それは、アメリカが南北アメリカを獲る一方、日本がアジアを任されるというものであった[87]。同じころワシントンにおいても、フィリップス国務次官との会話の中で、極東問題について意見を求められて、日本大使も務めた経験があり赴任したばかりのアレクサンドル・トロヤノフスキー駐米ソ連大使は、先日の大連での全亜細亜民族会議に触れて、アジア主義を前面に出してきているということは承知しているが、その会合の出席者のほとんどは個人的に詳しく知っており、彼らは皆ソ連には友好的であると述べた。その上で、いまや日本の動きは、シベリアというよりも西や南に向かっており、それは、中国への進出を容易にするために、米ソとの友好関係を望むという日本の意向の表れであろうと推測した。ただ、日本のアジア主義的拡張に関して、モンゴルのいたるところに日本人諜報員が入り込んでおり、王族に深く食い込んでいるとの危惧を表明した[88]。イスタンブールの仏語誌は、「アジア連合」と題して、大連での会議についての論説の中で、オランダやその他の列強の感じる不安感のために、日本人によるアジア連合の動きは、用心深く進むようになっていると警告した[89]。

一方、中国の英字紙は、大連での全亜細亜民族会議を痛烈に批判して、同会議が中国人はもとよりインド人の支持すら受けていないことを欧米に示そうとした。『チャイナ・プレス』紙は、中国各地で活動するインド人の団体であるインド青年連盟の活動から判断して、インド人が日本の汎アジア主義に共鳴していないと主張した。具体的には、インド青年連盟が、メイド・イン・ジャパンの汎アジア主義に対して、同胞が手先として使われていることへの怒りを示していることを長文の記事で報じた。特に、同会議で中心的な役割を果たしたプラタープについて、同胞の支持を得ていないと強調した。この記事は、日本のアジア主義的動きについてなんとかしないと、日本の覇権という糖衣がほどこされてはいるが実は苦い薬を飲まされることになると結んでいる。このように、アジアの民意が日本のアジア主義運動にないことを強く欧米に訴えかけていたのである。[90]

北京政府の高官も、同様の訴えをアメリカに対して行い、北京政府は日本のアジア主義に共鳴してはおらず、アメリカの協力を望んでいると伝えていた。北京で、ジョンソン駐華米国公使が唐有壬外交部常務次長に、日中関係について意見を求めたところ、唐次長は、日本は他国がいる前では日中関係を議論したくないだろうと述べたのち、日本は二つのことを望んでいると述べた。一つ目が、アジア全体に日本の覇権を確立すること、したがって中国は日本の助言と指導なしには諸外国と関係を取り結ぶべきではなく、中国の市場は日本の市場であるというものであった。二つ目は、日露の衝突時の中国の中立ないしは友好的態度であった。そう述べたのち、唐次長は、中国が求めているのはアメリカのシンパシーであり、その理由はアメリカのシンパシーのあるところに勝利があるからだ、と述べてアメリカの友好的態度を求めたのであった。[91]

天羽声明

そのような中、日本の政府関係者のアジア問題に関する強気の発言が目立ってきた。なかでも一九三三年の世界経済会議に向けた日米間での予備会議の日本代表に指名された石井菊次郎の、石井＝ランシング協定の再確認よりもむしろアジアの平和の守護者として日本を認めるようにという趣旨の発言は、グルーにとって無視できるものではなかった。石井の発言が政府見解に直結しているかどうかは不明としつつも、重要な日米会議の代表に政府によって任命された石井のそのような発言は、西洋列強がアジア問題に介入すべきではないという方針を日本政府が確立しようとする試みにしか見えないと記した。[92] また、これと相前後して、重光葵外務次官は、駐日米国大使館の参事官と、満洲国における溥儀の戴冠について会談した際、日本は極東の平和と秩序に責任があると発言した。外務次官という政府の枢要なポストにある者が、そのような直截的発言をしたことについて、グルー大使もワシントンへの報告書の中で特記した。[93] 同じ時期、一九三四年一月二一日付の『ニューヨーク・タイムズ』紙は、ホーンベック国務省極東部長のスピーチに対する天羽英二外務省情報部長のコメントに注目した。スティムソンの不承認政策を繰り返すこのスピーチに対する天羽のコメントは、それを否定する内容であり、また文書によるという点でも異例であった。同紙によれば、天羽のコメントは、日本側が日米友好に向けて努力しているときにそのようなスピーチがなされるのは遺憾であり、それはアメリカのラテンアメリカへの伝統的政策を東アジアにも適用しようとするものであるとして、不快感を表明していた。その上で、アメリカがアメリカ大陸に存在するのと同様に、日本が極東に存在するのを忘れるべきではないと述べている。『ニューヨーク・タイムズ』は、これらのコメントの行間から読めるのは、「日本と隣国との間への西洋の介入を決して認めないという決意」であり、そのいわゆる「日本のモンロー主義」が意味するのは、「日本は東アジアにおける唯一の強く安定した国であり、ある種の責任を負っているだけでなく、それを実行する能力もある」ということであると危機感を表明した。[94]

こうした中、四月一七日の定例会見で、件の天羽英二部長が、東亜の秩序維持の責任は日本にあり、中国に対する日本にとって望ましくない欧米列強の介入は許されないとする趣旨の発言を行った。この発言は「天羽声明」として世界を駆け巡った。事態をより混乱させたのは、当初はこの発言について「非公式」なものと説明していた天羽が、ＡＰ社の特派員に対し、この声明は廣田外相の承認を得ていると述べ、翌一八日の朝には複数の新聞の記者に対して、公式なものと取ってもらってかまわないと発言したことであった[95]。

アメリカのジョンソン駐華公使は、早速この発言に注目し、アメリカとしては看過すべきではないと国務省に進言した。中国を日本の勢力圏とするような発言が外務省の高官からなされることを許すべきではないという点で国務省も同意見であった。発言当初の情報が錯綜する中、欧州各国は、それぞれ自国の関わった極東関係の出来事を、考えうる原因として推測した。英国のリンドレー駐日大使は、国際連盟においてまもなく公表されるL・ライクマン博士とA・ソールター卿の報告書に対する日本側の返答ではないかと想像し、国際連盟によるライクマン博士の任命がそもそも「きわめて馬鹿げた大失敗」だったと悔いた。フランスの駐日大使は、M・モネが中国への国際借款を交渉していることに対する応答と考えた。駐日ドイツ大使館は、ハンス・フォン・ゼークト将軍による蔣介石への軍事顧問団派遣と声明とを結びつけた[96]。

米国務省は、事実確認を試みつつ、いかなる態度をとるべきかについて他の列強と情報交換を行った。英仏もそのような日本の態度を許すべきでないという点ではアメリカと一致していた。米国務省が入手した情報では、フランスは、日本の権益を認めることにならないよう口頭での抗議にとどめることとしているらしく、また、イギリスは、アメリカの意見に同意するものの、列強がそろって抗議するよりも個々の抗議が望ましいと考えているとのことであった。アメリカ政府の事実確認に対して日本側は、ワシントンの斉藤博大使が、英字紙が報道した天羽の発言のテキストの元の文書は存在しないと回答するのみであり、また、東京では廣田外相がグルー大使に対し、英字紙が報道したテキストが天羽の発言と合致するかどうかは、天羽本人に聞くしかない、なぜなら口頭の声明だったからだと述べるあり様であった。グルーは、駐日大使館が受けた印象として、今回の天羽の声明について、「中国における他国の活動に対する日本政府の真の政策」を示唆している一方で、外務省はその発言の海外における反響を恐れており、その発言が公式になされたものではないと否定できるときにはその立場を維持しようと用心深く動いているのではないかとの意見を国務省に伝えた。また、その意見を補強する情報として、大使館員の一人が外務省アジア局の局員に一九日に面会したとき、その局員から天羽の発言の基本的な部分、すなわち、他国は中国で何か行動を起こす前に日本に相談すべきという点は、中国問題を外務省で扱っている人々の実際の意見であると語ったことを挙げた。最終的に、アメリカ政府の公式の対応として、アメリカの態度を再確認する国務長官の覚書がグルー大使から廣田外相宛に手交された。イギリス政府は、この声明は公式と考えられる発信元から出されているのでコメントなしに済ますことはできないとの理由から、「中国における機会均等原則が九カ国条約によって明確に保障されており、日本はその条約の加盟国」である点、並びに、「イギリス政府は中国におけるすべての権益をもちろん享受し続けなければならず、それはすべての加盟国に共通である」点などを直接伝えるために、リンドレー駐日大使を通じて廣田外相に対して諫言させた。駐日仏国大使館の見方も駐日米国大使館の見方に類似していた。外務省関係者が、天羽の発言を否定したり、非公式なものと述べたりするにもかかわらず、天羽の声明は、日本の権力中枢の考えや世論を最も忠実に反映しているとみなしたのである。そして過去を振り返ると、そのような政策は驚くべきほどの一貫性をもって日本の政策に存在しており、それらを本当に変更できるものがあるとすれば、それは主要列強の力を合わせることしかないと結論した。また、中国側が天羽声明にみられるような日本の態度に反発しつつも、日本に対して融和的な態度を示すようになっており、「逆説的」ながら、この声明が日中融和の出発点になるだろうと注意を促した。それら各国の反応に対して廣田外相は、声明が一外務省職員による「非公式談話」であり、また、日本政府は九カ国条約を遵守し、中国の門戸開放を常に重視している旨回答し、外交的にはひと段落となった。(97)

各国のマスメディアは、四月一八日に声明が出された直後からこの問題を取り上げた。アメリカの新聞雑誌は一部を除いて、この声明を日本が中国に対する野心を露わにしたもので、列強に対する挑戦であり、看過できないと論難した。例えば、四月一九日付の『ニューヨーク・タイムズ』紙は、声明を「砲弾」にたとえた。同日付の『ボルティモア・サン』紙は、この声明の目的は、日本が中国の保護者の地位にあることを世界に知らしめることであり、中国の征服が日本の長年の目的であることはほとんど疑う余地がないと論じた。ただ、グルー大使が覚書を廣田外相に手交し、日本が九カ国条約を遵守する旨廣田外相が確認すると、論調は徐々に落ち着いていった。(98)

英国のマスメディアの傾向も、アメリカのそれに類似していた。声明発表当初は、「日本は世界に『警告』」とか『東洋の大君主への賭け』」と題するものや、「日本は列強に対する挑戦を目論んでいる」と題し二〇年前のドイツと何の違いがあろうかと論じるものなど、大いに警戒感を示す論調が見られたが、ジョン・サイモン外相の議会での穏当な答弁もあって、そのような論調は沈静化していった。フランスの論調には、当初から比較的日本に好意的なものが多く見られた。(99)

しかし、各国の多くのマスメディアの論調が落ち着いていく中、そう簡単には収まらないものもあった。『ワシントン・ポスト』紙は、「『アジア人のためのアジア』の代弁者である日本が中国を支配するために動く」と題する、中国問題に詳しいジャーナリスト、ジョージ・ソコルスキーの論説を掲載した。それは天羽の発言について、天羽は「中国に対するヘゲモニーを主張したとき、何も新しいことを言っていない。日露戦争以来、中国と他国との間に立とうというのが一貫して日本の政策なのだ」と論じた。(100)『ニューヨーク・タイムズ』紙は、斉藤大使の釈明にもかかわらず、日本の意図は東洋におけるモンロー主義の確立にあり、天羽の対中政策に関する声明を「非公式」とする発表も、これから日本が中国に対してしようとしていることのショックを和らげるためと考えるのは誤りだろうかと問いかける投書を掲載した。(101)ピッツバーグの隔週刊誌『スカラスティック』は、これまでの日本側の行動や発言から、発言の経緯やその間の混乱も「意図的」で、最近の日本外交に典型的であることはほとんど疑いの余地なく、日本がもはや文民によって統治されていないのは明らかとまで言い切った。(102)ロンドンの週刊誌『ニュー・

ステイツマン・アンド・ネイション』は、天羽声明は偶発的なものではなく、意図された欧米列強との協力からの離脱であり、中国は日本の縄張りであるとする欧米への挑戦であることは、声明の行間を読めば明らかであると論じた。その上で、臆病でお互い協力しなかったために列強はこれまで恥ずかしい敗北を味わってきたが、これ以上そのような状態に甘んじることはできず、サイモン外相は内心での軽蔑とは裏腹な愛想の良さを日本の侵略に対して示すのではなく、米露をはじめとする各国と協力して日本に否をつきつけるべきだと主張した。(103)

日本の領土的野心と西洋の威信

天羽声明の興奮覚めやらぬ一九三四年五月七日に、アメリカ連邦議会下院で、日本のアラスカ進出に対する懸念と、それを防ぐための軍備増強に関する発言がなされた。これはアラスカ準州の代議員によるもので、ニューヨークの雑誌『リバティ・マガジン』の三月二四日号に掲載された「日本はアラスカを強奪するか?」という論説に触発されたものであった。この論説はイリノイ州選出のアーサー・ロビンソン上院議員によるもので、銃剣を付けたライフル銃を持つ日本兵がアリューシャン列島に向かう姿が冒頭に描かれ、日本の危険性について広く論じていた(図9)。この論説の中でロビンソン議員は、中国で展開している日本の汎アジア主義の「聖戦」に警戒しつつ、日本によるアジア主義の中国における現状を概観する。彼が強調するのは、中国に貼られた日本のポスターには、「アジア人よ目覚めよ! 日本軍は世界で最強だ! 日本は中国とは戦わないが、西洋による中国支配や現在の支配者とは戦う! アジアの同志よ団結せよ! 白人支配を覆せ!」と「扇動的な」言辞が躍っており、大アジア主義の団体が東洋の人々の間で発展しつつあるということであった。そして、そのようなアジア主義的団結心が、「アジア人のためのアジア」の真の時代の到来を予兆しているとして危険視した。そして、ロビンソン議員は、日

図 9　「日本はアラスカを強奪するか？」（『リバティ・マガジン』1934 年 3 月 24 日）

本人が勢力を伸ばそうとするハワイやアラスカの防衛力強化を主張した。例えば、アラスカは「魅惑的なごちそうとして際立っており、日本から石を投げれば届く距離にある」と注意を促している。そうしたうえで、ロビンソン議員が最も危惧するのはアジアにおける西洋の威信の失墜であった。

中国の無慈悲で情け容赦ない征服において、日本は東洋における西洋の威信に一撃を加え、それは次の世紀になってもおそらく回復しないだろう。少なくとも日本人の目から見れば、日本は西洋の軍事的優越の仮面を剝いだ。そして、遅かれ早かれ、西洋は日本の不敗神話の仮面を剝がねばならないだろう。現在のところ、東洋における西洋の影響力は実質的に崩壊してしまっている。[104]

このロビンソン上院議員の記述に見られる、これまで揺るぎなかった西洋の威信が、日本の活動によって傷つけられる可能性についての言及は、ほかにも見られた。この年の七月に日本で開催される第二回汎太平洋仏教青年大会への代表派遣に関する駐コロンボ仏国領事の報告には、シンハリナショナリストたちの間に、英国の並ぶべくもない今日までの優位を、日本の拡張が挫くのを見て悦に入る感情が観察されると報告している。同じ列強でありながら、英国の圧倒的優位に時に複雑な感情を抱かざるをえないフランスの、英領植民地駐箚領事の興味深い観察といえる。[105]

アジア太平洋地域における日本の領土的野心に対するアメリカ側の懸念は、天羽声明とともに生じたわけではなく、例えば、グルー大使は、すでに一九三三年七月に、カムチャツカ半島周辺における日本の野心について国務省に報告している。また、同じころ駐シンガポール米国領事は、フィリピン諸島のある島の領有権の持ち主が、その権利を借金のかたに入れてしまい、日本政府にその島を売却したがっているという、情報提供元であるインテリジェンス関係者自身も「あいまい」と認める情報に関心を示し、国務省に伝えている[106]。

継続するオランダの懸念

日本の領土的野心の中でも、東南アジアの島々に対する日本の関心は、オランダの指導層にとっては懸念の対象であり続けていた。オランダでは首相自らが、アメリカの駐ハーグ公使に対してその懸念を伝えていた。米国公使がルーズベルト大統領に宛てた報告書によれば、首相は「日本が……中国、インド、フィリピン、蘭印、オーストラリアの安全にとって直接の脅威であり、最終的にはそれらすべてを支配するために活動を開始するだろう」と感じていた。しかしながら、日本はおそらく世界が他のことに忙殺されるまでは行動を起こさないだろうとして、首相は、カトリック国から戦いを経て独立を勝ち取った国のリーダーとしてか、日本のやり方を、「我慢強く、揺るぎない決意をもち、待つことをいとわず、戦わずしてその目標物を手に入れる」とカトリック教会に擬えた[107]。パブスト駐日公使もグルー大使に、天羽声明にも触れつつ、日本は、中国、フィリピン、海峡植民地、タイの完全なる通商支配を目論んでおり、蘭印もその圏内に取り込もうとしていると述べ、日本の野心の危険性について繰り返し強調した。パブストによれば、蘭印での会議に日本人が参加したのは、日本製品のための市場として完全に同地域を支配下に置くためで、それを米英の介入の危険なく行おうとしているからであった。また、天羽声明は日本が

「ナイーブ」にその本心を露わにしたものであり、日本の野心を抑制するには、米英が協力して対抗する以外にないと訴えた[108]。

その一方で、蘭印への日本の浸透を間近で観察していた現場の当局者は、別の見方をしていた。蘭印政府極東問題顧問H・マウは、H・フィッツモーリス駐バタビア英国総領事に対して、蘭印における日本の汎アジア主義運動の重要性は強調されすぎており、その意味でオランダの駐日並びに駐華公使の見方は間違っていると述べた。例えば、日本が進めようとしている東南アジアにおける日本語教育については、公式の報告書では汎アジア主義の兆候として取り上げられているものの、実際には地元の人々の間に需要はなく、まったく浸透していないと伝えた。また、海外での蘭印の人々の汎アジア主義への共感を表すものとして取り上げられている、汎アジア関係の集会への代表の参加については、一九三三年一二月の東京での青年教団の集会に言及した。そして、蘭印代表として参加した人々が、ただの学生であったり、いかなる意味でも蘭印の代表とはいえない者であったりしたという事実を述べ、その共感を否定した。さらに、プラタープの汎アジア主義宣伝に関するパンフレットも蘭印にはまばらにしか届いておらず、また共感も得ていないこと、プラタープとラス・ビハリ・ボースによる出版物『ニュー・アジア』も関心をもって読まれておらず、成果を上げているとはいえないことを付け加えた。そして最後に、それらの日本側活動が、反対宣伝を引き起こし、かえって日本の汎アジア主義に対する警戒をもたらしているという点を指摘した。すなわち、蘭印の中華系から警戒する動きが出、地元の中華系およびマレー中華系の出版物が、持続的に汎アジア主義の危険性について読者に警戒を呼びかけており、また、中国国民党の「日本のペテン」に対する反対宣伝の方が、むしろ汎アジア主義の宣伝自体よりも受け入れられているというのである[109]。また、フィッツモーリス総領事は、別の報告書の中で、日本のアジア主義に心酔していた集団も次第に幻滅しつつあるとも述べている[110]。このように、蘭印の現場とオランダ政府高官との間では日本の危険性について認識が異なっていた。

英国外務省筋からの警告

ヨーロッパの外交筋で発言力のある人々もこの時期、日本の野心について危機感を表明した。一九三四年一一月一二日に王立国際問題研究所に招かれていた南アフリカの軍人ヤン・スマッツが、サボイホテルで国際情勢について講演し、その中で極東情勢について触れた。スマッツは、極東には雲が広がりつつあり、その雲は今はまだ人の手ほどの大きさだが、将来国際問題という空自体を覆い尽くす雲になるかもしれないと述べた。それに対して、およそ一週間後の『オブザーバー』紙において、英国外交界の重鎮であるフィリップ・カーは、スマッツの言は正しいとしたうえで、その雲はすでにもっと大きくなっていると応じた。年が明けて一九三五年二月九日にケープタウンで再度スマッツが、アジアが覚醒しつつある中、日本は連盟や条約を無視して浸透しつつあり、重要なのは英米の協力であると述べると、またしてもカーはそれに触れ、最近の出来事はスマッツの警告が正しいことを示しており、日本はすでに事実上中国の保全を無視しており、中国に対して欧米との連携をやめて、日本が作る東アジア共同体に入るよう提案していると警告した[111]。

それらの危機感の表明のいくつかはアメリカ政府にも伝わってきた。ロンドンのアメリカ大使館のレイ・アサートン参事官に対して、一九二五年以来長年にわたって英国外務事務次官補を務めてきた英国外務省の重鎮であるヴィクター・ウェルズリー卿は、日本が意図しているのは、第一に、日本から朝鮮半島を経由して満洲国へと至る防衛圏の形成、第二に、経済的圧力による中国市場からの欧米の排除、最後に、太平洋の勢力圏化であると述べた[112]。また、先のスマッツの発言についても、アサートン参事官を通じて国務省に伝えられた[113]。

中国人の懸念とアメリカ人の反応

アメリカ人の中でもアジアに駐在する現場の責任者は、日本の汎アジア主義の勢いに不安を抱いていた。フィリピン総督のフランク・マーフィーは、ホーンベック極東部長およびマックスウェル・ハミルトン部長補佐との会談の中で、フィリピンにおける日本人の活動の増加について触れ、日本人によるプロパガンダ活動が増加していると述べた。汎アジア主義運動の重要性に関して尋ねられた総督は、現地における日本の活動の増加ぶりなどから、「日本の指導と支配の下、アジアの諸国民を一つにまとめようという運動は勢いを得つつあるし、きわめて有力になるかもしれない」とその見通しを述べた(114)。国務省には、東京のグルー大使からもそれを裏づけるような報告が届いていた。フィリピンの独立を目指すベニグノ・ラモスらが、汎アジア主義を訴える日本人から援助を得ることを望んでいるというものである。ラモスはまだ望んでいる援助を得てはいないものの、彼が日本人に対して援助を求めていることは、物事がこれから進んでいく方向を示しているとグルーは考えた(115)。

南京では国民政府の有力者が、繰り返しアメリカ公使館のウィリス・ペック参事官に対して、日本の危険性について警告していた。一九三五年一月九日には、ペックが公文書でも名前を伏せている国民政府の有力者がペックに対して、日本は、分裂して弱まった中国を好むため、軍閥を援助していることや、日本が中国を三つに分けて支配しようと望んでいることなどを語った。これは、連省自治による中国の分割統治を日本の汎アジア主義者が理想としているのを把握し、それに対して危機感をもっていたことを示している。また、同時に、日本と協力することを望む中国人の一団には、もし中国が日本と協力するなら中国東部から白人を追放することができるようなブロックを日中で形成するという日本人の発言を信じる傾向がある、とその危険性を警告した(116)。

二月一日夕刻には、ペックは、国民政府の財務部長で行政副院長でもある孔祥熙の訪問を受ける。会話の中で、孔祥熙は、あらゆる領域における白人の排斥について日本と協力するよう中国に対して日本政府が圧力をかけているという内容の報道に言及した。特に彼が例として挙げたのは、中国が欧米や国際連盟に依存する政策をやめるようにと関東軍司令官の南次郎が説いたことであった。孔祥熙はおそらく、日中協力の可能性をアメリカ側が懸念していることを感じ取り、中国が日本の圧力に屈して反欧米で日本と組むかもしれないと匂わせることで、アメリカからの大きな援助を引き出そうとしたと思われる(117)。

これらの中国高官からの訴えにもかかわらず米国公使館は動かなかった。ペックの上司であり、極東問題の専門家として国務省幹部から重きをおかれていたジョンソン公使が、日中の協力関係について否定的なままであったからである。五月一日付の国務長官宛の報告書の中で、ジョンソンは日本人と中国人が相容れないとする自説を繰り返している。多民族が共存するハワイにおいても、日本人はハワイ人や白人とは結婚するものの、中国人や朝鮮半島出身者とは結婚しないことや、植民地化してから長いにもかかわらず根深く残る台湾人に対する差別意識などを挙げ、日本人と中国人との間には「ミステリアスな相容れなさ」が存在すると言い切っている。そして、それらの例を考えたとき、「西洋の征服に向けて日本人によって率いられた黄色人種の大運動として表現されてきた黄禍の古くからの不安といったものに対する関心は失われる」と結論づけている(118)。この報告書をもとに、より詳細に書かれた七月一〇日付の報告書では、ジョンソン公使は、日本軍部のアジア主義の試みについて次のように述べている。

日本の軍部は劣等感に苛まれているかのように見えるときがある。それは東洋の諸国民、特に中国人を、自主的に汎アジア主義による日本人の指導と旗の下に向かう気にさせることに近年失敗していることによっていっそう悪化している……自分たちが率いることを望んでいる人種がそういった理想主義をありがたく思う様子を見せないことに彼らが深く憤っていると感じるときがある。[119]

こう記したうえで、ジョンソン公使は、五月一日付の報告書の中身を変更する理由はないし、日本の軍部の汎アジア主義の目論みは徒労に終わるだろうと結論づけている。

日本による汎アジア主義の試みを取るに足らないものとみなすこのようなアメリカ公使館の受け止め方に対して、一九三六年三月五日、孔祥熙はペック参事官との会談の中で、「日本の帝国主義的野心によって生じる国際平和と安全への深刻な脅威に対する欧米列強の理解のなさに少々驚くことが時々ある」と述べている。そして、当初から日本が中国人に対して友好の念を育むように骨を折っていたなら、今頃までには彼らの汎アジアの夢も進捗していただろうし、友好的協力を認められていれば、中国人も「アジア人のためのアジア」という日本人のスローガンになんらかのものを見出したかもしれないとまで言い切るのであった。そして最後に、西洋列強が軍事力の基盤を固め拡大するために日本が現在とっている手段に対してそこまで無関心な様子でいられるのはどうしてなのか理解に苦しむと繰り返し述べた。[120] この発言には、アメリカが援助を拡大しないことに対する苛立ちももちろんのこと、西洋に虐げられてきた過去を共有するアジア人としての共通の意識が日中の間にも存在しないわけではないということを、まったく理解しようとしないアメリカ人への苛立ちもあったと思われる。

駐華米国公使館の無関心さのためか、二月ほどのちの国民政府外交部長の会見においては、日中の協力の重要性が強調され、その理由として隣国であるだけでなく「人種的文化的親近性という絆」で結ばれていることが挙げられた。また、満洲事変以降、危機の続く現状は異常な状態であって、「両国民と両政府の間に存在すべき友好的感情を回復したいという共通の願い」があると述べられた。[121]

アジア主義の沈静化

この時期、日本側に太平洋不可侵条約構想があったためか活発な汎アジア主義的な動きは見られない。一九三四年二月に大連で開催された第三回全亜細亜民族会議に関しては、次の会議が翌年に開催されるはずであったが、結局は開催されずじまいであった。また、一九三六年二月に会議が開催されるとの報道もあったが、これも実現されなかった。東京のロバート・クライブ英国大使がアンソニー・イーデン外相に宛てた一九三六年一一月四日付の報告書は、プラタープとも近く、一九三四年の大連での会議にも出席したA・M・ナイルが日本当局から支援を受けられていない点も挙げている。また、関東軍当局が消極的である理由としては、駐大連英国領事代理の報告として、満洲の日本当局が、すべてのアジア民族の外国からの自由を追求する汎アジア主義運動を支援すると、朝鮮半島植民地の独立運動を刺激することになるという「不都合な関わり合い」に気がついたため、それらの会議への支援をやめたとする説明を記載している。いずれにせよ、極東のイギリス公館としては、「日本自体においてアジア諸民族を指導したいという欲望がなくなったと仮定すべき明らかな理由はない」と認めつつも、大亜細亜協会についてのマスコミの言及もほとんど見られず、日本のアジア主義にとって好都合な時期ではないのだろうと安堵を示している[122]。アメリカのグルー大使は日本政府に、日米間もしくは日米英間における太平洋不可侵条約構想があることについて、日本側に真の平和へ向けた意思があることの表れであると受け止めていた[123]。

限られた悲観論

中国人と中国にシンパシーを抱く中国在住欧米人だけが、日本の汎アジア主義の危険性を熱心に訴え続けていた。『チャイナ・ウィークリー・レビュー』誌は一九三六年三月、国民党右派の胡漢民の汎アジア主義と三民主義に関する論説を掲載した。それは日中の汎アジア主義の相違を強調するものであった。孫文の汎アジア主義は平等原則にのっとり、互いの発展のための相互扶助に基づき、弱者を助けるものであって、他者から奪うものではないとされた。一方で、日本の汎アジア主義は近年、日本の中国侵略を支持するものになってきていると警告した(124)。

この時期、米英の主要メディアの中で、ボストンの有力紙『クリスチャン・サイエンス・モニター』だけは、日本の汎アジア主義に注目し続けていた。関心の対象は、大亜細亜協会と松井石根であった。国際連盟脱退以来、日本では陸軍や保守的知識人の間で汎アジアという考えが力を得つつあると判断したうえで、問題の根源は国際連盟の「ヨーロッパ化」にあるとした。ただし現実問題として、日本の汎アジア主義は中国においてほとんど支持を得られていないとした。その一方で、遠い将来のこととして、「もしこの世紀が日本帝国の拡大を見るなら、汎アジア主義は、帝国の支配の恩恵を信じるイギリス人にとってキップリングの『白人の責務』がそうであるように、日本人のある種の心を奮起させる精神的スローガンとなるかもしれない」と結んだ(125)。

おわりに

一九二〇年代には想像上の話にしか見えなかった米英にとっての日本のアジア主義の脅威は、満洲事変勃発とその後の日本軍の展開によって現実味を帯びていった。それまでは民間人を中心とする企てにすぎなかった日本のアジア主義が、日本軍が満洲を制圧し満洲国が建国され、実際に大陸に地歩を固めるとともに、軍部や政府の有力者のあからさまな後押しを受けたものへと変化していった。ところがそのような変化にもかかわらず、満洲事変勃発から一九三〇年代半ばにかけての、日本のアジア主義に対する欧米の反応は、時に悲観的になるものの、概して小さく評価するものであった。一部にその危険性を主張する者は見られたが、米英の政権中枢では重く受け止められていなかった。日本駐在の外交官などのうちには、肌で日本人の白人国に対する不満やアジア主義の熱気を感じ取って、事態の深刻さを報告する者もあった。しかし、大抵の場合、そのような報告書は本省で真剣に取り扱われたようには見えない。この時期、日本のアジア主義的な動きを危険視したのは、米英に比べ軍事的に脆弱な一方で、東南アジアに巨大な植民地を抱えるオランダや、日本人の考えに肌で接し東アジアから事態を観察していた欧米人、もしくは自国が日本の脅威にさらされていた中国人であった。特に、『チャイナ・ウィークリー・レビュー』誌や『チャイナ・プレス』紙などの中国を拠点とする英字メディアは、日本のアジア主義を軽視していた一九二〇年代の態度と打って変わって、日本のアジア主義の危険性を説いた。しかし、思うようには米英の政権中枢にはその危機感は共有されなかった。それは、一つにはアメリカの政権が総合的かつ長期的な対東アジア政策の立案を怠っていたことによる。ルーズベルト政権はその前半は、未曾有の大恐慌に対する国内的対応に追われ、東アジアの外交は、何かが起きるとそれに対応するという場当たり的なものに終始した。満洲事変勃発時に駐日大使だったキャメロン・フォーブズが一九三五年にアメリカ実業家の一団を率いて中国を訪問し、帰国後に対中援助キャンペーンを行ったときも、国務省は日本の反応を懸念し、消極的であった[126]。日本による中国侵略が、アメリカの安全保障に直接関係するという発想はみられず、そのため、日中対立が、翻って日米対立にまで行き着くというようには、考えられてはいなかった。それは先に触れたパール・バックと中国人の助手の会話が象徴的に示している通りである。

そこには、黄禍論的恐怖が存在していた一方、そこに含まれる人種偏見による侮りの心が大きく作用していたのではないだろうか。一九二〇年代のアジア主義的運動が、その脆弱さに比して過剰に危険視されたのに対して、実際に軍部などの後ろ盾を得た一九三〇年代のそれには、本来払われてもよい注意が払われなかったのは興味深い点である。米英、特にアメリカの政権内においては、一方で、対東アジア関係を人種的視点から見る傾向が強くあり、他方で、人種的視点から見ることを避けようともしており、それらの力がせめぎ合っていた。一九二〇年代には、日本のアジア主義の表出に驚き、詳細な分析のないまま、人種的視点から性急に反応したのに対し、一九三〇年代に入ると、実際の日本のアジア主義の進展にもかかわらず、それらの危険性を評価することなく、人種的視点を後退させて、必要以上に注意が欠落した。

次に事態が大きく変化するのは、一九三七年の日中戦争勃発によってである。欧米列強は、日本が満洲を越えて本格的に中国侵略に乗り出したとみなし、日本の野心がついに具体的な形となって表出したと考えた。他方で、日本と中国が合同して立ち向かってくるというのが欧米列強にとっての黄禍論的悪夢であったのが、そのアジアの大国である日中が互いを敵として戦争状態に突入することによって、その悪夢が現実となることは回避されたように思われた。しかしその一方で、日本軍が中国全土を掌握して、日中が一つの反西洋的力となる危険性は高まったと考えられたのである。

第5章　日中戦争という矛盾

——日本の対外政策へのアジア主義の侵入——

はじめに

満洲事変以降、日本のアジア主義者たちは着々と勢力を拡大しつつあった。一九二〇年代の日本のアジア主義的な動きが、一部の活動家たちによる規模の小さいものであったのに対し、満洲事変以降のそれは、政府や軍部の有力者と結びついた強力なものとなっていった。一九二〇年代までは、アジア主義的な主張が有力になると、首相や外相をはじめとする政府関係者が欧米に対し積極的に火消しに努めたが、満洲事変以降は、逆に公の立場にある者や軍部の有力者が、アジア主義をあからさまに主張するなどの動きが目立つようになった。しかし米英政府は、そのような動きに注目はするものの、基本的には日本のアジア主義的な動きを軽視した。またルーズベルト政権の対東アジア政策は、何か事があってからそれに対処するという形の受動的なものであった。そのためもあって黄禍論的思考が政策に入り込むことはなかったのである。その一方、東アジアに居を構え事態を間近でつぶさに観察していた米英の外交官やジャーナリスト、そして中国人の一部は、国の後押しを受けた日本のアジア主義の拡大を危険視するようになっていった。日本と他の非西洋諸国が共に長年にわたって受けてきた西洋による抑圧とそれに対する鬱積した思いを肌で感じていた彼らは、日本のアジア主義の勃興によって、アジア諸国が日本に靡き、西洋と衝突する可能性がゼロではないと考えたのである。盧溝橋で日中が衝突したのはそのような時であった。アジア諸国が連携して西洋に襲いかかるという黄禍論的恐怖の中心である日中が、互いを敵として戦い始めるという矛盾ともとれる事態に、米英はどのように対応したのだろうか。

日中共栄の後退とアジア・モンロー主義の現実化

一九三七年七月七日に勃発した盧溝橋事件をきっかけに日中は戦闘状態へと突入した。当初は偶発的なものと考えられ、収束に向けた動きも見られたこともあり、また、ルーズベルト政権の消極的な東アジア政策もあって、極東の紛争はアメリカ政府内において特に大きな問題とはならなかった。極東のいざこざが、アメリカが介入せざるをえないほど、アメリカの国益と関連しているとは依然として考えられていなかったのである。圧倒的に中立を望むアメリカの国内世論がそれを後押ししたことは言うまでもない。イギリスのイーデン外相は、日本の動きを危険視して、英米が積極的に介入して日本の進出を止めることを望んだが、アメリカのコーデル・ハル国務長官はそれに応えなかった。

日中の軍事衝突によって、アジアの二大国が自主的に手を結んで大きな力となり米英に立ち向かってくるという黄禍論的悪夢が現実のものとなる可能性は大きく減り、それを恐れていた者たちは安堵した。その一方で、日本が中国を支配下に置いたうえで米英に敵対するというアジア・モンロー主義的な考えがより現実化したとも考えられ、身構える人々も多かった。

日本が中国をはじめとするアジア諸国と手を携える形でのアジア主義の実現を熱望していた、東アジアや南アジアの一部の人々は、日中の衝突に大きな衝撃を受けた。アジア諸国の共栄の可能性を遠のかせる日中の衝突に落胆したのである。なかでもイギリスの圧政に苦しむインドの独立を目指していた運動家のスバス・チャンドラ・ボースは、植民地主義の西洋と戦う同志として日本に共感を寄せ、また大いに期待してもいた。

> 日本は自国のためにもアジアのためにも偉大なことをなしてきた。今世紀初頭のかの国の再覚醒は我々の大陸中にぞくぞくするような感覚をもたらした。日本は極東で白人の威信を粉々にし、西洋帝国主義諸国を守勢に回らせた——軍事的にも経済圏においても。かの国はアジア人種としての自尊心について極端に感受性が強く、またそれは当を得ていそうである。［日本は］極東から西洋列強を駆逐しようと決意している。[1]

そのボースにとって、アジア主義の旗手であるはずの日本が、同じアジアの国である中国を相手に戦争を始めたことは大きな衝撃であった。日中戦争が始まって二カ月ほど経って、彼は、「帝国主義なしに、中華民国をばらばらにすることなしに、他の誇り高く文化的で歴史のある人種を辱めることなしに、すべてを成し遂げることはできなかったのか」と問わざるをえなかった。[2]

日中のアジア主義者たちの心中も複雑であった。中国大亜細亜協会の宣言が、「中日両国に兵火を見るに至れるは真に遺憾」としつつも「今回の事変は禍を転じて福となし、東亜禍乱の根源を伐採し、人民の意志を尊重する真に中国人の中国政府を建設する好機なり」と述べているところにその難しい立場が表れている。他方、国史学者で大アジア主義者の橋本増吉のように、日本民族が「支那民族と対等の位置に於いて共存共栄を企図せんと欲するも、到底不可能」であるから、「今日の事変に対しても……その意義の頗る重大なるものある事実を確認」すべきであると、日中の衝突を正当化する者もいた。[3]

日中戦争の進展は、日本の汎アジア主義を、アジアの共栄を目指すものと考え、それに傾きかけていた東南アジアや南アジアの国々における勢力を躊躇させることで、日本を中心とするアジア主義の成立を危惧していた米英人を安堵させる側面があった。『タイムズ』紙は、タイの一部の勢力が、日本の汎アジア主義に靡きかけていたものの、「中国における戦争のおかげで、タイは［日本の］意図について幻想を持てなくなり、他の国との関係強化が望ましいと考えるだろう」と論じた。『タイムズ』によれば、その他の国とは「西洋における隣人である大英帝国」であり、その関係は長年お互いにとって満足のいくものであったから、昨今の極東情勢はその関係強化に向かうだろうと結んだ(4)。

同様の傾向はアメリカにも見られた。日中全面戦争の勃発はアメリカ政府にとっては、予想していなかった出来事であった。アメリカ政府には日中の対立に軍事介入する意図はなく、ハル国務長官は、日本を条約違反として批判したものの、それ以上の行動には移らなかった。米国務省には「イギリスがインドでしたことを日本は中国でできるはずがない」という人種偏見を根拠とする考えもあり、どこか本気で警戒していなかったという側面があったのも事実である(5)。

続く植民地主義批判

日中開戦によって、アジア主義の悪夢は去ったかに思われたが、大陸で中国と戦いつつも日本当局が引き続き機会あるごとに、欧米列強の植民地主義に対する批判を各地で説き続けていることは、米英政府を苛立たせていた。

一九三七年九月初めに、日本軍が、中国本土における飛行場や通信・軍事拠点への体系的な爆撃を各方面に通知した。それに対して、南京のジョンソン米国大使は、それが第一義的には、中国の力を削ぐためのものであるとしつつも、そこに西洋に対する意図を感じ取らざるをえなかった。ジョンソン大使は、南京から広東を経由して香港からアメリカ本国へと電送された報告書に、このままでいくと、これまで中国で一五〇年かけて欧米列強が行ってきた文化的商業的努力を捨て去らざるをえなくなるかもしれず、日本の爆撃の宣言からは、「日本の現在の作戦が、中国における西洋の影響力や利権を日本のものと置き換えるという野心に大部分駆り立てられているのではないかという疑念」をもたざるをえないと記した。(6)

インド人活動家の日本国内での反英活動の成果、またそれに呼応する頭山満らによる青年亜細亜連盟の結成などもあり、一九三七年の秋から冬にかけては日本で反英的な動きが相次ぎ、駐日英国大使館は対応に追われた。欧米人、特にイギリス勢力をアジアから駆逐することを目指すこれらの活動は、日中戦争を日英戦争とみなしたのであった。一〇月二八日に、赤坂で青年亜細亜会議が開催されたが、その中身は、イギリスのアジアにおけるこれまでの搾取を非難し、また、南京政府を後押しすることを非難するなどあからさまに反英的なものであった。また、同会議の議長を、イギリスからのインド独立を目指すボースが務めたことや、青年教団のデモ隊がイギリス大使館に押しかけ、それを日本政府が野放しにしていることはイギリス政府を苛立たせた。さらに、時をほぼ同じくして、一〇月三一日には日比谷公会堂で全アジア民族代表大会が開催された。当初の目的はアジアからのソ連の影響の排除であったが、演説は多くが反英的な方向へと向かった。一一月二日には、黒龍会主催の集会で反英決議が通過した。これらに刺激を受けて、翌一一月三日には約二百人の拓殖大学の学生が、イギリス大使館へ押しかけ、元の同盟国であるイギリスは日本に対して不誠実であると詰め寄った。これらに対してイギリス大使館は本国へ、アジア主義を膨らませるために現在の雰囲気が利用されていることは、暗示的であるとともに危険な兆候ともいえると報告した。(7)

一九二〇年代にはアジア主義的な反米運動が見られても、それに日本政府高官が与することはなかった。しかし、この頃になると反英運動の盛り上がりの中、現役の閣僚までがそれを公に支持するような動きを見せるようになっていた。イギリスの対中援助を批判する末次信正提督の談話が『改造』の一九三八年新年号に掲載されると、新任の内務大臣の発言ということもあって、イギリスを中心とする英米のマスメディアは注目した。特にその談話の中の「白人の桎梏下にある悲惨なる境遇から有色人種を救ひ出さなければ世界の平和などは実現できぬといふ確信を有つてゐるんです」と述べた箇所を、アジアから白人勢力を駆逐する意図の表明と解釈する者もあった。ただ、英米の反応は比較的落ち着いており、『マンチェスター・ガーディアン』紙が「日本の大臣再度『英国との衝突』を語る。有色人種を『解放』」と題して、扇情的に取り上げたものの、『タイムズ』紙は、汎アジアのドラムを叩くことで中国人を味方に引き込むことができると日本人は明らかに信じていると皮肉たっぷりに報じた。末次談話の主対象がイギリスということもあり、アメリカ側の反応は少なく、日本のアジア主義に注目してきたボストンの『クリスチャン・サイエンス・モニター』紙も、日本人はそのようには感じていないという政友会の指導者の一人である鳩山一郎の発言を紹介するにとどまった。キー・ピットマン上院外交委員長も、米英が毅然たる行動をとれば問題ないとの見解であった(8)。日本政府の中心が反英米に向かって動きつつあるという事態の深刻さを感じ取り、大きく反応したのは、やはり東アジア在住の英米関係者であった。上海の英字紙『チャイナ・プレス』は、「有色人種は白人の枷から自由にされなければならないと末次は語る」などの見出しの下、人種対立の観点から、海軍の大物で現職の内務大臣が事態を語ったことを大きく報じた。そして、中国における日本の行動の目的は、最終的には日中協力であるとの近衛首相の発言に触れ、今やその時であるとする部分を強調した(9)。

田中上奏文の亡霊

日本が中国との戦争を始めたことで、田中上奏文の亡霊がまたもや現れるようになった。米英では一般的に偽書であるとの日本側の主張が通っていたものが、再び取り沙汰されるようになったのは、日本は世界征服を計画しておりそれは中国の征服から始まるというその内容に、日中開戦があまりにうまく当てはまったからであった。ニューヨークの『ハーパーズ・マガジン』三月号において、アメリカの著名な報道記者であるエルマー・デイヴィスは、田中上奏文を題材に日本の政策を次のように論じた。

アジアの支配と最終的な世界における覇権獲得に向けた日本の計画の開始を目論む有名な「田中上奏文」は、中国人による捏造であると非難されてきた。実際、おそらくそうなのであろう。だが、近年の日本の政策は、その文書の全般的筋書きに従っている。解釈は中国人によるものかもしれないが、それによって立つ証拠を与えているのは日本人だ。[10]

一九三八年夏頃には、日本が唱える「アジア人のためのアジア」というスローガンは、実際の中身は「日本人のためのアジア」であるという主張が米国内で盛んに見られるようになる。[11] これは、日本がアジアを支配したいという気持ちを抑えることができれば、「アジア人のためのアジア」というスローガンはより説得力をもつだろうし、西洋にとって破壊的であろうと論ずるもので、日中開戦前に孔祥熙がアメリカ大使との会談の中で唱えた論ときわめて類似していた。七月には、孔祥熙自らの文章が、『ワシントン・ポスト』紙に掲載された。その中で孔祥熙は、日本の中国侵略は田中上奏文にあるように、太平洋における覇権確立と、世界征服に向けての第一歩でしかないので、日中戦争に無関心でいることは世界の危機に無関心でいることだと論じた。そして、「アジア人のためのアジア」という日本のスローガンは、実は「日本人のためのアジア」を意味するとの批判を繰り返した。[12]

一九三八年一一月三日、近衛首相自らが東亜新秩序建設に関する声明を出すと、大きな反響を呼んだ。それは日中戦争の目的を「日満支三国」提携しての相互依存関係を構築する「東亜新秩序建設」にあるとするもので、アジア主義を実際の政策目標に掲げたものともいえる。『タイムズ』紙や『マンチェスター・ガーディアン』紙は、反共や独伊との関係に関する部分に注目したが、[13]アメリカの主要紙はより直截的に、日本に東アジアを支配しようとする企図ありとしてそれを前面に出した。『ニューヨーク・タイムズ』紙は、「日本は中国を支配する意図を認め他国に警告」との見出しを掲げ、『ニューヨーク・ヘラルド・トリビューン』紙は、「日本は東アジア全体を支配する権利があると主張」という見出しの下、「日本、満洲国、中国の政治的、経済的、文化的ブロックを創ることで、日本は東アジアに新秩序を打ち立てようとしている」と警告した。『ロサンゼルス・タイムズ』紙も、近衛の声明は、東アジアを支配しようという不変の意図の表れであると書いた。[14]日本に対する警戒を強める上海の『チャイナ・プレス』紙は、近衛首相は汎アジア主義を唱道したが、その内実は汎アジア主義ではなく、汎日本主義であり、中国はそのようなものは欲しないと厳しく書いて、日本と距離をおく姿勢を明確にした。[15]ただ、米国務省は、日本政府の政策として採用されたこのようなアジア主義に対しては、一一月四日に国務長官名で、極東情勢は包括的に見ることが重要で、アメリカは、国際法や条約に則り、公平性の原則に基づいて当事国を扱うと述べて、日本政府を牽制するにとどまった。[16]一方、一一月一八日には有田八郎外相は、東亜において新しい情勢が展開しており、ワシントン体制の枠組みはもはや適用されないと表明した。これはアジア主義に基づく日本の地域主義がこれからは適用されるという宣言といえた。

一九三八年一二月には近衛声明に続いて、汪精衛が重慶を脱出した。それに対しアメリカのマスメディアは、日本は中国の親日分子と結んで汎アジア主義を進めることを決意しているとみなした。同じく一二月には重慶爆撃も始まったこともあって、米国の反日世論は高まっていった。『ニューヨーク・タイムズ』紙は、「西洋に敵対する日本」とのタイトルの記事を掲載して、中国におけるイギリスを叱咤激励した。それは、日本はあからさまに反西洋であるので、ここでイギリスが日本の「新秩序」に屈してしまうと、中国に害が及ぶだけではなく、必然的に中国における他の西洋列強の権益に悪影響が出るから、持ちこたえるようにと警告するものであった。そして、殊にミュンヘン会談でドイツに屈した後に、天津で日本にイギリスが屈するようなことがあれば、インドにおけるイギリスの立場にも多大なる被害が及ぶのは確かに思えるとまで書いた(17)。

この記事の四日後、記事に対する読者からの投書が『ニューヨーク・タイムズ』紙に掲載された。その読者は、先の記事は、日本の意図が中国を独占的に支配することであることを証明しているとしたうえで、続けて田中上奏文に言及した。そして、田中上奏文は偽書であると日本は主張するが、その上奏文が真実であることを示す証拠が積み上がってきていると主張した(18)。日本の外務省にしてみれば日中戦争下においてそのような主張を覆すのは容易ではなかった。

そうした中、日本の外務省は、まったく反論しないわけではなく、英語での反論に努力した。外務省の英字準公式誌『コンテンポラリー・ジャパン』は、一九三九年八月号において、著名な国際政治学者の神川彦松の論考を掲載した。それは、日本の対外政策をアメリカの初期のモンロー主義に擬えて正当化するものであった。それによると、現在のアメリカのアジア太平洋政策は覇権主義であるが、日本の対外政策は、アメリカの初期のモンロー主義を真似たもので、基本は防衛的であり、領土的野心はないものであるとされた。また、神川は、日本の活動は帝国主義的なものではなく、東アジア諸国民による共同運動であると主張した。神川によれば、東アジア諸国は、地理的歴史的に見てすでに一つの共同体であり、日本のモンロー主義は、米国のカリブ政策を真似たものにすぎず、正当化されるべきものであった[19]。ただ、日本政府がバックアップするこの雑誌は、英語で書かれているとはいえ発行部数も少なく、米英で広く読まれているとはとてもいえなかった。

田中上奏文を信じていたのは、何も中国人やアメリカの民間人だけではなかった。米海軍の将官にもそのような見解は見られた。一九四〇年四月二二日の米国連邦上院海軍委員会での証言の中で、ジョセフ・タウシッグ少将は、日本との戦争は不可避だと述べた。その理由は、日本の軍部の目的はほかならぬ世界支配であり、フィリピン、仏印、オーストラリア、蘭印を征服した後、アメリカが次なる目標となるからであった。そして、そのような世界征服の計画は一九二七年に発案され、田中上奏文に詳述されているとタウシッグ少将は述べた[20]。日本大使館は慌てて、田中上奏文は偽書であるとして関係各方面に否定して回ったが、海軍の高級軍人による連邦議会委員会での証言として重く受け止められた後であった[21]。

天津租界封鎖と反英運動の昂揚

日中戦争勃発以降、反日活動家がイギリス租界で匿われていることに北支派遣軍は不満をもっていたが、ついに一九三九年六月、イギリス側の容疑者引き渡し拒否に端を発して日本軍が天津租界を封鎖、世に言う天津租界封鎖問題が起こった。日本の対英世論は硬化し、日本国内やその植民地において反英運動はこれまでにない凄まじい盛り上がりを見せた。大規模な反英集会が各地で開催されたが、具体的には、対支問題大阪経済団体連合大会並びに大演説会をはじめとして、首都圏では横浜での反英市民大会や神奈川県民大会が開かれた。いずれの集会にもこれまでの対外硬運動に見られないほどの聴衆がつめかけた。そして、日比谷公会堂での大講演会では、近衛文麿前首相、松井石根陸軍大将、長谷川清海軍大将、松平頼壽貴族院議長、小山松壽衆議院議長らが登壇し、イギリスを批判すると五千人の聴衆は拍手で応えたという。[22] この動きに対して、ヨーロッパ情勢が風雲急を告げる中、英国政府は一方的に対日譲歩を決めた。一方、アメリカ政府は重い腰を上げ、七月二六日に通商航海条約破棄を日本政府に対して通告した。

この騒動の中、ロンドンの米国代理大使からは、中国における反英運動に際して、英自治領関係者は「白人の威信」について大変気をもんでいるとの報告が米国務省にもたらされた。[23] 中国においても、日本軍の扇動もあって反英運動が昂揚したが、それを観察したジョンソン中国大使は、中国側がそれを非難しないで静観を決め込むという態度は、見方によっては、反西洋という立場を日本と共有しているともとれる態度であるとの懸念をもたざるをえなかった。

日本人によって唆された占領地における反英扇動との関連で注意に値するのは、私が知る限り、中国当局がそのような扇動を公に非難しなかったことである。憶えておかねばならないことは、ここ極東では、西洋人は東欧の国々におけるユダヤ人のような地位にあるということ、そして、西洋のいずれの国民に対してであれ、西洋人に敵対する扇動には、極東のすべての人々が本能的共感をもつだろうと思われることである……。[24]

このような人種主義的な見方は、戦中に国務省極東部を指揮することになる極東問題専門家によっても共有されていた。一九三九年一〇月一七日に海軍大学校でなされた講義において、一九三〇年代の過半を広東総領事や奉天総領事などとして東アジアの現場で過ごし、第二次世界大戦中に極東部長を務めることになるジョセフ・バランタインは次のように述べていた。

アジア人の大陸における自分たちの帝国を夢見る日本人は、一握りの英国人によってインドが保持され支配されているのを見ている。彼らは日本人も中国で同様のことができると考えている……日本人は、帝国建設者として英国人が有している多くの資質を際立って欠いている。なかでも特筆すべきは、被支配人種から、愛ではないにせよ尊敬を勝ち取った道徳的特質、現地の人々の慣習に介入して反感を買わずにすんだ寛容の精神、そして、法の統治において公平に扱われているという満足感を地元民に与えた公明正大の感覚である。[25]

被害者としての認識

日本人の中にも中国を敵に回しつつのアジア主義の実現を目指すことに矛盾を感じてそれを指摘する者はいた。尾崎秀実は『中央公論』一九三九年元旦号に「真実の東亜共同体は支那民族の不精無精ではなしの積極的参加が無くては成り立ち得ないのである」と書いた。[26]

しかし、そのような意見が公に現れることは少なかった。日本政府関係者の発言や出版物に現れる記述においては、西洋による植民地主義の被害者としてのアジア、その一員としての日本という見方が支配的であった。例えば、一九三九年前半が終了した段階で、外交官の重光葵は欧州大戦の開戦前の状況を概観したが、その中で、一九一九年のパリ講和会議の欠陥を三つ指摘したうちの第二点として東洋問題を挙げ、民族自決が欧州には適用されたものの、東洋では適用されず、「東洋人に対しては人種の平等が認められぬのみではなく、民族主義の片鱗をも実行せられなかった。東洋を永遠に西洋の奴隷であるとする考えが尚維持せられたのは非常な矛盾であつた」と指摘した。[27]パリ講和会議に随行した近衛文麿も、先に挙げた論文「英米本位の平和主義を排す」の中で述べた考えをもち続けていた。石原莞爾の側近で満鉄調査部においてロシア通として知られた宮崎正義も、発足して間もない東亜連盟協会の機関誌『東亜連盟』に、「この黄色人種が何時かは台頭して、彼等の支配者たる白人種に対して反抗しやしないかということは、恐らく有色人種を搾取してゐる白人共通の胸の奥にしまつてゐる一つの恐怖感だらうと思ひます」と書いた[28]。

また、高邁な大義を掲げてアジア民族全体のために戦っている日本に対して、中国人が楯突くとはけしからんという論調すら広く見られた。例えば、満洲国の建国大学教授であった中山優は、その著書中で、日中戦争を終結させるには、「抗日即救国という支那従来の性格を叩きつぶす」とともに、「親日即救国という新しき性格に鋳直」して、日本を中心とした「東亜再組織」にもっていかねばならないと主張した[29]。

蘭印への野心

一九四〇年春にはドイツが西部戦線で攻勢に出た。五月には早くもオランダやベルギーが降伏し、六月半ばにはパリがドイツの手に落ちた。イギリスがドイツに屈服するのも時間の問題に思われた。英仏による圧力で日本が南洋群島を失う危険は、ドイツの勝利によってなくなったが、今度は逆にドイツがもともとドイツ領であった南洋群島の回復に乗り出すのみならず、英仏蘭の植民地獲得に乗り出す恐れが出てきた。日本政府としては、ドイツに日本の南洋における権利をできるだけ保証させることが重要であった。日独の関係は、一九三九年八月の独ソ不可侵条約の締結という外交的裏切りによって冷え切っていたが、ドイツのヨーロッパにおける劇的勝利によって、日本国内の親独派は息を吹き返していた。こうして南方問題も絡めた形で日独同盟交渉は進められていく[30]。

ドイツの目覚しい戦果を横目で睨みつつ、この時期、日本のアジア太平洋地域への野心が、政府高官の口からも直接次々と発せられた。例えば有田八郎外相は、一九四〇年四月一五日に外務省における記者団との会見で、帝国政府は蘭印に何ら政治的野心なしとしつつも、蘭印の現状変更を来たすような事態については「深甚なる関心を有する」と発言した[31]。また、六月二九日午後には、ラジオで演説して、「東亜の諸国と南洋諸地方とは……極めて密接なる関係にありまして……共存共栄の実を挙げ以て平和と繁栄を増進すべき自然の運命を有する」と述べた。欧米との関係については、「欧米諸国が東亜方面の安定に好ましからざる影響を及ぼすが如き事なきを期待する」と警告した[32]。七月に入って松岡洋右が外務大臣に就任すると、八月一日には「日満支をその一環とする大東亜共栄圏の確立を図る」とのメッセージを発し、記者の質問に答えて、「大東亜共栄圏に仏印や蘭印の含まれるのは勿論である」と付け加えた[33]。天然資源の宝庫である東南アジアを組み込んだ自律性の高い大東亜共栄圏を実現しようというのである。この変化は、オランダやフランスがドイツに対して降伏したことによって、東南アジアに権力の空白地帯が出現し、また、アメリカとの関係悪化によって資源不足が痛感されるようになっていたということを前提としたものであった。また大きく働いた要因に、反英運動の凄まじい盛り上がりに見られたような汎アジア主義のうねりが、もはや政府高官たちも無視できないものになっていたことがある。一九二〇年代には末端国会議員を中心とする影響力の小さい活動にすぎなかったものが、この時期に至って外務大臣本人が唱える日本政府の外交政策の中心となっていたのである。

こうした日本の外務大臣のアジア太平洋地域に対する野心的発言に、米英主要紙はいずれも神経をとがらせた。有田のラジオ演説については、「有田は東亜が日本の勢力圏であると宣言」とか、「日本人は諸国に東亜から出て行くよう警告」などといった見出しを掲げて危険視した。有田の放送の「大理想を実現するためには地理的、人種的、文化的、経済的に密接なる関係にある諸民族が共存共栄の分野を作り先づその範囲内における平和と秩序を確立する」といった部分に注目し、聴取者に東亜や南洋における衛星国に対する地域的侵略のイメージを抱かせたと伝える報道もあった[34]。松岡の発言については、内容がより過激であったこともあり、それ以上の注目が集まった。アメリカの有力紙は、「日本はより野心的な計画の正体を現す」、「ファシスト日本、東亜全体の支配を計画」、「日本は『大東亜』における要求を拡大」などと大きく報じた。なかでも各紙が注目したのは、野心の範囲として中国を指すこれまでの発言とは異なり、明確に仏印や蘭印をも含むとしている点であった。これは明らかに欧州でのドイツの快進撃を念頭におくものであって、等閑視できるものではなかった。『ボルティモア・サン』は、日本がインドシナを勢力圏に置こうとする場合、フィリピンの防衛にも関わる大問題となると見た。英国の『マンチェスター・ガーディアン』紙は、松岡の発言の、すべての国や人種は世界において適所を与えられなければならないとの部分に注目した。[35] 米国政府はいくつかの物資の対日輸出を許可制にするなどしていたが、一九四〇年九月日本が北部仏印に進駐し、日独伊三国同盟が締結されると、屑鉄の対日輸出禁止に踏み切った。日独伊三国同盟の締結は、日本が米英を仮想敵国としたことを意味した。当然、米英の対日世論はさらに硬化した。米国のある地方紙は、ハロウィンのカボチャを、釣り目の日本軍人が三国同盟と書かれたナイフで切り取るのを米英が眺めつつ、「ずいぶん切り取ることになるんじゃないかね」と憂慮する絵に「黄禍」という題を付けて掲載した（図10）。『クリスチャン・サイエンス・モニター』紙は、日本の汎アジア主義は日本国外では広くは受け入れられておらず、日本が他のアジアの国々に対して支

図 10「黄禍」（『ラスクルーセス・サン・ニューズ』1940 年 10 月 14 日）

配するかわりに協力していたら西洋にとって大変なことになっていただろうとしつつも、現在でも日本による汎アジア主義を無力と切って捨てることはできないと警戒心を示した。[36]

この頃、ドイツの攻勢に苦しむイギリスで、戦時内閣が、日本が蘭印を攻撃した場合に蘭印に関してオランダを援助するべきか、そしてもし日本が太平洋の自治領を攻撃した場合はどうすべきかという問題を話し合っていた。まずチャーチルは次のように情勢を分析した。日本との戦争は細心の注意をもって避けなければならない。しかし、もし戦争となっても、中国に手いっぱいの日本がオーストラリアやニュージーランドに全面的侵略を企てることはなく、むしろ香港、シンガポール、蘭印への攻撃の方がありそうである。ただし、このように分析したうえで、万が一日本がオーストラリアもしくはニュージーランドを攻撃した場合の想定として、チャーチル首相が内閣に示した自治領宛のメッセージの草案の末尾は、次の通り人種を意識したものであった。

しかしながら、最後の手段として、我々の道は明らかである。我々は英国の自治領が黄色人種によって圧倒されるのを座視することは決してできない。ただちに、持ちうる限りの兵力で自治領の助けに向かうべきである。このためには、必要とあらば、地中海と中東における我が立場を放棄する覚悟をすべきである。[37]

チャーチル首相にとって「黄色人種」がアジアでイギリスの自治領を蹂躙することは許しがたいことであった。そのため地中海や中東といった重要拠点の守りを捨ててでも、人種的威信は守られなければならないというのである。これに対して、戦時内閣の中には、ジブラルタルの重要性から難色を示すものもあったが、外相は、このようなメッセージは、自治領の士気を大いに上げるだろうと認めた。実際のメッセージの該当部分は、「もし日本がオーストラリアもしくはニュージーランドに大規模な攻撃を始めたならば、我々は地中海で損切りし貴君の救援に向かうことを保証する明確な内閣の権限を私は持つ」と少し弱められたものに落ち着いた。[38]

『我が闘争』

イギリス政府内では、ドイツの力を弱めるため、ありとあらゆる作戦が検討された。その中には、日本人が人種意識に敏感なことを利用してドイツとの関係を見直させようというものもあった。具体的には、ヒトラーの著書『我が闘争』の中の、日本人を人種的に貶めた部分を抄訳して、日本国内に配布し、果たしてドイツと同盟を結ぶことは正しかったのかという不安を煽ろうという作戦であった。しかし、この作戦は、内容についてはロバート・クレイギー駐日大使をはじめ、外務省極東部も、「日本を躊躇させるためにできることはいかなることでもすべきである」と賛同したものの、どこからその出版物を日本に向けて発送するかという点において迷走することになる。当時、日本から最も強く敵国視されていたイギリスからでは検閲にかかる恐れがあるということで、当初は、サンフランシスコ総領事館を基点として、アメリカを発送国とすることになった。ところが、米ドル調達の問題からアメリカ発が難しくなり、それではオーストラリアからということになったが、「日本が関わると、オーストラリア人はとても小心になる」のでオーストラリア政府の同意が得られないのではないかと考えられた。そのため、最後には、外務省のエスラー・デニングが、どのようにしてもイギリスが無関係とみなされることは難しいので、いっそイギリスから発送してはどうかとまで言い出す始末であった。「没収されるのは事実だが、その毒の一部でも入り込むかもしれない」というのである。[39] その後、この作戦が実行されたという記録は見つからないので、沙汰やみになったのではないかと考えられる。それでも、日本人の人種意識をこの時期イギリス政府高官がどのように認識していたのかがよくわかる一件である。

「日満支」三国の提携とアジア主義の完成

この時期、中国で出版されていた英字メディアは、中国が日本の汎アジア主義に飲み込まれたわけではないという主張を繰り返し発信し続けていた。一九四〇年三月三〇日に汪精衛を首班とする南京国民政府が成立した[40]。自分たちは孫文の汎アジア主義の正統な後継者として日本と融和しているとする汪精衛政権の主張が浸透しかねないとの危機感を覚えた上海の『チャイナ・ウィークリー・レビュー』誌は、「汪精衛の傀儡政権お目見え」とか「大南京傀儡ショーの舞台裏」などと題して多くの紙面を割き、この日本寄りの政権が正当な中国の政府ではなく、日本の傀儡であると強調した。それは汪精衛政権を「猿芝居」などと表現する痛烈なものであった[41]。七月八日に重慶で蔣介石が、日本がアジア・モンロー主義を唱えているのは、日本が中国を支配するときに邪魔となる英米を排除するためであるとの演説を行い日本批判を強めると、『チャイナ・ウィークリー・レビュー』は、早速その演説の英訳を載せた[42]。また、同誌は一〇月には、汪精衛らが孫文の汎アジア主義演説を利用して日本との連携を模索しているが、彼らの解釈は曲解でしかないとの論説を掲載した。この論説は、孫文は西洋によるアジア支配に反対したが、いかなる他国による中国支配にも反対していたのであり、日本が進めているのは孫文が説いた王道ではなく覇道であるとして、汪精衛と日本の説く汎アジア主義に中国人が共鳴していないと主張するものであった[43]。

一九四〇年一一月三〇日に南京において、日本と汪精衛政権との間で日華基本条約が結ばれ、同日日満華共同宣言がなされると、東亜連盟運動が刺激された。中国全土を掌握してはおらず、傀儡と呼ばれる性格のものであったにせよ、日本と満洲国、それに中国が、東亜新秩序を形成するという理想の下に提携することを共同で宣言したということは、これまでのアジア主義の一つの完成を思わせる象徴的なものであった。日本人と中国人が連携するという黄禍論的悪夢が現実の形をもって現れたのである。武漢の共和党や南京の大民会がこれに合流すると、『東京日日新聞』は、これを東亜連盟運動を推進するものと捉え、この動きは、三国間の「政治独立、軍事同盟、経済合作、文化交流」を表しており、汪精衛が東亜連盟の形成の必要性を訴えていると報じた。そして、この三国による連盟は対外的には、日本、満洲国、汪政権の三者が、東アジア外からの圧力に対して共同して「人種的闘争」を戦うことが必要であると論じた(44)。これを受けて、英字紙『ノース・チャイナ・ヘラルド』紙は、「東亜連盟運動――日本、満洲国、汪精衛政府が指導者に――人種闘争」との見出しの下、東亜連盟運動は日華基本条約締結以来、力を得てきていると、この『東京日日』の記事を伝えるロイター電をもとに報じた(45)。

年が明けると、枢軸国の優勢を憂慮し、その野心を警戒する論が米国内で目立った。その中には、人種の観点から論じるものも少なからず見られた。米国のメキシコ湾岸地域の有力紙は、日独伊三国同盟を人種の視点から批判する社説を掲載した。それは、黄禍論を唱え出したカイザーの国であるドイツと、同じく白人国であるイタリアが、非白人国の日本と同盟を結ぶなどとんでもないことで、白人の連帯はどこに行ってしまったのかと嘆くものであった(46)。また同じ頃、元UP通信社の極東支配人マイルズ・ヴォーンは、日本は豊臣秀吉の時代からアジア支配を夢見ており、東京をその中心とする大東亜共栄圏の創設にコミットしているとして、それは最終的には黄禍論を現実のものとするだろうし、アメリカの政策とは相容れないと書いた(47)。

南部仏印進駐から真珠湾攻撃へ

一九四一年七月には日本が南部仏印に進駐した。これをアメリカの国家安全保障に関わる一大事と考えたルーズベルト政権は重い腰を上げ、日本に対して石油の禁輸措置を行った。また、これらと相前後して、在米の日本資産が凍結され、日本は貿易がほぼ不可能となった。そのような中、事実上の同盟関係に入っていた米英間では、八月にルーズベルト大統領とチャーチル首相が、大西洋上の戦艦において頂上会談を行った。この米英会談によって出された大西洋憲章は、米英共同の戦争目的を定めたものであった。内容は、民族自決や貿易の自由などを謳ったウィルソン大統領の十四カ条を髣髴とさせるものであった。その中には、あらゆる人間の渡航の自由を認めるという、当時白人以外には当然の権利として必ずしも認められていたわけではない権利を万人に認めるという条項が入っていたが、これはまさしく一九一九年の講和会議で日本が提案しつつも採択されなかった人種差別撤廃案を思い起こさせるものであった。それから二〇年余を経て、米英の指導者が自らの大義を世界に向けて発信する際において、無視するわけにはいかなくなっていたのである。

日本と米英の関係が悪化していく中、日本の汎アジア主義的宣伝活動に頭を痛めていたイギリス政府は、またしても日本人の人種観を利用した作戦を構想した。一九四一年秋にクレイギー駐日英国大使が提案したこの作戦は、日英関係が悪化する中、日本に居住するイギリスやイギリスの自治領などの出身者を避難させるために横浜港に派遣されたイギリス船安徽号に関するものであった。安徽号で避難しようとする人々に対する日本の官憲の取り扱いは、大人はおろか、子供の下着まで検査するなどきわめて厳しいものであった。その安徽号の乗客に多くのインド人も含まれていたため、インド人に対して非人道的な扱いを日本人が行ったとして、インド国内のメディアで反日キャンペーンを行ってはどうかというのがクレイギーの案であった。しかしながら、この案は、インド人の利益を守るための決意がイギリス政府の側に欠けていることの表れとみなされ、イギリス領インド植民地政府批判に転じかねないとして、インド植民地政府が反対し、実行には移されなかった。[48]

日本が果たして対米戦争に打って出るか否かという点については、東京のアメリカ大使館とワシントンの国務省とでは見解が大きく異なっていた。東京のグルー大使は、日本人が心理的に追い詰められているのを肌で感じており、ハル国務長官に宛てて「日本は……一か八かの国家的ハラキリの挙に出るかもしれない。日米の武力衝突は危険なほど劇的に突然発生するかもしれない」と書き送った。自分の意見がワシントンで重視されていないのを感じていたグルーは、日本のことがわかるのは「その日その日の雰囲気に直接触れている我々」のみであり、「日本の論理や理性は西洋のものさしでは測ることができず……米国の経済的圧迫は日本を戦争に駆り立てぬという信念に基づいて国策を立てることは危険である」と日記に記すしかなかった。[49] 一方、ワシントンでハル国務長官直属のもと米国の極東政策を統括する立場にあったホーンベック国務長官特別顧問は、一一月中旬に、休暇で東京から一時帰国したグルーの部下のジョン・エマーソン書記官が挨拶に訪れた折に、試すように「君たち大使館連中は日本との戦争についてどう考えているかね」と問うた。それに対してエマーソンが、戦争なしに東アジアの支配は不可能だと考えるようになれば、「日本は自暴自棄となって戦争を始めるでしょう」と答えると、ホーンベックは「歴史上、自暴自棄で戦争を始めた国があるなら、言ってみたまえ」と言い放ったという。日本は実利的に考えて、巨大な国力を持つ米英に戦争を挑むことはないだろうというこのような考えは、何もホーンベックに限ったことではなかった。満洲事変勃発時の国務長官で、この時期、陸軍長官を務めていたスティムソンは、「現状に影響を与えているかもしれない日本の対米関係に関する覚書」と題する一年ほど前に書かれた覚書の中で同様の考えを記している。

明確な言葉と大胆な行動によって「アメリカが」極東において明確かつ積極的政策を遂行するつもりがあると示すとき、日本は、自国のアジア政策や利権と考えられることと相容れないときですら、アメリカに譲歩するだろうということを歴史的に示してきた。[50]

そしてホーンベックは、真珠湾攻撃直前の一九四一年一一月二七日付で、「極東関係問題──情勢評価といくつかの可能性」と題する覚書を書き、その中で、「もし賭けをするということなら、本官は米国と日本が一二月一五日以前に『戦争』にならない方に五倍で賭けてもいい……一月一五日以前に戦争にならないというのには三対一で賭ける……三月一日以前に戦争にならないというのには現金をかけてもいいだろう」とまで言い切っている[51]。しかし、同じ頃、日本の指導者たちの間には人種主義的思考が深く浸透していた。一一月五日の御前会議において、原嘉道枢密院議長は、東条英機首相への発言において、もしアメリカが日独と戦争状態に入った場合、人種的要因により、ドイツよりも日本を多く憎むだろうと予見している。続けて原議長は次のように述べている。

黄色人種ヲ悪ム心カ獨逸ヨリ日本ニ転用サレ、英獨戦争カ日本ニ向ケラレル結果トナルコトヲ覚悟セサルヘカラス……人種的関係ヲ深ク考慮シ、「アリアン」人種全体ヨリ包囲サレ日本帝国獨リ取リ残サレヌ様ニ警戒ヲ怠ラス、今ヨリ獨伊トノ間ノ関係ヲ強化セヨ[52]。

人種的結びつきから、米英とドイツが手を組み、共同して日本に向かって来かねないというのである。また、この少し後、真珠湾へと向かう連合艦隊の第八戦隊の藤田菊一参謀は日誌に次のように記している。「顧みれば華盛頓条約の桎梏の下英米の暴虐に隠忍して以寡制衆の剣を磨くこと二十年」「覚えたか亜米利加、三十余年積怨の刃は汝の胸に報いられんとするを」。日本も実利的に考えて勝ち目のないアメリカとの戦争を始めるわけはないという考えのホーンベックには、これは理解できなかったであろう[53]。ホーンベックの予想は、わずか一〇日ばかりのちに真珠湾攻撃が発生したことによって完全に外れ、戦中、彼は人種という要素を重く見て、日本と中国の連携のような人種による連合が形成されアメリカに敵対してくるという可能性に苛まれるようになる。

おわりに

日本と中国が和解して、アジア連合を形成するという恐怖を抱いていた米英の人々は、その日中が互いを敵として戦争を始めたことで安堵した。と同時に、日本のアジア主義に期待していたインドなどの独立運動家たちは失望した。一方で、田中上奏文の亡霊が再び現れた。日本が中国を征服することを手始めに世界征服を企んでいるというその内容が、事態の展開と一致しているように見えたからである。日本の外務省は日本にそのような野心のないことを説いたが、その言葉とは裏腹に勢力範囲を拡大させる軍部の動きを前に、説得力はなかった。またその外務省のトップである外務大臣がアジア主義的野心を公言するに至っては、どうすることもできなかった。この時期、アジア主義的思考が日本の政策決定者の間に深く入り込んでいたのである。日本政府は汪精衛の南京政府と結び、東亜連盟の形成を目指していった。そしてそれは日華基本条約の締結をもって「日満支」が結びつくという一つの完成をみることになる。グルー駐日大使や東アジアに拠点を置く英字メディアなどは、その危険性を説いたが、本国の政策決定に関わる人々は日本の政策決定者たちも実利的に思考し、踏みとどまるだろうと、さほど危険視しなかった。そのような中、日本は東亜に永遠の平和を確立するという大義名分の下、米英との戦争に踏み切る。米英独が白人連合となって日本を包囲するという原枢密院議長の懸念は杞憂に終わり、ヒトラーは真珠湾攻撃直後に対米宣戦布告したが、同じアメリカの敵でありながら、人種的理由からアメリカ人がドイツ人よりも日本人を憎むのではないかという原議長のもう一つの懸念は現実のものとなる。緒戦で日本軍が米英の軍隊を打ち破ると、これまでは想像上のものでしかなかった黄禍が現実のものになったとして、事態は新たな局面を迎えることになった。植民地の人々の眼前で敗走することになったイギリス軍は威信を失い植民地統治において大打撃を受けた。そしてアメリカは、日本の緒戦での勝利を見た中国が人種的に近い日本と結ぶのではないかと、戦争中を通して危惧することになる。

第6章　真珠湾攻撃の衝撃
——米国の戦争政策への人種主義の関与——

はじめに

突如日本が米英に対して宣戦を布告すると、日本は実利的に思考するため結局は米英の側につくと考えていた米英の多くの人々は驚愕した。日本軍が緒戦でこれまでヨーロッパ外では無敵と考えられていた米英の軍隊を打ち破ると、それまで植民地主義によって虐げられてきたアジアの人々がそれを見て米英を見限り日本に味方するのではとの恐怖が広がった。これまでは想像上のものでしかなかった黄禍が現実のものになったと考えられたのである(1)。それまで抱かれつつも、実際の政策に採り入れられるには至らなかった人種主義的思考が、政策の中に入り込む可能性が生じた。

欧米人の驚き

真珠湾攻撃が行われると多くの米英人は驚愕した。彼らは、それまでは、黄禍論的な懸念を抱きつつも、日本は同じ帝国主義国として西洋列強とより多くを共有しているのであるから、最終的にはアジア主義などという夢想を捨てて、合理的な損得勘定から、西洋、特に米英と手を携えるだろうと考えていた。知日派実業家のトーマス・ラモントは、開戦の一カ月ほど前に、ウォルター・リップマン宛の書簡の中で、過去の歴史から見ても日本は勝つ側にしかつかない、なぜなら勝つ側につかないとすべてを失うからだと自信をもって書いていた(2)。またチャーチルは、海軍力に関する覚書の中で次のように書いている。

日本がそのような危険［シンガポールを占領するために派兵すること］を犯すことがないことは確かだと考えてよい。彼らはきわめて分別ある国民である(3)。

日米戦争が起きない方に現金を賭けてもよいとすら書いていたホーンベック国務長官特別顧問の予想も同じ思考法によるものであった。それはたしかにもっともな面のある考えであった。しかし、彼らは、日本国内の様々な要因や考え方を理解できていなかった。そこには特に一九世紀以降の欧米による東アジアへの進出を通して蓄積され、パリ講和会議での人種差別撤廃案否決や米国議会の排日移民法制定時などに時折噴出した、欧米列強に対する、差別される側の日本人の鬱屈した思いという要因も作用していた。それらに対する理解の難しさが真珠湾攻撃への驚きとなって現れたのである。

日本による米英攻撃を当然のこととして理解していたのは、歴史的に似た境遇を経験した中国人であった。一九三〇年代前半においてすでに日本と西洋列強との戦争を予想していた人物もいた。上海の『チャイナ・プレス』紙の編集長となっていた董顕光は、早くも一九三三年に、日本がアジア全体の大君主となろうと決意している以上、日本と西洋列強との新たな闘争は避けられないと書いていた[4]。国民政府の幹部である王家楨も同じ頃、日本と米英との開戦を予見していた。すなわち、一九三一年九月には蕾のうちに摘むことができたものが、放置され、今日では制裁が必要になっており、いまなら制裁によって止めることができるものが、また無視されることで将来「第一級の戦争」に発展するだろうと、一九三四年の時点で予見していた。そして、その論考を、「私の推論が間違いであることを祈るのみである」と結んでいる[5]。彼らにとって、日本が米英に戦争を挑んだことはあまりにあたりまえのことであったのである[6]。

日本軍が無敵と思われていた英軍に直接戦いを挑んだという事実に加えて、日本軍の緒戦の勝利が、イギリス人に大きな衝撃を与えた。元外交官でこのときは英国下院議員を務めていたハロルド・ニコルソンは、自分の選挙区を訪れたときに観察した、日本軍による一九四一年一二月一〇日の最新鋭艦プリンス・オブ・ウェールズ撃沈が一般のイギリス人にもたらした衝撃について日記に記している。

> 皆かなり意気消沈しているように見えた。プリンス・オブ・ウェールズの沈没はとてつもない衝撃を与えていた……我々の最も偉大な戦艦二隻が数分のうちに猿人間に沈められてしまったという事実、そして、我々とアメリカ人は両者の間にある太平洋の支配権を失ってしまったという事実に直面させられている[7]。

日本の実業家たちと交流が深くこれまで日本に対して好意的であり続けたモルガン商会のトーマス・ラモントは、満洲事変以降の日本の大陸での動きについても一定の理解を示していたが、彼ですら日本人に対する考えを大きく変えざるをえなかった。日本の行動によって、それまで抑えられていたものが前面に出てきたのである。日本人に実利に基づく「合理的」思考を期待し、それに基づいて考えられてきた政策方針が真珠湾攻撃によって破綻したからこそ、黄禍論の人種主義的な側面が前面に出てきたといえる。そのような側面は、社会に存在し、それゆえ、一部政府高官の心のうちにも存在していたが、それは実際の政策には現れず、抑制されてきたのであった。それは例えば上記の「日満支」連盟への対応という形で検討されても、日本がそのようなアジア連盟の全面化にインタレストを見出すはずがないと考えられていた。人種主義的思考は抑えられてきたのであった。それが真珠湾攻撃の衝撃によって蓋がゆるみ、政策に影響を与える可能性が出てきたのである。ラモントは、友人のグルー元駐日大使への手紙の中で次のように書いている。

柔和さと友好の中で、我々は懐中で恩をあだで返すような者を養ってきていた。それは、抑え込まなければならないだけでなく殺さなければならない被造物なのである。[8]

このラモントの例は、親日派と考えられた人々も、日本人に対する考え方を一八〇度変えるようになったことを示している。[9]真珠湾攻撃という出来事を挟んでのこのような感じ方の大転回を目の当たりにして、開戦直前にホーンベックに「歴史上、自暴自棄で戦争を始めた国があるなら、言ってみたまえ」とやり込められた外交官のジョン・エマーソンは、真珠湾攻撃後の雰囲気の激変について、「偏見、憎悪、感情、貪欲を煽るのに熱を上げることが、まっとうなこととして受け入れられたのである」と書いている。[10]

開戦前は、田中上奏文が偽書であるとの日本側の主張に一定の理解を示していた米英のメディアも、田中上奏文は日本の将来の動きを示しているという中国人の戦前からの主張に沿った見方をするようになった。一二月一〇日の『ワシントン・ポスト』紙は、アジア全体を属国とし、太平洋を自国の湖にしようという日本軍部の企みは、すでに田中上奏文の中に青写真が示されており、日本はそれを歪曲と主張するが、日本の行動の記録がそうでないことを示していると書いた。また、二日後にも同紙は、日本が何を目指しているかは田中上奏文を読めばわかるとの論説を掲載した。そして、一九四二年初めには、その名も「田中上奏文——世界征服のための青写真」と題する論説を掲載した。[11]『ニューヨーク・タイムズ』紙も、同じ頃、日本の動きはずっと以前から計画されていたものであり、世界征服を企んでいるという在米中国人の投書を掲載している。[12]

日系人強制収容

開戦とともに人種主義的思考が前面に出てきたことを考えると、一九四二年二月九日に、ルーズベルト大統領が、米国本土の日系人を強制収容する行政命令第九〇六六号に署名したのはなにも驚くべきことではなかった。これによって十万人以上の日系移民が、それまで暮らしていた住居から立ち退かされ、砂漠などの遠隔地に急遽設けられた収容所へと送られた。この措置は二つの点で際立っていた。一つは、日本の同盟国であり、同じく敵であるドイツ系やイタリア系の人々に対しては同様の措置はとられなかったことである。二つ目は、アメリカで出生しアメリカ国籍を持つれっきとしたアメリカ人である日系二世も、アメリカ国籍を持たない親の世代とともに強制収容されたことであった。スティムソン陸軍長官は、翌日の日記に、二世の方が一世よりも「危険な要素」であり、人種的特徴ゆえ、アメリカ国籍を持つからといって日系人を信用することはできないと記した。[13]この日系人強制収容措置に対する反対は、アメリカ国内でほとんど見られなかった。

白人の威信

日本軍の勝利が東アジアや南アジアなどにおける白人の威信の失墜を招く可能性については、米国務省内でも大いに懸念がもたれていた。シンガポールに危機が迫る中、その重要性について検討した米国務省極東部の覚書は、シンガポールを保持することの軍事的重要性と並んでその「心理的および政治的重要性」を強調している。その覚書は、日本は極東並びに西太平洋地域からの白人の圧倒的影響力を排除しようとしており、もしシンガポールが日本人の手に落ちるようなことがあれば、「蘭印、フィリピン、ビルマ、そしてインドの現地人の目から見て、白人種、特に大英帝国や合衆国の威信が、計り知れないほど低下するだろう」と分析した。また、日本軍の勝利の影響として、ここ数カ月、中国において士気の低下が見られ、実際にシンガポールが陥落することになれば、中国側に、連合国から離れて日本との和解を求める動きが強まるだろうと懸念した(14)。

この覚書に関連して、ホーンベックがマックスウェル・ハミルトン極東部長に宛てたメモは、駐米フランス大使が、国務省関係者に少なくとも二回、具体的にはディーン・アチソン次官補とハル長官に対してそれぞれ「インドシナへの中国の侵略の可能性」について切り出した点に触れている。フランス大使は、そのようなことをしないようアメリカ側から中国に圧力をかけてほしいという希望を示したという。連合国側について日本と戦っている中国に対して、西洋列強の植民地の奪取を企てるかもしれないから圧力をかけてほしいとアメリカに依頼することは、大戦よりも植民地主義を優先させるものであったし、また同じく植民地を持つ欧米列強ということを優先してアメリカが助けてくれるのではないかと想定することは、人種主義的発想に根ざしたものであったと思われる(15)。

日本による白人の威信の破壊に対する懸念は、アメリカの民間人によっても持たれていた。一九四二年三月の

『サタデー・イブニング・ポスト』紙に掲載された「いかに日本を封鎖するか」という論考において、中国問題に詳しいアメリカ人ジャーナリストのエドガー・スノーは、インドシナにおいてフランスとタイが戦うように仕向けることで、日本は、欧州列強であるフランスが、「一等国ですらないアジアの弱小国の一つの手によって」軍事的敗北を喫するようにお膳立てしたと強調した[16]。

ちなみに中国国民政府関係者の中には、抗日戦をやめる、もしくは日本に寝返ると仄めかして、連合国側からより多くの援助を引き出そうとする者がいた。立法院長を長く務めた孫科もその一人であった。彼は、もし中国が武器を置き、いまは中国に釘付けになっている日本の戦力を極東の他の地域に溢れさせたらどうなるだろうかという恐喝めいた内容の見解をこの時期に公にしている。米国務省の日中連携の可能性への懸念を利用しての現実的な対応といえる[17]。

「アジアの守護者」

東アジアで日本軍に対して劣勢に苦しむイギリスも、日本軍がイギリスの自治領や植民地で繰り広げる汎アジア主義的宣伝活動や、同盟国でありつつも非白人国である中国の動向に神経をとがらせていた。日本軍が唱える「アジア人のためのアジア」というスローガンに共鳴する人々が増えないようにすることには細心の注意が払われた。例えば、この時期、香港で日本軍がイギリス人をはじめとする住民に対して残虐行為を行ったとの情報が伝えられたが、その情報の扱いについて様々なやり取りが行われた。あるインド政府の情報放送省の担当者から英本国インド省の情報担当官への電報には、現場のこの問題に対する考えがわかりやすく書かれている。それによるとインド政府の情報担当者たちは、「香港におけるヨーロッパ系の男女に対する日本人の取り扱いに関する話は、東洋では公表されるべきではないという点で同意」しており、また、「イギリス人、インド人、中国人、そしてポルトガル人が等しく被っている捕虜収容所における言語道断な取り扱いに関する話はできる限り詳細に公表されるべきと考える」としていた。すなわち、これまで西洋人に苦しめられてきたアジア人の共感を日本人が得て、日本人が自称する「アジア人の守護者」という主張が支持されることのないように、日本人のヨーロッパ人に対する残虐行為はできるだけ伏せ、日本人のアジア人に対する残虐行為を積極的に公表すべしというのであった(18)。

同様の理由から、インド総督からの報告には、日本人による白人捕虜虐待については、公表にくれぐれも注意するようにと書かれていた。すなわち、日本人が捕虜を虐待しているという一般的情報の公表にとどめ、捕虜の人種については触れないようにというのであった。ここには、日本が白人を虐待しているというニュースが、これまで欧米の植民地支配に苦しめられてきたアジアの人々に肯定的に受け止められかねないという認識があった。日本による宣伝活動は、「極東における戦争をアジア人（黄色と褐色）のヨーロッパ人に対するものとして提示しようと必死」になっており、そのために次の点を定期的に発表しようとしているとされた。日本軍が強調しようとしていたのは、「インド軍に対するヨーロッパや自治領の軍の侮蔑的扱い」、「白人士官たちによるインド軍の安全と快適に対する怠慢」、「避難措置におけるヨーロッパ人に有利な取り計らい」、そして、「インド人捕虜や占領地のアジア人住民に対する日本人の落ち度のない行動」であった。この報告書は、それらによって日本人は「人種や肌の色による偏見が引き起こしうる卑しい感情に火をつけるため」できるだけのことをしていると危機感をもって書いている。そのため、くれぐれも日本人の白人に対する虐待行為を公表することで「アジア人の守護者」という日本の主張を助長することのないよう注意すべしというのであった。日本軍が白人捕虜を迫害しているという情報が、ともするとアジアの地元民に好意的に受け取られかねないというのと同様の理由から、他のアジア人に対する日本人の残虐行為については、積極的に強調するようにとされた(19)。

日本人のアジア人に対する残虐行為を宣伝して、アジアにおいて日本が汎アジアの盟主となることがないようにしたいと考える英国外務省内で思い出されたのが、かつて開戦直前に提案されたものの、インド政府の反対で実施には移されなかった、安徽号に関する反日宣伝の企画であった。東京の大使館での勤務経験も長いアシュリー・クラークが、この作戦を実行に移すようインド省のA・H・ジョイスに促している。その書簡の中でクラークが次のように訴えたのは、シンガポールが陥落したのと同じ頃であった。

いまや我々は日本と戦争状態にあり、日本人は、汎アジア主義的宣伝によってアジア系英国臣民の士気を挫こうと努力しているのであるから、この件について再考し、「安徽」の件を反宣伝のために利用してもよいのではないだろうか。[20]

書簡の中でクラークは、この事件について書かれたパンフレットを配布し、安徽号に乗り合わせたインド系避難民の一人二人のインタビューを加えて、いかに日本人からひどい目にあわされたかということを話させてはどうかという具体的な宣伝方法にまで言及していた。その上で、「問題はもちろんそのような宣伝が我々の中から引き起こすような怒りの反応を東洋人たちの中にも引き起こすかという点である」と指摘した。[21] この案については、一カ月ほど後に、英外務省の方から、その目的にかなうには日が経ちすぎているものの、日本の「全アジアの守護者」という主張に対する反宣伝のための材料として使ってもよいかもしれないという返事が来たが、その後ふたたび沙汰やみとなったようである。[22]

英国の中国軽視とアメリカ

一九四一年暮れから四二年初頭にかけて首都ワシントンで、ルーズベルト大統領とチャーチル首相による首脳会談が行われ、そこで当面はヨーロッパ戦線を優先させることで合意がなされると、多くの者がアジア情勢について憂慮しないわけにはいかなかった。インドなどを抱えるイギリスにとっては、アジア情勢は頭の痛い問題であったものの、イギリス本国がナチスドイツによって危機にさらされているため、背に腹は代えられなかった。一方で、アジアについては殊更自帝国の維持に腐心し、大局的に見て重要な中国をややもすると軽視するイギリスの態度に米国務省は困惑していた。駐英大使として任地ロンドンへと向かうジョン・ワイナントに対して、ホーンベックは、『我々の側』が戦争に勝つか負けるかに関して、中国はきわめて重要な国であるとイギリス人に印象づけるためにできうることをすべて行うように」と書き送った(23)。

蔣介石がビルマ問題を口実に、インド訪問を計画しているのを知ると、チャーチル首相は大いに懸念を抱いた。なぜならその訪問中に蔣介石は、ネルーやガンディーらとの会談を試みるだろうし、そのような会談は、「汎アジア主義的不快感をインド中のバザールに広めることになるだろう」からであった(24)。また、チャーチルの挙国一致内閣に入閣していたクレメント・アトリーが同じころ作成したインド情勢についての覚書も、東洋と西洋の対立という視点から事態を憂慮していた。この覚書は、中国が連合国の四大国の一翼を担って「野蛮主義に対して文明のために」戦う共闘者として重んじられているのに対し、インドの役割は相応の評価を受けておらず、なんらかの措置を講じなければ、インドを今のままとどめておけるのは、長くて戦争継続の間だけであろうと警告した。また、「半アジア」であるソ連を加えれば四大国の半分がアジアの大国で占められる現状を考えると、アジアの大国が戦後大きな発言力を得るだろうし、また、日本が今率いているある種の汎アジア主義運動は危険なものと見られてきたことに鑑みると、連合国におけるアジア勢力を軽んじることはできないと評価した。加えて、大きな歴史の流れとして次のように考察した。

インドは、今世紀初頭の日本によるロシアに対する勝利によって甚大な影響を受けてきた。これまで自明のこととして受け入れられていたアジア人に対するヨーロッパ人の生来の優越は、大打撃を被った。東洋においては常に非常に重要である威信のバランスが変化したのだ。我々［イギリス人］とアメリカ人が現時点において日本人から被っている逆転は継続するだろう。(25)

まさに同じこの頃、同様の見方をするアメリカ人もいた。『フィラデルフィア・レコード』紙の自らのコラムの中で、著名なコラムニストであるサミュエル・グラフトンは、「インドと中国を十全たる戦争のパートナーにせよ」と題する一文を書いた。その中で、グラフトンは、現在の敵である日本にばかり集中するのではなく大局を見よと述べる。つまり考慮しなければならないのは、四千万の日本人ではなく、インド人と中国人であるという。

アジアの何億人という文脈においては、今そこで進みつつある戦争など小さい、小さい。それは小さい戦争、ミニチュア戦争であり、そこでは数十万の日本人が数千人の西洋人に爪で傷をつけ、そうすることで四千万人の住む列島の運命を解決しようとしている……我々はインドと中国にまったく新しい接触を開始しなければならない。(26)

米国政府内にも蔣介石のインド訪問を憂慮する者がいた。国務省顧問のホーンベックはその一人であった。真珠湾攻撃の可能性に対する予想に失敗した彼であったが、直属の上司であるハル国務長官による重用は変わらず、日米戦争突入後も国務長官特別顧問として変わらず国務省の極東政策を統括していた。ただ、不合理なために採用するまいと予想した対米開戦という道を日本が選んだということで、ホーンベックは、開戦後は人種主義的思考を重視するようになっていた。彼は、アジアでの戦線が重視されていないと考えた蔣介石が、日本寄りになる可能性があると考えた。重慶のクラレンス・ガウス大使からの報告もそのような懸念を増大させる内容であった。そこには、インド情勢の切実さをイギリス政府はまったくわかっていないと蔣介石はガウス大使に語ったと記されていた。また、ガウス大使は、イギリス軍は退却したり降伏したりするときに、同盟国である中国に一切情報を伝えないなどといったイギリスへの不満を語ったときほど蔣介石が落ち込んでいるのを見たことがないと報告した[27]。これに関連して、率直な物言いで知られる宋美齢夫人は、インド訪問の印象として、インド人は自治領の地位に満足しておらず、他の英国自治領と異なり本国との間で「人種的親近感」や「共通の運命」といった感情を共有していないと述べ、政治的責任を与えるべきだと語った。これらの報告に対してホーンベックの不安は増すばかりであり、なんとか中国を連合国側に惹きつけておく手段はないかと模索した[28]。

白人の懸念

東南アジアの植民地が日本軍の攻撃で大打撃を被ったオランダ政府の憂慮は深いものがあった。ドイツによって本国を占領されていたオランダの亡命政府がその植民地を維持するには、米英に頼るしかなく、そのため人種的共通性に訴えた。一九四二年二月一二日にロンドンのギルドホールで開催された第五回昼食時戦争評論集会において、オランダの亡命政府首相であるペーター・ヘルブランディが登壇し、有色人種である日本人の勝利がもたらす危険性について力説した。

我が国の東洋の住民たちは、大多数がいまだに人種的本能や劣等感にとらわれている。「アジア人のためのアジア」という日本人のスローガンは、注意深く築き上げられた我々の文化的構築物を容易に破壊するかもしれない……太平洋の領土の重要な部分が長期間日本軍によって占領されたからといって、それが極東における西洋列強の最終的勝利を実質的敗北へと変えてしまうことはないだろうが、少なくとも極東での真の平和に対する恐るべき障害物とはなるだろう。白人に対して日本人が傷つけ辱めを与えたことが、そしてそれらはかつて忌まわしいアジアのフン族によってなされていたことではあるが、短期間のうちに罰せられなければ、白人の威信を取り返しがつかないほど傷つけることになるだろう。[29]

このような見解は珍しいものではなかったが、何より欧米の連合国首脳たちを懸念させたのは、アジアにおいて同じ側で戦争を戦っているはずの諸地域の反応であった。このオランダ亡命政府首相の発言に接し、インドの『ボンベイ・クロニクル』紙は、ヘルブランディの演説から、有色人種が連合国側について日本と戦うために命を差し出さなければならないのは、「白人の名誉」のためであり、しかもその日本の罪は「侵略ではなく肌の色」であることは明らかだと書いた。そして皮肉を込めて、ヘルブランディは「軽蔑すべき心性」を暴露したが、それはとても価値のあることで、なぜなら世界各地でこの正しい戦争が、自由、民主主義、そして正義のためであると主張されているが、それが誤りであることを示しているからだと結んでいる。国民会議派の有力紙ではあるものの、真珠湾攻撃直後には、日本の主張は「偽善的」であり、満洲国首相による、日本と共にこの「聖戦」を戦おうという宣言に至っては「吐き気がする」とまで書いていた同紙のこのような反応に英国政府は危惧を抱かざるをえなかった。[30]

日本軍勝利のニュースは、地球の反対側にまで届いていた。南アフリカ連邦の首相であり、イギリス軍の軍人でもあったヤン・スマッツが、南アフリカで現地の人々が、「どうして日本相手に戦うのだ。我々は白人に抑圧されている、それが日本人に代わったからといって今より悪くもならないだろう」と話しているのを聞いたと書いている。ただし彼は、イギリスの統治継続に楽観的であった。日本の統治に靡く「ビルマやマラヤの人々の哀れな行動」は、主人がイギリス人から日本人にとって代わってもさほど悪いことではないだろうという感情によるが、日本が朝鮮半島や満洲などで現地の人々に非常な野蛮さで接していることに鑑みるに、「私に選択権があれば、人を奴隷のようにこき使う日本人よりも優れた英国人の下にいることを望むだろう」と続けて書き記している。(31)

太平洋戦争開戦当初の日本の勝利によって、東アジアや南アジアなどで白人の威信が揺らぐ中、連合国は戦争目的において、人種差別撤廃を強調せざるをえなかった。これは前述した大西洋憲章を受けてのものであった。一九四二年五月三〇日、開戦以来初めてのアメリカの戦没将兵記念日における、アーリントン国立墓地の円形劇場での、サムナー・ウェルズ国務次官の演説は、「人種、信条、肌の色による諸国民間の差別は廃止されなければならない」と謳っている。(32)

そうした中、中国が連合国と共に戦うのをやめ、人種的に同質の日本の味方をする可能性については、米国務省で引き続き懸念されていた。ホーンベックの示唆を受けて、ハミルトン極東部長が中国の戦争における潜在的な諸力について一九四二年六月に作成した覚書は、中国による組織的な対日抵抗運動が崩壊した場合の影響についても予測していた。それは、中国の抗日運動が崩壊すれば、日本がアジアにおける指導者の地位を獲得し、その結果、連合国が日本に勝てなくなるかもしれないという衝撃的な内容を含むものであった。

「アジア人のためのアジア」や「日本人の指導の下に反白人種で合同した世界の有色人種」といった心理戦において日本の宣伝者たちが大いなる勝利を宣言することになるだろう……中国の崩壊がインドと中東に対する枢軸国の心理的攻勢に与える影響は計り知れないだろうし、日本の戦争努力の下で、中国を含めた占領国の国民を組織する日本の試みを大いに容易ならしめるだろう。日本は、心理的に、世界全体の有色人種といわないまでもアジア人種の指導者としての立場を確かなものにするだろうし、その結果、連合国による日本の打破は決定的でなくなるかもしれない。(33)

このような可能性を危惧していたのは、国務省極東部だけではなかった。同様の危険性を指摘する内容の論文が米国内で公にされていた。南カリフォルニア大学が発刊していた季刊誌『ワールド・アフェアーズ・インタープリター』において、編者のA・ポリゾイデス博士は、日本の勝利によって西洋世界がアジアで失った「権威」について書いた。彼が最も危険視したのは、アジアの多くの地域で日本の支配が広く受け入れられているという点であった。博士は次のように描写する。

インドシナは、フランス人といるよりも日本人といる方が心地よく感じている。タイは、新しい主人の命令と望みに従順で、進んで自らを合わせている。ビルマはその侵略者を歓迎し、蘭印の人々はいくつかの例外はあるものの無関心であり、広大なインドはいかなる新しい支配者でも進んで無気力に受け入れる……。それらは根拠のない推測ではなく、確かな現実なのである。(34)

そして、そのような状態が長く続けば続くほど、もとに戻すことは困難になるだろうと警告したが、これは先のオランダ亡命政府首相の演説と共鳴するものであった。

米国政府はこうした懸念にどのように対応したのだろうか。統合参謀本部によって三月に創設された米国合同心理戦争委員会が、戦争遂行上における人種的側面について、この年の半ばには、イギリスに対して提案を送っている。そこには、太平洋戦争を人種主義者の戦争や汎アジア主義戦争にしようという日本の試みを、人種問題をおざなりに扱うことで助けてしまうようなことを避けるのが肝要だと記されていた。そして、とりあえず人種偏見に直接触れるようなことをせず、有色人種の業績をそれとなく示したり、「ちび」、「黄色」、「つり目」といった人種差別的表現を避けることで、不用意に戦争における人種的側面を刺激することを避けるように書かれていた。(35)

中国寝返りの懸念

白人の威信が失墜の危機にさらされているとの危機感に苛まれたホーンベック国務長官特別顧問は、この一九四二年の夏に一つの覚書を作成した。蔣介石による駐米大使召還について書かれたこの覚書の中で、彼は中国が連合国への協力をやめる危険性について述べている。まず、ホーンベックは、開戦以来の日本の勝利によって、極東で米英への信頼が揺らいでいる事実を指摘する。

一九四一年の終わりまで、極東の人々は、我々［アメリカ人］（そしてイギリス人）を好きであるなしにかかわらず、大いなる敬意を払っていたし、信頼してくれていた。過去八カ月の……極東での出来事は、我々に対する敬意を大いに低下させたし、信頼を弱めた。(36)

蔣介石が、日本の進撃と度重なる米英軍の敗走を目撃し、また、米英が自国防衛に汲々として、西洋の安全を第一に考えるあまり、東洋の出来事が二の次にされているのを目の当たりにしたことから、ホーンベックは蔣介石が次のように肝に銘じたと考えざるをえなかった。

西洋はいまだ西洋であり、東洋はいまだ東洋であるということであり、西洋人はいまだに群れる傾向にあるということである。彼［蔣介石］は、東洋人は好むと好まざるとにかかわらず、群れるべきではないのだろうかと考えざるをえない。彼の側近の中には、中国は日本と戦うべきでないと主張し続けている者もいる……彼には日本に対する積極的な軍事的抵抗をやめることを真剣に検討する正当な理由があるのである。(37)

このように考えて、ホーンベックは、中国への援助の少なさが、中国を反西洋へと転換させる危険について方々で警告したのであった。(38)

このような、対日戦争が西洋対東洋の戦争になってしまうかもしれないというホーンベックの危機感は、ルーズベルトの側近によっても共有されていた。バターン救出作戦の実現可能性についての調査をジョージ・マーシャル陸軍参謀総長から任された経験があり、また、ルーズベルトの個人的特使として中近東やロシアに向けて出発しようとしていたパトリック・ハーリーが、「近い将来、日本に対して我々が敗北を食らわさなければ、かの国は白人に対してほとんどのアジア人を団結させるのに成功するだろう」と述べたことについて、常にルーズベルトの傍らにいて軍事的助言を行うウィリアム・リーヒ最高司令官付参謀長は、日記にその見解に同意すると記している。(39)

戦後構想と東西文明対立的発想

アメリカ側では早くも一九四二年末には、世界の安定的戦後秩序について話し合うための戦後外交政策諮問委員会が設置されていた。(40) 日本の進撃が止まり、戦況が日本に不利になるにつれて、同委員会内の専門委員会である安全保障専門委員会においても、太平洋地域の安定的戦後秩序が議題に上るようになった。この専門委員会は、国務省スタッフや陸海軍の関係者によって構成されており、忌憚のない意見の交換がなされた。コロンビア大学の政治学者であるグレーソン・カーク委員長が、これまでの議題であるヨーロッパ問題に代えて、極東並びに太平洋地域の安全保障を議題とした一九四三年五月七日の委員会で、海軍を代表して出席していたH・L・ペンス大佐は、日本に対して厳しい見解を表明した。日本人は滅ぼされるべきであり、これまでアメリカ人は日本人に対して情け深すぎたとあからさまに述べたのである。大佐によれば、日本人は「国際的な悪党」であり、地球上に存在させておくのは安全ではないというのであった。[41]

日本に対してそこまで厳しい意見を述べたのはペンス大佐ばかりではなかった。次の五月一二日の同委員会においては、国務省から参加していたキャヴェンディッシュ・キャノンが、日本が産業力や軍事力を再生させるのを防ぐために、日本の人口を事実上削除することが必要だろうかという問いに対して、そのような政策に反対はしないと述べている。そして、もし日本を破壊するなら、戦争継続中にしなければならないだろうと付け加えた。ペンス大佐は、日本を戦後どう扱うかという問題を、東西文明の問題として捉えていた。彼によれば、これは「どちらの人種が生き残るか」という問題であり、「白人の文明が危機にさらされている」のであった。ただ、ペンスには中国と日本が連合するという発想はなかったようで、アムリ・ヴァンデンボッシュ委員に、中国はアメリカの同盟国であり、人種という観点からこの問題を考えるべきではないと冷静に言われると、ある国が国際的悪党になったら、それは除去されるべきだと繰り返し、その考えの浅さを露呈した。[42]

この頃、議会でも人種をめぐる懸念が表明されていた。例えば、三月八日に連邦議会において、共和党のチャールズ・イートン下院議員は、次のように述べた。

もし、日本が、これら何十億もの東洋の諸国民と、ほとんど信じられないほどの天然資源を牛耳るようになったなら、世界の至るところで文明の火を消すおそれのある人種戦争に、あなた方の子や孫たちが投げ込まれることになると、絶対的に保証されよう。[43]

五日後にもイートン議員は、委員会において、「将来は黄色人種と白人との間に人種戦争が起こるかもしれない……我々は一掃されてしまうかもしれない」と述べた。加えて、エルバート・トーマス上院議員は「我々は、将来世界を押し流してしまうような、そしてそれを防ぐ手立てもないような巨大な勢力をアジアで解放することになるだろう」と述べた。これは戦後、アジア諸国、特に中国とどのように付き合っていくべきかという問題と密接に関連していた。イートン議員やペンス大佐らに代表される考えは、アジア人は国籍を問わず反西洋であり、連携して敵対してくる可能性が高いので、米英が緊密に協力してそれに備えるべきというものであった。他方、ホーンベックに代表される考えは、アジア人が連携する可能性が高いからこそ、親華的政策を採ることで、中国を日本から引き離さなければならないとするものであった。[44] いずれにせよ、行政府によって設置された戦後外交政策諮問委員会においても連邦議会においても、この戦争を「人種戦争」と捉えるべきという意見が広くもたれており、きわめて危機的な状況にあった。人種主義要因が最も大きくアメリカの対外政策に影響を与える可能性があったのはこの頃だったといえるかもしれない。

「人種戦争」という言葉は様々な場面において異なった意味で頻繁に用いられた。実際、そう表現せざるをえないような状況がアジア太平洋の多くの戦場で展開されたことは、ジョン・ダワーの研究をはじめとする先行研究が明らかにしてきた通りである。戦場では将官から二等兵に至るまでが、しばしば日本人に対する人種偏見を露わにしていた。海軍の司令官ウィリアム・ハルゼーは、この戦争を「どちらかの民族が生き残るかの問題」であり「白人文明が危機にさらされている」と考え、「日本民族のほぼ完全なる根絶」を求めていた。彼は日本人を「黄色い猿ども」、「モンキーメン」と呼び、「ジャップを殺せ、殺せ、もっと殺せ」が口癖であった。戦場での米軍兵士たちは、日本兵の頰を切り裂き、時には生きたまま金歯を抜き取って収集することもあったと記録されている。また、日本兵の耳をそぎ落として武勇の証として持ち帰ることも珍しくなかった。そのような挙に及んだのが一部の兵士であったにせよ、それを止める者は少なかった。また、対日戦に特徴的だったのは、戦場から遠く離れたアメリカ本国にいる人々にまでそのような態度が広まったことである。アメリカ本土においてもそのような日本人に対する残虐性を許容するムードがあったことは、ダワーが紹介しているように、戦場にいる息子が日本兵の耳を親元に送ることを許可してほしいと願い出る母親の手紙が一流紙に掲載されていたことからもわかる。一九四三年四月二一日付の『ボルティモア・サン』紙は、次のようなエピソードを記している。息子を兵士として対日戦に送り出している母親と、地元の出来事を戦場の兵士に手紙で知らせる活動をしている活動家との会話である。


「それで、ガンターさん、私のためにしてもらいたいことがあるんだけど。」

「何ですか？」

「南太平洋のどこかにいる息子のことなんだけど、うちに送りたいお土産があるというのに、郵便局長が扱ってくれないの。郵便局長が受け取るようにしていただけないかしら？」

……

「どんな種類のお土産なんですか？」とガンターさんは尋ねました。

「日本兵の耳です。」

「なんですって！」とガンターさんは叫びました。

「よもや奥さん、そんな身の毛のよだつ土産を受け取りたいなんて思わないですよね！」

「受け取りたいですとも！　皆に見せるために玄関の扉に釘で打ちつけたいんです！[45]」

同様のことは、同じ敵国民であるドイツ人やイタリア人に対しては行われなかった。アメリカ国内のマスメディアでは、日本人を、猿や爬虫類、虫けらなどとして表現することが通例となっていた。同じく敵であったドイツ人に対しては、ナチスという用語が用いられており、「よいドイツ人」が存在する余地があったが、日本人の場合は、そのような余地は存在せず、「よきジャップは、死んだジャップ」だけであった。(46)

ただ、本書はそれをもってこの戦争を「人種戦争」と捉えることはしない。たしかに戦争の様々な局面で人種主義的思考は顔を出し、大きな影響力を持ったことは事実であるが、政策決定者のレベルで、人種主義要因がその戦争政策決定の中心的位置を占めるようなことにはならなかった。本書ではそのような戦争をこそ人種戦争とみなすからである。政策決定者も人種主義的思考に影響を受けたのは事実であるが、そういった中でも人種主義が政策決定者の思考を支配し、それが中心となって国の政策が進められることはなかった。それはあたりまえのことではなく、戦争中で黄禍論的言説が充溢していたことを考えるとむしろ驚くべきことである。

英国の無関心と米国の苛立ち

米国内で強く懸念されたのは、アジアの人々が、連合国側について戦うことに関心を失ったり、極端な場合には日本側に味方する可能性についてであった。特に懸念されたのはインドと中国であった。インドの独立に前向きなアメリカ政府は、イギリス政府のあくまでインド独立を認めない態度に当惑していた。アジアで連合国が人種差別的な態度をとることが、戦争の帰趨に影響を与えることをアメリカ政府は憂慮していたのである。一九四三年七月に書いたメモの中でホーンベックは、肌の色の問題が国際関係に大きな影響を与えると予測していた。そして、そのことは、具体的には「極東全域において、『白色』人種にとって、そして国民が極東に住んだり出かけて行ったりして、ビジネスを行ったり、影響力を行使しようとしたり、もしくはその両方をしようとする国にとって、大いなる厄介ごとが生じる」ことを意味していると強調した[47]。また、日本軍がアメリカ人の人種差別を強調した宣伝放送をアジアで流していることをもホーンベックらは憂慮していた。九月一七日付の『ニューヨーク・タイムズ』紙には、ルーズベルト大統領が人類の自由のための戦争と発言する一方で、白人のアメリカ人が、黒人だけでなく、インド人や中国人をも差別していると日本側がしきりに放送しているとの証言が報道されて耳目を惹いた[48]。また、これを機会に、アメリカ人の人種差別を戒める者もあった。ロックフェラー財団に長らく勤務しアジアにも詳しいローゼンウォルド財団理事長のエドウィン・エンブリーは、書評にかこつけて、欧米がアジアについて学ばなければならないのは、「西洋の白人によって支配されたり搾取されたりすることに東洋の諸国民はもはや同意しないであろう」ということであると強調した。そして、もし西洋諸国が人間関係における「謙虚さ」と「礼儀」を早急に学ばなければ、それを近い将来に痛みを通じて学ばなければならなくなるだろうと結んだ[49]。

人種的な問題に関しては、自国の植民地に関するときだけは神経質になるものの、主義主張の話としては根本的に無関心なイギリス政府の態度を、人種問題を切迫した現実の問題として考えるアメリカ政府は懸念していた。連合国が掲げる大義について、それがインドに適用されないと知ったインド人たちが、連合国側の立って戦うことに懐疑的になっていることにイギリス政府がさほど関心を寄せていないことが、アメリカ政府関係者には見逃せない問題に思われた。そのようなインドの状況を裏づける報告書がルーズベルト大統領のもとにも届いていた。イギリス帝国内の自治領としてアメリカが大使を常駐させていないインドに、大統領の個人的特使として派遣されたウィリアム・フィリップス元国務次官は、四月一九日付のニューデリーからの報告書の中で、「インドは無気力に苦しんでおり、人々はやる気を失っている。そして、希望がないという感覚がますます増大している」と書いた。また、インドの人々は「連合国の目標に共感する一方で、そのような目標の利益を共有することを許されていない」と語っており、インド人の不満が高まっているにもかかわらず、大規模なインド軍が国外で戦わされているために、イギリス側はかえって安心していると苦々しく書いている。フィリップスの報告によれば、インドのいずれの場所においても日本に対するいかなる決然たる戦意も見つけることは困難であったという。インドや中国で共通してみられるのは、日本に対する戦闘意欲ではなく、「外国の支配からの自由への欲求」であり、そこから導き出される結論は、人種意識が増大しており、それに対してアメリカは味方であると思わせなければならないということであった。

［インドでは］戦争への骨折りの証拠はほとんど見られず、反英的感情の証拠は大いにある。また、肌の色に関する意識がどんどん表れつつあり、現状ではさらに発展するのは確実である。それゆえ、ますます増大する西洋に対する嫌悪感や不信感を含めて多くの共通点をもつ東洋人の広大な連合が現れることになる。この不穏な状況に対して私はたった一つの解決法しか考えられないが、それはすなわち、できうるすべての力を持って、インド人にアメリカは彼らの味方であると感じさせるよう試みるということである……[50]。

インドの独立をとにかく阻止しようとするイギリス政府関係者に接すると、アメリカ政府関係者は一言言わずにはいられなかった。長らく蔣介石の参謀長を務め東アジアや南アジアの状況に詳しいジョゼフ・スティルウェル米陸軍中国・ビルマ・インド方面司令官の顧問であるジョン・デイヴィスが、イギリスのプロパガンダ機関であるブリティッシュ・ポリティカル・ウォーフェアーの極東部門の長ジョン・ガルヴィンと一九四三年一〇月二〇日にニューデリーで会話したとき、イギリスのためにアメリカ軍が戦うことについて、「英国のために英国の植民地を取り返すためにどうして自分たちの息子たちが死ななければならないのか」とアメリカ人は問うだろうとデイヴィスは述べずにいられなかった[51]。

一方、イギリス政府にしてみると、自国の覇権主義には無頓着で、イギリスの植民地主義には批判的なアメリカ政府の態度は、偽善的に思え、時に我慢ならないものであった。アメリカの協力なしには大戦を戦い抜けないことは明らかで、あからさまに批判はできないものの、時にそのような感情が顔を出した。一九四三年一〇月に日本がフィリピン独立を宣伝したときに、アメリカ人がナイーブにも驚くのを見て、駐米イギリス大使のハリファックス卿は、英領植民地人は皆イギリス人を嫌っている一方、アメリカのフィリピン支配は模範的で愛情と尊敬をもって見られていると考えるのがアメリカ人は好きなので、フィリピン人の多くが強制されていないのに日本に対して協力しているのを見て、アメリカはプライドを傷つけられただろうと書いている。(52)

排華移民法修正

国民政府に関しては、アメリカ政府は、日本の緒戦での勝利を見た巨大な中国が、連合国から離れ日本と手を結ぶ方が得策であると考えるようになることを引き続き懸念していた。米国連邦議会において、中国人に対して人種差別的ないわゆる排華移民法を修正しようという動きが活発になっていくのもこの流れの中においてであった。日系移民が禁止されるはるか以前の一八八二年以来、中国からアメリカへの移民は禁止されていた。この移民法は中国を名指しするもので、中国人にとってアメリカの人種差別を象徴するものとみなされていた。(53) いくら同盟国であり友好国であるとアメリカ人が中国人に対して語っても、中国人であるがゆえにアメリカへの移民を禁ずる差別的な移民法が存在する限り、アメリカはアジア人に対して差別的な国であるという日本軍の宣伝文句が説得力をもつ恐れがあった。実際、排華移民法修正のための米国議会での議論において、ある下院議員は、日本軍が東アジアで使用している宣伝パンフレットを紹介した。

アメリカは中国の同盟国である、アメリカ人は中国人を愛しており尊敬していると言う。しかし、あなた方はアメリカに行くことはできるのか。市民となることはできるのか。否である。アメリカ人はあなた方を望んではいない。代わりに戦わせたいだけだ。彼らの排斥法はあなた方を名指しし、アメリカの市民権には不適格だという……大東亜共栄圏にはそのような差別はないだろう。[54]

そのような危惧を最も雄弁に語ったのがカール・カーティス議員であった。彼が危惧したのは、日本人が中国人に対して述べる、「お前たちはなんてまぬけなんだ。アメリカはお前の敵だ。おまえたちの誰一人合法的にアメリカには入れないんだぞ」という言葉が説得力をもつことであった。カーティス議員は、「もしアジアのすべての黄色や褐色の人種が我々に向かってきたら、未来は真っ暗闇」であり、肝心なのは「太平洋における我々の戦争が、人種戦争にならないように」することであるとも述べているが、その発言はまさに人種主義的思考に支配されており、中国やインドが人種によって日本側につくという懸念を明確に表していた。[55] このような考えは、議会での議論に限って見られたわけではなく、国務省極東部でも共有されていた。この年の初めにハミルトン極東部長によって作成された覚書には次のような一節が見られた。

中国が連合国側に立って交戦状態を継続することは、現在の戦争が人種戦争にならないようにする最善の保障である。このことは、現在のみならず、長い将来にとってもきわめて重要なことである。[56]

ただ、東アジアに駐在する現場の担当者の中には、ワシントンでアメリカの対極東政策を仕切るホーンベックらに特徴的に見られた、中国が連合国を離れ日本につくかもしれないという懸念に同意しない者もいた。ホーンベックは中国の離反を主に人種的理由から起こりうる事態として想定したが、人種的理由からでなくとも、中国が日本と連合すれば、人種戦争と受け取られかねないわけであった。しかし、東アジアの現場で国民政府高官と日常的に接していたアメリカ人は、中国の要人がそのような日本との連合という考えに憑りつかれてはいないことを把握していた。例えば、重慶に派遣されていたアメリカの中国大使ガウスは、ホーンベックへの報告書の中で次のように言い切っている。

中国に対して公正に接してきたわが国の長い歴史をもってすれば、中国がアメリカに敵対的なアジア・ブロックを形成したり、それに与したりするいかなる懸念も私はもっていない。(我々が南北アメリカ諸国と特に緊密な関係を持っているように)中国が将来アジアの隣国と緊密な関係を発展させるのは不自然ではないだろう。もし(中国の側の我々に対する立場に同様の公正さと平等を期待して)将来我々が中国に対する態度において完全な公正さと正義の政策を継続するなら、我々に敵対的で中国が加わっているようないかなるアジア・ブロックに対する懸念もまったくない。[57]

英国政府の見方は異なっていた。戦後のビジョンにおいて、中国よりもはるかにソ連を危険視していたチャーチルは、ワシントン訪問中にアメリカの世論にじかに触れて、帰国後の閣議で、「アメリカの世論は、対日戦争の方をよりいっそう懸念している。アメリカの大衆は、ロシアが戦線から離脱するよりも、中国がそうした方がよりいっそう動揺するだろうとほとんど言ってよいくらいだ」と呆れながら述べている。[58]

大東亜会議とカイロ会談

一九四三年初頭になると、ドイツ軍がスターリングラードで大敗北を喫し、七月には連合軍がシチリア島に、九月にはイタリア本土に上陸し、一〇月にイタリアが降伏するなど、枢軸側にとって戦況は悪化していた。そのような中、日本政府はアジア諸国との連帯感を高めるため一一月五日から東京で大東亜会議を開催した。[59] そして翌六日には、大東亜共同宣言が発表された。宣言文は明らかに米英に向けたもので、あらかじめ英語の訳文も用意されていた。米英を意識した宣言文には、戦争の原因として、「米英ハ自国ノ繁栄ノ為ニハ他国家他民族ヲ抑圧シ特ニ大東亜ニ対シテハ飽クナキ侵略搾取ヲ行ヒ大東亜隷属化ノ野望ヲ逞ウシ遂ニハ大東亜ノ安定ヲ根柢ヨリ覆サントセリ大東亜戦争ノ原因茲ニ存ス」とあった。そして、目指す五項目の一つに、「人種差別ヲ撤廃」することを挙げていた。[60] これに対して、米英の各紙は、「傀儡」の集会にすぎないとして軽蔑的にもしくは悪意をもって報じた。[61]『クリスチャン・サイエンス・モニター』紙が掲載した、二人の目のつり上がった和装の女性が、アジアの住民に対して一方で金をばら撒きつつ、もう一方で糸で操る絵（図11）が象徴的である。[62] ただし、なかには危険性を見出すものもあった。『ニューヨーク・ヘラルド・トリビューン』紙は、防戦に追われる日本には、中国と和解するために大きな代償を払う意図があり、それが実現すれば、極東での戦局はがらりと変わるだろうと指摘した。[63] より先を見据えるものもあった。『ハートフォード・カーラント』紙は、日本はすでに未来の人種戦争まで考えていると論じた。日本の軍人たちはこ

図 11「歓心を買おうとする日本」（『クリスチャン・サイエンス・モニター』1943 年 11 月 27 日）

の戦争に負けることはもうわかっているので、四半世紀先の人種戦争を戦うために、大東亜会議を開催してアジア・ブロックを固めているというのである。そしてアジア人が、自主的であれ不承不承であれ日本に協力しているのを見ると不安になるとしたうえで、次のように結論づけた。

> 東洋の国々は、米英は自分たちを搾取する決意でいると恐れ、そして時に信じている。中国とインドですら、大西洋憲章が西洋のためのものであって東洋のためのものではないのではと恐れているし、西洋の同盟国が地球の二つの部分に異なったルールを適用しようと計画しているのではないかと危惧している。ジャップの反西洋ブロックの考えを葬り去りたいなら、これらの疑念を言葉ではなくて、行動で取り除かねばならない。[64]

同じ一一月にカイロで米英首脳会談が開催されることになると、アメリカ側は、チャーチルの反対を押し切ってでもそこに蒋介石を招こうと考えた。イギリス政府が、重要な連合国の一翼と中国をみなしていないことは、中国が連合国から離れて日本と講和することを恐れていたアメリカ政府にとって頭痛の種であった。一一月二〇日付の英『タイムズ』紙が、イギリスの外交政策の将来について書いた中で、英国が協力していく先として、英連邦に加えて、米露しか挙げず、中国を外したことに対して、ホーンベックは強い危機感を抱いた。もし中国が抗日戦から降りるようなことになれば、戦力的にはもとより、連合国の四大国が白人国のみとなり、大いに好ましくないと感じていたためである。そこで彼は、ハル国務長官に覚書を書き送り、イギリスが、中国を十全なるパートナーとして認めることに関して本気ではないと批判したうえで、その証拠として先の『タイムズ』の記事を挙げた。その覚書は、「四大国の一員としての中国の価値、もしくは潜在的価値について、それから、もし中国がその組み合わせに含まれず、ただ西洋と白人のみが含まれるようになったら生じることになる潜在的に大きな不利益について」、英国人を教育する必要があるだろうと結ばれていた。[65]連合国を指導する大国の中に非白人国が一つも入っていないのは、大戦で非白人の協力を得るうえで、望ましくないだけでなく、危険であるという考えによるものであった。すなわちそれは、カイロ会談に招くことで蔣介石に「四大国」の一翼として重視されているという「名誉」を与え、連合国の一員のままでいてもらおうということを意図するものであった。

そのような意図を見透かしていたのは、インド人であった。『ボンベイ・クロニクル』紙は、「『三大国』であって四大国ではない」という記事を掲げ、その意図は明らかであると喝破した。それによればすなわち、二つの世界が構築されようとしている。一つが白人と帝国主義的「ヨーロッパ」であって、そこにはアメリカも含まれるが、もう一方が、アジアやアフリカの有色人種の「従属国」の世界である。そこには中国のような、独立はしているが世界情勢において実践的かつ実用的な平等を許されていないいくつかの国が含まれている。支配するのは「三大国」だろう。(66)

戦後の中国に対する懸念

イギリス側が中国をパートナーとして認めたがらなかったのは、必ずしも人種要因を軽視していたからというだけではなかった。むしろ太平洋の国際関係の将来を見据えて中国を警戒していた人々もいた。例えば、一九四三年の初めにルーズベルトとの会談において、アンソニー・イーデンは「中国人が太平洋をあちこちうろちょろするという考えはあまり好きではない」と語っていたと、同席していたルーズベルト大統領側近のハリー・ホプキンズが書き記している。またこの時期、イギリス下院でも、中国の領土的野心について懸念が表明されていた。(67)

イギリス人の懸念には根拠がないわけではなかった。一九四四年二月一五日付の重慶の英国大使館からの報告には、日本軍のイギリス人捕虜に対する残虐行為を前にして、中国側がさほど関心を示さず、むしろ日本に対して寛容ともいえる意見を表明していることに対する懸念が見て取れる。日本人の残虐行為に関する報道に、国民政府側の反応は「驚いてはいない」というものにとどまっていた。もちろん日本人に罪を償わせなければならないという点には同意するものの、国民政府としては戦後は軍事占領なしで日本人に新しい政府を組織させ、経済援助まで与えようというのである。日本人の残虐行為について英米が発表する情報に対しては、中国人は「比較的無関心」であり、それはおそらく一九三七年以来の日本による国土蹂躙で感覚が麻痺しているのではないかと希望的推測を示す一方、こうも考えざるをえなかった。

これらの残虐行為を日本人がしでかしている目的の一つが、東アジアから白人を追放しようという計画の一部として、白人を辱めることにあるということを、中国人は高く評価し、密かに共感している可能性もまたある。(68)

日本が打倒された第二次世界大戦後のアジアにおいて、他のアジアの大国が白人国家に対して立ち現れ、白人を排除しにかかるのではないかという懸念は、戦後アメリカのアジア政策を担うことになる人物にも共有されていた。後に日米安保条約の生みの親となり、アイゼンハワー政権では国務長官としてアメリカの外交を任されることになるジョン・フォスター・ダレスは、アメリカの若者が今や英仏蘭といったヨーロッパ列強の植民地支配を再興するためにアジアで命を落としているが、日本人が白人を追い出すことに失敗しようとも、将来において中国人やインド人がそれを実現するだろうから無駄死にであるという、一九四四年に書かれた友人からの手紙に同意した。(69)

大東亜各国大使会議

一九四五年に入ると米軍はフィリピンを奪還し、日本が南方からの資源を安全に輸送することは難しくなっていた。またB-29による日本本土空襲も本格化していた。そのような中、三月一七日の最高戦争指導者会議において「大東亜ノ結集ヲ一層強固ナラシムル為」四月中旬に東京において第二回大東亜会議を開催することが決定した。この時期に開かれる理由としては、タイの総理が来日予定であること、そして一九四五年四月末から開催予定の連合国によるサンフランシスコ会議に対抗するためであった。しかし、予定時期も近づいた三月二九日の最高戦争指導者会議において、その開催は延期とされた。もはや近隣諸国から安全に出席者を招聘することすらままならなくなっているのが、延期の理由であった。それに代わって、すでに日本国内にいる関係国の大使を招いて、東京で大東亜各国大使会議が四月二三日に開催された。そこで採択された共同声明は、その第一条に「国際秩序確立ノ根本的基礎ヲ政治的平等、経済的互恵及固有文化尊重ノ原則ノ下、人種等ニ基ク一切ノ差別ヲ撤廃シ、親和協力ヲ趣旨トスル共存共栄ノ理念ニ置クベシ」と宣言するなど、ルーズベルトとチャーチルによる大西洋憲章に似た内容であった。むしろ、「植民地的地位ニ在ル諸民族ヲ解放シテ各々其ノ所ヲ得シメ、共ニ人類文明ノ進展ニ寄与スベキ途ヲ拓クベシ」と謳うなど、植民地保有国が重きをなしたサンフランシスコ会議で採択される国連憲章よりも進んだ面すらあった。(70) これを受けて『タイムズ』紙は「アジア人のためのアジア」と題する論説を掲載したが、その内容は過激に反応するものではなく、世界大戦も終盤を迎える中、日本が掲げた「アジア人のためのアジア」というスローガンについて、世界史的意味を考えるものであった。それによれば日本は二つの点を不満に思っており、それはこのスローガンが西洋に対する人種戦争へとアジア全体をまとめることができなかったことと、アジア諸国が日本に従わなかったことであった。ただ、この論説は、勝者として敗者日本の劣った点を批判するにとどまらなかった。連合国は、蔣介石が連合国に留まり続けたことで大戦から人種的意味を奪い去ることができたことに感謝すべきであるとした。また、「アジア人のためのアジア」が「日本人のためのアジア」と化したとはいえ、そのことによって元のスローガンが的外れとは言えないとする。それどころか、東洋諸国民のナショナルな自覚と、部外者による搾取から正当なインタレストを守る決意を高めるという形で、世界の将来を形作る一つの傾向を大いに促進させたとし、西洋列強は、そのことについて注意深く学ばなければならないと総括した。(71)

おわりに

日本軍がアジア各地での緒戦に勝利したことは、白人の威信を打ち砕いた。これまでの、無敵という神話によって比較的少数の軍隊で植民地を維持するという手法が成り立たなくなったのである。より懸念されたのは、日本の勝利を見たアジアの人々が、米英などを見限り、日本に靡く可能性であった。アジアの植民地で、強制されるのではなく、自発的に日本に協力している姿勢が見られるという情報に米英政府関係者は不快感を抱いた。特に懸念されたのは、大国中国が抗日戦をやめて、日本に味方するという可能性であった。中国が枢軸側に加わると連合国は白人国ばかりとなり、大戦における非白人の連合国への協力を確保するうえで打撃になると懸念されたのである。大国中国が日本と協力することは長年恐れられてきた黄禍論的悪夢の実現にほかならなかった。特に人種問題に敏感になりつつあったアメリカは、来たるべき人種戦争に備えるという主張ではなく、日中が組む可能性があるからこそ親華的な政策を採ることで中国を連合国に留めおくことの方を選んだ。対日戦争を戦うことで、人種戦争となる可能性が高まったが、それは抑えられたのである。

結局、日本が予想よりも早くアジア太平洋全域で劣勢に追い込まれていくことで、日本によるアジア主義がアジアを席巻する危険は消え去った。戦後は、日本をコントロール下に置き、中国とは国民政府との友好関係を継続させることで、アメリカは東アジアとの良好な関係を保ち続け、黄禍論的恐怖からは解放されるはずであった。しかし、冷戦の進展と中国内戦における共産党の勝利によって、その目論見は大きく外れることになる。

終章

開戦当初勝利を収めていた日本軍が、勢いを盛り返した連合軍によって後退を余儀なくされ、日本がポツダム宣言を受諾して降伏すると、日本は占領下に置かれ、日本脅威論は消え去った。アメリカは戦後、日本をコントロール下に置き、また、中国とは国民政府との友好関係を継続させることで、中国に軸足を置きつつ東アジアとの良好な関係を保ち、黄禍論的恐怖は雲散霧消するはずであった。しかし、中国の国内情勢によって早くもその目論見は崩れることになる。世界で冷戦体制が進行する中、アメリカの敵国であるソ連と友好関係にある中国共産党が中国本土を掌握し、アメリカが頼りにしていた国民政府は台湾へと逃れることになった。一方、日本は実質的にアメリカの占領下に置かれ、冷戦体制の中で、アメリカの主要な同盟国となり、西側の橋頭堡として重要な役割を担うことになる。だが、アメリカの占領下に置かれつつも、日本は東アジアの国としての意識を忘れたわけではなかった。一九四六年に書かれた外務省の文書には、すでに「東亜ノ安定勢力」となろうとする自負がみてとれる(1)。戦前の雰囲気を漂わせるこのような文言は、その後、外務省の文書からは長期間消え去ることになる。ただ、アメリカとの協調とアジアへの接近との間で揺れる日本の姿勢にアメリカは懸念を抱き続けていく。そのような懸念は、日本が中国の大きな牽引力によって引き寄せられていると見えるときや、東アジア共同体論が唱えられたときなどに、時

折顔を出してきたのである。(2)

本書ではここまで黄禍論やアジア主義という言説が、現実にどう利用され、また、されなかったかを見てきた。二〇世紀転換期からの歴史を振り返ってみて驚かされるのが、常にアメリカの世論や政策決定者の一部に人種主義的思考が存在してきたこと、そして、その一方で政策面ではそれが全面化することが避けられ、政策に取り入れられることがなかったというコントラストである。この間、どの時期をとってみてもアメリカでは世論および政策決定者の間で黄禍論的思想がはびこっており、それによって時折生じる移民排斥などの人種差別的な出来事が日本人を刺激し、それに対抗するためにアジア主義が盛り上がった。そして、そのようなアジア主義の盛り上がりが、やはり日本は反西洋である証として受け止められ、翻ってアメリカの黄禍論を強化するという悪循環が見られた。

こうした黄禍論の中にはいくつかのバリエーションが見られた。中国一国がその人口の多さから数に任せて西洋に襲いかかってくるというもの、日本と中国が組んで西洋を脅かすというもの、そして、日本が中国を支配してその力を利用して西洋に襲いかかってくるというもの、などである。時代順に見ると、一八世紀末のマルサスの『人口論』以降、膨大な人口を擁するアジアに対する漠然とした不安がもたれるようになった。一方、科学技術の進歩により太平洋の距離が縮まると、一九世紀半ば以降、アメリカ西海岸に東アジアからの移民が流入し低賃金で働いたため、白人労働者の間に職を奪われるのではないかといった恐怖感が抱かれた。しかし、この時期、この恐怖感に軍事的脅威としての意味はなく、また、黄禍という言葉も用いられてはいなかった。ただ、この恐怖感は、その後の軍事的脅威を伴う黄禍論が広まる土壌を形成した。黄禍という言葉でもって、軍事的脅威を伴うものとして黄禍論が現れるのは、一八九〇年代半ば、日清戦争以後である。日本が近代兵器を使いこなせることを世界に示すと、日中が手を携えて欧米に向かってくるという脅威論が広く見られるようになった。ヴィルヘルム二世も、日本の勢力拡大を抑えた三国干渉を高く評価するなど日本を念頭においていたし、トゥル将軍もまた、当初から日本の脅威に着目していた。これ以降、日中同盟的な動きが見られると欧米のマスメディアや知識人は大きく反応するようになる。次いで日露戦争で日本がロシアと同等以上の軍事力を持つことが知られると、優秀な日本軍人が数で勝る中国を従えて西洋に迫るという考えが現実味を帯びていった。この考えは第二次世界大戦時に至るまで続くとともに、日本と中国の仲が険悪になっても、日本が中国を無理やり従えるという形をとる黄禍論として形を変えて見られるようになった。これらはインドを従えるイギリスの鏡像でもあっただろう。

これらの論は現実の政治の中では、同盟の問題として表れた。明治期、日本政府は黄禍論のために、日本が欧米列強から仲間はずれにされることを恐れて、その打ち消しに躍起になった。それは例えば、日露戦争時に、日本とロシアの戦いが、黄色人種と白色人種の争いとみなされ、日本対白人連合という図式に落とし込まれることを極度に恐れたことに典型的に表れている。日露の争いが黄白の争いとみなされないように、清国とは中立関係にあることを欧米列強に対して殊更強調しなければならないとされた。二〇世紀に入ると、アメリカ西海岸への日系移民の大量流入と、それに対して起こったアメリカ人労働者を中心とする排日運動の盛り上がり、それとの関連での日米戦争論の流行などが見られたが、日本政府自体がイギリスと同盟を結び、日英同盟を基軸として西洋的行動様式に基づいて振る舞い、一貫して英米との友好関係を重視したため、そして、セオドア・ルーズベルト大統領は人種主義的思考をもちつつも、あくまで現実主義的外交政策をとったため、アメリカの政策が黄禍論や排日運動に見られるような人種主義に影響されることはなく、日米両国の外交政策に人種主義やそれに影響されたアジア主義が入り込むこともなかった。

ウィルソン政権期は、心情的に中国を助けたいという考えが米政権内に強く見られ、アメリカに敵対して中国が日本と連合するとは考えられていなかった。また、ヨーロッパでの第一次世界大戦に国民の注意が向けられていたこと、そして日本の第一次大戦参戦後は、日本が同じ連合国側ということもあって、黄禍論的思考はアメリカの政策には取り入れられることはなかった。ただ、第一次大戦終結からワシントン海軍軍縮会議までの間の東アジア国際関係が一時的に不安定になった時期に、日本のアジア主義的な動きに対する懸念が高まることはあった。米国務省がそのような動きに対する観察を始めたのもこの頃である。一九二〇年代の共和党政権期においては、当時アメリカにとっての東アジア最大の貿易相手国である日本とのビジネス関係を重視するアプローチがとられた。アメリカ連邦議会による排日移民法制定などの人種差別的立法が日本人にアメリカ国民の考えに深く根ざした人種意識を思い知らせたものの、アメリカの連邦政府としてはそのような立法には一貫して反対の姿勢を貫き、黄禍論的思想がアメリカの対外政策に取り入れられることはなかった。ワシントン海軍軍縮会議において、日本政府が米英主導による東アジア体制に従うことを示し、そのような外交政策をとり続けたため、また、この時期日本国内に見られたアジア主義も政府の支援を受けることもない一部の非主流派の国会議員らが主導する盛り上がりを欠いた影響力の小さいものであったため、東アジアのアメリカ人外交官たちからの日本のアジア主義に対する警告もワシントンの政策決定者に受け入れられることはなかった。日本の側でも、アメリカの人種差別に刺激されて盛り上がりを見せたアジア主義が、容易に政策として採り入れられることはなかった。

フランクリン・ルーズベルト政権前半においては、未曾有の大恐慌に対する米国内での対応に政権の全精力が注ぎ込まれていたこともあって、長期的な東アジア政策は存在せず、何かが起こってから場当たり的に対処するだけであった。東アジア政策において長期的ビジョンは存在しなかったのである。一九三〇年代に中国の知識人は、広がり始めたアジア主義のために、欧米列強、特にアメリカ政府が幻惑され、中国人は人種的近さから日本人に味方するとアメリカ政府が思い込み、アメリカ世論による中国への共感が失われ、対中援助が得られなくなることを恐れていた。そのような懸念は、日本のアジア主義者と汪精衛ら親日中国人によって、「日満支同盟」が形成され、少なくとも外見上は黄禍論的恐怖の完成形である日中同盟が完成したとき、一つの頂点に達した。

一方、日本では一九三〇年代も進むにつれてアジア主義的思想が政府中枢に浸透し、影響力を増していった。特に日中戦争期に入るとアジア主義を唱える人々が政権で発言力を増していくことになった。ついにアジア主義が対外政策に取り込まれるに至ったのである。アメリカ政府の外交政策はといえば、孤立主義的な国内世論のために概して内向きであり、ナチスドイツの台頭により欧州に視線が注がれていた。東アジアでは日本と中国が戦争を始めたということで、日中同盟の可能性が減じたことによる安堵感も見られ、また、ルーズベルト政権は、日本は実利的判断から、無謀な対米戦争を始めることはないだろうと見ていた。

アメリカ側のそれまでの傾向が大きく変化するのは、真珠湾攻撃によってであった。多くのアメリカ政府関係者によってほとんどありえないと考えられていた、日本軍によるアメリカ国土に対する直接攻撃が行われたことで、それまでの東アジア政策は行き詰まりを見せた。実利をとって米英勢力に対して戦争には踏み切らないと考えられてきた日本が、アジア主義を唱えて挑みかかってきたことで、黄禍論的恐怖が極大化した。そのため、黄禍論が政策の中心に入り込む可能性が高まった。開戦までは、日本に理解を示していた親日派や知日派と考えられていた人々が、考えを一八〇度変え、日本人は理解不能であり滅ぼされるべきであると主張するようになった。日米開戦前は日本による対米開戦はまずありえないと考えていたホーンベック国務長官特別顧問も、日米開戦後は過剰なまでに人種主義的思考に影響されるようになり、日中同盟の成立を極度に心配するようになる。戦中、特に戦争初期は、それまで人種的要因を軽んじていたような米政府高官や米財界有力者なども、考えを変え、その意味では政策決定に黄禍論的人種主義が最も浸透しやすかった時期であった。戦争中の軍の宣伝などでは、人種差別的思考は盛んに利用され、実際の戦場でも人種差別が満ち満ちていたことは、多くの先行研究が明らかにしてきた通りである。ただ、本書はそれをもってこの戦争が人種戦争であったという立場はとらない。本書においては、人種主義的要因が戦争政策の方針決定の中心的位置を占めることはなかった点を重視するからである。そのような戦争をこそ、ここでは人種戦争とみなしている。たしかに、政府内での戦後政策を話し合う会議で、日本人は白人文明の敵であるから滅ぼされるべきであるといった意見を真剣に述べる参加者はいた。しかし、そういった中でも人種主義がアメリカの政策決定者の思考を支配し、戦争の指導理念となることはなかった。

このように、黄禍論的思考が政策決定から除外されたことは、あたりまえのことではなく、戦争中、戦場のみならずアメリカ国内において黄禍論的言説が充溢していたことを考えるとむしろ驚くべきことである。アジア主義が日本の戦争政策決定において大きな力を持つことになったのに対し、黄禍論的思考がアメリカの戦争政策決定においてそうではなかった理由は様々に考えられるが、一つの要因としては、そもそも日米関係、アジア主義と黄禍論の関係が、差別される側と差別する側という非対称的なものであったことが挙げられよう。差別される側が、優位の力に抵抗するために提示したのがアジア主義である。そういった意味ではアジア主義は、対抗的な地域主義といえるかもしれない。別の要因として考えられるのがアメリカ政府首脳の戦略的思考である。ルーズベルト大統領らが人種主義的思考から自由でなかったことは先行研究が示してきた通りであるが、ルーズベルトら政権中枢の人々は、離れた視点から日米戦争を眺めることができた。そもそも日米開戦直前に示された大西洋憲章は、これからの世界では人種平等のもと、民族自決が認められなければならないことを示したが、それも世界中の非白人の視線を意識したきわめて戦略的なものであった。戦中に捕虜となった日本兵に対するアメリカ側の扱いは人道的である場合が多かったが、それも当時および戦後の世界の、人種主義批判の視線を意識したアメリカ政府の指示によるきわめて作為的なものであった。人種意識が消え去ったから人種主義が政策決定に入り込まなかったのではなく、戦略的観点から抑えられていたのであれば、そのような観点が変化したとき、人種主義が力を持つようになる可能性がないとはいえない。

戦後になると、黄禍論的な懸念がアメリカの言論界などで現れることはまれになった。それには第二次世界大戦を経て起こった国際環境の大きな変化があった。冷戦が拡大する中で、人種主義的思考はイデオロギーの影に退いていったかに見えた。冷戦を戦ううえで、アジア・アフリカ諸国を人種のゆえをもって敵に回すわけにはいかなかった。戦中のユダヤ人の大量虐殺が明らかになると、人種偏見が暴走したとき人間がどこまで残虐になりうるのかについての認識が世界で共有された。また、中国が共産化した後、日本は東アジアにおけるアメリカの重要な同盟国となっていた。米国内では公民権運動も展開し、人種差別的発言が表立ってなされる機会は大幅に減った。朝鮮戦争を韓国人と肩を並べて戦い、南ベトナムと共に北ベトナムと戦う米国にとって、同盟国の国民を侮蔑するような人種差別的発言が表に出ることは望ましいことではなかったのである。ただ、黄禍論的思考が完全に消え去ったわけではなかった。アメリカ経済が不況に陥る中、日本が経済力をつけ、アメリカの資産を盛んに買い集めると、人種主義的言説が再び顔を出すこともあった。

歴史が繰り返すなら、今後中国がますます大国化するにつれ、アメリカで中国脅威論が盛んに唱えられるようになるだろう。そして、それとともに、日本と中国が結ぶかもしれないとか、中国を中心とした中華秩序が東アジアに復活し、中国に率いられたアジア諸国がアメリカの脅威となりうるといった議論もなされることもありえよう。そのような展開は健全ではないし、また平和なアジア太平洋地域の発展にとって望ましいものでもない。アメリカ政府は、安定的な東アジアがアメリカの国益にとって望ましいと繰り返すが、一方で、アメリカ的価値観を共有しない緊密すぎる日中関係はかえってアメリカの不安を増大させることになると考えられる。今日、アメリカにおいて黄禍論的思考が強まり、アジア主義が相互作用で強まるといった戦前のような状況を避けようとするなら、日本の側にできることは、アジア主義に陥るのを避けることで、アメリカの黄禍論的反応を誘発しないようにし、相互作用の悪循環を引き起こさないように努めることだと思われる。アメリカに日中分断を望む姿勢が残っているとすれば、それは日本にとってのみならず、今後のアジア太平洋地域全体にとって好ましいことではないが、それを解消していくためにも、日中間において、アジア主義が蔓延することのないよう留意しつつ、世界に通用する価値観を共有しながら、開かれた関係性を築いていくことが、将来にわたって安定的なアジア太平洋地域を構築するうえで、東アジア側のなすべきことの一つではないだろうか。

あとがき

一九九〇年代初めにアメリカの大学で受講したアメリカ外交史のゼミで、いきなり教授に「もし日中が同盟したなら、それはアメリカにとって好ましいか」と質問された。歴史学のゼミで投げかけられたその質問に私は驚き、うまく答えられなかった。それ以来ずっとその問いは私の中にあった。本書は、その問いへの答えを模索する中で、アメリカと東アジアの関係を歴史的に辿り直した過程の一部である。

本書はまた、人種戦争になりえたかもしれない過去からなりうるかもしれない未来への可能性の道程を概観することになった。アメリカ社会がいかに人種主義的思想に支配され、アメリカ人指導者たちが日本人に対して差別意識をもつ一方で、こと戦争となると、アメリカ政府の指導者たちは、人種を戦争の指導理念として戦うことを避けてきたか――本書が浮き彫りにしてきたのは、まさにその矛盾である。

私が歴史学を志した頃、日本はいわゆるバブル経済の真っ只中にあり、一方でアメリカの景気は低迷していた。日本企業が、ハリウッドの巨大映画会社やマンハッタンのロックフェラーセンターなどのアメリカのランドマーク的なものを買収するたびに、アメリカ国内で懸念が巻き起こった。そうこうするうちに、日本経済が失速していき、この四半世紀の間に日本脅威論は聞かれなくなった。かわって中国の猛烈な台頭によって今度は中国脅威論が叫ばれるようになっている。アメリカと東アジアの関係において日本の果たす役割が大きく変わってしまったのを感じる。

前述の通り、本書は学生のときに漠然と持った構想から生まれたものであり、それゆえ、執筆作業は必然的にこれまでの研究を学生時代から辿り直すことでもあった。ところが研究を辿り直していると、自分の研究人生を辿り直すことになってしまった。そもそも歴史学を志すに至ったきっかけは、大学二年生の後期に受けた新川健三郎先生のアメリカ史の講義であった。週二回、火曜日と土曜日の一限目に半期集中で行われた授業は厳しいものであった。朝の弱い学生には辛かったが、先生は一度も遅刻などされずに時間通りに授業を開始された。講義でありながら、ゼミ室で行われ、受講者は十人程度という濃密な授業であった。先生は毎回課題を出してくださり、しかもそれは赤が入って返却されるというもので、現在自分が教える側に立ってみると、いかに先生が学生に対して貴重なお時間を割いてくださっていたのかがよくわかる。一九六〇年代にアメリカに留学されていた新川先生は、アメリカ国内史でPh. D.を修得されており、当時としてはそのような方はきわめて稀であった。激動の六〇年代アメリカを肌で感じてこられた先生の講義は、民衆への温かいまなざしと社会変革への熱意に満ちたすばらしいものであった。歴史を学ぶ者としての自分の出発点はまさにここにある。ただ、未熟な私は、当時そのすばらしさを十全に理解できていたとはいえなかった。実力もないのに生意気な学生と映ったことであろうと、今振り返ると恥じ入るばかりである。しかし、先生はそのような学生をも許してくださる懐の深い方であった。留学にあたって分不相応な大学への推薦状をお願いしたときも、今にして思えば、やれやれと思われていたのだと思うが、いやな顔一つなさらず引き受けてくださった。当時の私は、それがどれだけありがたいことかわからず、先生への感謝の念が足りなかった。本書の原稿がほとんど完成した矢先、先生は他界されてしまった。ひとえに私の不徳のいたすところであり無念でならない。

三年生になって専門課程に進学し、共同研究室に出入りするようになると、そこにはアメリカ留学から帰国されたばかりの遠藤泰生先生が助手としていらっしゃった。イェール大学歴史学部博士課程に在籍し、そこで年間最優秀学生賞を受賞されて帰国したばかりの遠藤先生は、アメリカ東海岸のアカデミックな空気をまとっていらっしゃり、小さな世界で生きていた私に大きな刺激を与えてくださった。私が先生に憧れるようになるのに時間はかからなかった。しかも、遠藤先生はとにかく気さくな方で、何もわからない私たち学部生にも気軽に接してくださった。先生が夏休みに研究旅行にいらした際には、当時は日本国内にあっては入手がきわめて困難な専門書を買ってきてくださった。また、私がアメリカに大学の見学に行くというと、イェール大学の同級生を紹介してくださった。本当に面倒見のよい先生であった。若気の至りで私はあたりまえのようにそのご恩にあずかっていたが、いまにして思えばなんとも得がたくもったいない学恩であった。

故國重純二先生にもお礼を述べさせていただきたい。学部時代は、先生の授業には出たり出なかったりで呆れられていたが、後に先生が教養学科アメリカ科の主任をなさっていらしたときに、助手として務めることになった。いま振り返れば、役立たずの助手でしかなかった私を寛容な心でよくも受け止めてくださったものと思う。私がいまこうして曲がりなりにも研究者として生きていけるのも先生のおかげである。その先生も、ご恩返しをする前に鬼籍に入られてしまった。せめて同じくお世話になった奥様にご恩返しをと思っていた矢先、奥様も亡くなられてしまった。昨年秋に、奥様と電話でお話した際、「東京にもお墓を作ったので、今度お墓参りに行くときには誘うね」とおっしゃってくださっていたのに、その一週間ほど後に急逝されてしまった。ずっとお世話になるばかりで何もご恩返しができなかった。かえすがえすも慙愧に耐えない。

先輩、同級生、後輩の皆さんにも、いろいろお世話になり通しであった。なかでも平井康大さんは、いつも一歩先を歩き、行くべき道を示してくださった先輩である。平井さんの教えがなければ、アメリカ留学などできなかったことと思う。

すべて若気の至りで、ずっと言葉に出してお礼を言うことができなかった。それぞれ、あのときに戻ってお礼を言いたいが、それはできないのでこうしてここに書かせていただくことをお許しいただきたい。このように感謝を言葉にするまでに、私には自分自身が教師になったり、親になったりして経験を積む時間が必要だった。不徳のいたすところである。

本書の一部は、以前発表した研究に基づいている。日露戦争から日中戦争勃発直前までの期間については、「日本の汎アジア主義に対する米英の反応——一九〇四〜一九三七年」伊藤之雄・川田稔編著『二〇世紀日本と東アジアの形成——一八六七〜二〇〇六』（ミネルヴァ書房、二〇〇七年）がラフドラフトの役割を果たしている。また、第4章の前半は、「日本の大アジア主義に対する西洋の反応——満州事変から天羽声明まで」『明治大学人文科学研究所紀要』第七五冊（二〇一四年）を大幅に加筆改稿したものである。それ以外は新たな書き下ろしの論稿である。それが可能となったのは、二年間もの得がたい在外研究期間をいただけたからである。貴重な機会を与えてくださった明治大学の先生方、いつもながら快くアメリカで受け入れてくださった入江昭先生に深く感謝したい。ハーバード大学神学校のデイヴィッド・ホール先生からは、学問を超えて様々な教えを受けた。感謝の念に堪えない。

松浦正孝先生は、ご多忙な中貴重なお時間を割いて原稿に目を通してくださった。いずれも唸るしかない大変有益なコメントの数々にお礼の言葉もない。出版までの間にそのコメントの多くには応えることができなかった。今後の宿題とさせていただくことをお許しいただきたい。

本書の出版に関しては、名古屋大学出版会の橘宗吾さんと山口真幸さんに大変お世話になった。橘さんは原稿のそれぞれの段階で非常に丁寧に読んでくださった。呼び出されて喫茶店で向かい合って座ると、頼んだコーヒーに口をつけることもなく、時に、二時間以上にわたって休みなく、原稿を一枚一枚めくりながら、コメントを下さった。とにかく少しでも良い本にしようという橘さんの情熱が私を前に進めてくださった。橘さんに出会えたことはこの上もない人生の幸運であったと思う。

最後に、母恭子、妻千景、娘葵の三人に感謝したい。三人のサポートがなければそもそも在外研究自体成立しなかった。特に、研究出張と称して世界に出かけて行っては、ただでさえ狭い我が家をよりいっそう狭くする大量のコピーを携えて帰宅し、それで研究した気になることを繰り返す夫に、人生の時間の少なさ、そしてとにもかくにも活字にすることの大事さを教えてくれたのは妻であった。そのように尻を叩いてもらえなければ、死ぬまで資料収集のみを続けていたことと思う。

なお、本書の刊行にあたって、日本学術振興会平成二八年度科学研究費研究補助金成果公開促進費（学術図書）の出版助成をいただいた。

二〇一六年一一月

著　者

《著者略歴》

廣部《ひろべ》　泉《いずみ》

1965年　福井県に生まれる
1989年　東京大学教養学部卒業
1995年　ハーバード大学大学院博士課程修了
　名古屋大学大学院環境学研究科助教授などを経て
現　在　明治大学政治経済学部教授，Ph.D.（歴史学，ハーバード大学）
著　書　*Japanese Pride, American Prejudice: Modifying the Exclusion Clause of the 1924 Immigration Act*（Stanford University Press, 2001）
『グルー――真の日本の友（日本評伝選）』（ミネルヴァ書房，2011年）
『浸透するアメリカ，拒まれるアメリカ――世界史の中のアメリカニゼーション』（共著，東京大学出版会，2003年）他

人種戦争という寓話

2017年1月10日　初版第1刷発行

定価はカバーに
表示しています

著　者　廣　部　　泉
発行者　金　山　弥　平

発行所　一般財団法人　名古屋大学出版会
〒464-0814　名古屋市千種区不老町1 名古屋大学構内
電話(052)781-5027/FAX(052)781-0697

印刷・製本 ㈱太洋社　ISBN978-4-8158-0858-7
乱丁・落丁はお取替えいたします。

索　引

ア　行

カ　行

サ　行

タ　行

ナ　行

ハ　行

マ　行

ヤ　行

ラ　行

ワ　行

A–Z

図表一覧

参考文献

1　文書館史料（略号）

外務省外交史料館
防衛省防衛研究所戦史部
国立国会図書館憲政資料室
Archives du Ministère des affaires étrangères, Paris（AMAE）
Baker Library, Harvard University
Bancroft Library, University of California, Berkeley
Cornell University Library
Hoover Institution, Stanford University
Houghton Library, Harvard University
Library of Congress, Washington, D. C.
National Archives and Records Administration, College Park, Maryland（NARA）
National Archives, London（PRO）
Sterling Memorial Library, Yale University

2　公刊資料

①日本語

後藤乾一・松浦正孝編『大亜細亜主義』（龍溪書舎，2008，2009 年）
芝原拓自・猪飼隆明・池田正博編『日本近代思想大系 12　対外観』（岩波書店，1988 年）
竹内好編『アジア主義』（筑摩書房，1963 年）
『帝国議会貴族院議事速記録』58（東京大学出版会，1983 年）
『日本外交文書』外務省
橋本順光編『英国黄禍論小説集成』（エディション・シナプス，2007 年）
――――『黄禍論史資料集成』（エディション・シナプス，2011 年）
古屋哲夫編『近代日本のアジア認識』（京都大学人文科学研究所，1994 年）
防衛庁防衛研修所戦史室『ハワイ作戦』（朝雲新聞社，1967 年）

②外国語

British Documents on Foreign Affairs: Reports and Papers from the Foreign Office Confidential Print［*BDFA*］
Congressional Record
Documents Diplomatiques Français［*DDF*］
Foreign Relations of the United States［*FRUS*］

Hansard's Parliamentary Debates [*Hansard*]
Saaler, Sven, and Szpilman, Christopher W. A., eds., *Pan-Asianism: A Documentary History*, vol I & II. Lanham, Md: Rowman & Littlefield, 2011.

3　日記・回顧録等

①日本語

宇垣一成『宇垣一成日記』I（みすず書房，1968 年）
大隈侯八十五年史会編『大隈侯八十五年史』第二巻（原書房，1970 年）
グルー，ジョセフ・C（石川欣一訳）『滞日十年』上下（ちくま学芸文庫，2011 年）
近衛篤麿日記刊行会編『近衛篤麿日記』第二巻（鹿島研究所，1968 年）
重光葵『重光葵手記』（中央公論社，1986 年）
幣原喜重郎『外交五十年』（中公文庫，1987 年）
原田熊雄編『西園寺公と政局』（原書房，1967 年）

②外国語

Bose, Subhas C. *Through Congress Eyes*. Allahabad: Kitabistan, 1940.
Columbia University Oral History Collection
Grant, N. F., ed. *The Kaiser's letters to the Tsar, copied from the government archives in Petrograd, and brought from Russia by Issac Don Levine*. London: Hodder and Stoughton limited, 1920.
Nicolson, Harold. *Diaries and Letters*, vol. II. London: Collins, 1967.
Nixon, Edger B., ed. *Franklin D. Roosevelt and Foreign Affairs*, vol. II. Cambridge, MA: Harvard University Press, 1969.
Hancock, W. K. and van der Poel, Jean, eds. *Selections from the Smuts Papers*, vol. VI. Cambridge: Cambridge University Press, 1973.

4　新聞・雑誌

『アジア』
『大阪朝日新聞』
『大阪毎日新聞』
『改造』
『解剖時代』
『神戸新聞』
『国民新聞』
『時事新報』
『太陽』
『大亜細亜主義』
『大連新聞』
『中央公論』
『東亜連盟』
『東京朝日新聞』

『東京日日新聞』
『報知新聞』
『満洲日報』
『満洲日日新聞』
『雄弁』
『読売新聞』
『萬朝報』
『大公報』
『広州民国日報』
『商報』
Aberdeen Journal
Asia
Atlanta Constitution
Atlantic Monthly
Baltimore American
Baltimore Sun
Biloxi Daily Herald
Bombay Chronicle
Boston Evening Transcript
Boston Globe
Cedar Rapids Evening Gazette
Century
Chicago Daily News
Chicago Tribune
China Press
China Weekly Review
Christian Century
Christian Science Monitor
Coast Seamen's Journal
Contemporary Japan
Cosmopolitan Magazine
Crampton's Magazine
Current Literature
Daily Californian
Derby Daily Telegraph
Dundee Courier
L'Europe Nouvelle
Evening Telegraph and Post
Everybody's Magazine
Far Eastern Survey
Le Figaro
Foreign Affairs

Harper's Magazine
Harper's Weekly
Hartford Courant
Harrisburg Patriot
Hawaiian Star
Honolulu Star Bulletin
Hull Daily Mail
Idaho Statesman
Indianapolis Star
Iowa State Reporter
Irish Times
Japan Advertiser
Japan Chronicle
Japan Times & Mail
Japan Weekly Chronicle
Las Cruces Sun News
Laurel Leader
Liberty
Literary Digest
Living Age
London and China Telegraph
Los Angeles Herald
Los Angeles Times
McClure's Magazine
Manchester Courier and Lancashire General Advertiser
Manchester Guardian
Millard's Review
Montreal Star
Mount Ida Chronicle
Munsey's Magazine
Nation
Negro World
Newark Daily Advocate
New Statesman
New Statesman and Nation
New York Evening Post
New York Herald Tribune
New York Times
New York Tribune
New York World
North American Review
North China Herald and Supreme Court & Consular Gazette

North China Standard
Oakland Tribune
Oak Park Oak Leaves
Observer
Outlook
Philadelphia Ledger
Philadelphia Record
Puck
La Republique (Paris)
La Rèpublique (Istanbul)
The Review of Reviews
St. Louis Post Dispatch
San Francisco Call
San Francisco Chronicle
San Francisco Examiner
Saturday Evening Post
The Saturday Review
Scholastic
Sewanee Review
Sunset
Sydney Bulletin
Syracuse Telegram
Le Temps
The Times
Toronto Globe
La Tribuna
Uniontown Morning Herald
Washington Post
Walterloo Daily Courier
Weekly Review of the Far East
Wisconsin State Journal
Woodland Daily Democrat
World Tomorrow

5　単行本

①日本語

秋田茂『イギリス帝国とアジア国際秩序――ヘゲモニー国家から帝国的な構造的権力へ』（名古屋大学出版会，2003 年）
麻田貞雄『両大戦間の日米関係――海軍と政策決定過程』（東京大学出版会，1993 年）
飯倉章『イエロー・ペリルの神話――帝国日本と「黄禍」の逆説』（彩流社，2004 年）
――――『日露戦争諷刺画大全』上下（芙蓉書房，2010 年）

――――『黄禍論と日本人――欧米は何を嘲笑し，恐れたのか』（中公新書，2013 年）
五百旗頭真『米国の日本占領政策――戦後日本の設計図』（中央公論社，1985 年）
――――『日米戦争と戦後日本』（講談社学術文庫，2005 年）
伊藤之雄『伊藤博文をめぐる日韓関係――韓国統治の夢と挫折，1905-1921』（ミネルヴァ書房，2011 年）
伊藤之雄・川田稔編著『20 世紀日本と東アジアの形成 1867-2006』（ミネルヴァ書房，2007 年）
井上寿一『危機のなかの協調外交――日中戦争に至る対外政策の形成と展開』（山川出版社，1994 年）
――――『アジア主義を問いなおす』（ちくま新書，2006 年）
入江昭『米中関係史――敵対と友好のイメージ』（サイマル出版会，1971 年）
――――『日米戦争』（中央公論社，1978 年）
エマーソン，ジョン（宮地健次郎訳）『嵐のなかの外交官――ジョン・エマーソン回想録』（朝日新聞社，1979 年）
遠藤乾編『ヨーロッパ統合史』（名古屋大学出版会，2008 年）
遠藤誠治・遠藤乾編『安全保障とは何か』（岩波書店，2014 年）
大塚健洋『大川周明――ある復古革新主義者の思想』（中公新書，1995 年）
大野英二郎『停滞の帝国――近代西洋における中国像の変遷』（国書刊行会，2011 年）
賀川真理『サンフランシスコにおける日本人学童隔離問題』（論創社，1999 年）
籠谷直人著『アジア国際通商秩序と近代日本』（名古屋大学出版会，2000 年）
梶谷懐『日本と中国，「脱近代」の誘惑――アジア的なものを再考する』（太田出版，2015 年）
片桐康夫『太平洋問題調査会の研究――戦間期日本 IPR の活動を中心として』（慶應義塾大学出版会，2003 年）
加藤秀俊，亀井俊介編『日本とアメリカ――相手国のイメージ研究』（日本学術振興会，1991 年）
加藤陽子『模索する一九三〇年代――日米関係と陸軍中堅層』（山川出版社，1993 年）
茅原廉太郎『日本人民の誕生』（岩波書店，1946 年）
川田稔『昭和陸軍全史』1～3（講談社現代新書，2014，2015 年）
――――・伊藤之雄編『二〇世紀日米関係と東アジア』（風媒社，2002 年）
北岡伸一『清沢洌――外交評論の運命』（中公新書，2004 年）
――――『門戸開放政策と日本』（東京大学出版会，2015 年）
キップリング（中村爲治訳）『キップリング詩集』（梓書房，1929 年）
貴堂嘉之『アメリカ合衆国と中国人移民――歴史のなかの「移民国家」アメリカ』（名古屋大学出版会，2012 年）
清沢洌『世界再分割時代』（千倉書房，1935 年）
桑原隲藏『桑原隲藏全集』第一巻（岩波書店，1968 年）
黒龍会編『亜細亜大観』（黒龍会出版部，1918 年）
小寺謙吉『大亜細亜主義論』（東京寶文館，1916 年）
小林道彦『日本の大陸政策 1895-1914――桂太郎と後藤新平』（南窓社，1996 年）
子安宣邦『「アジア」はどう語られてきたか――近代日本のオリエンタリズム』（藤原書店，2003 年）

コリア研究所編訳『消された言論　政治篇』（未来社，1990年）
ゴルヴィツァー，ハインツ（瀬野文教訳）『黄禍論とは何か』（草思社，1999年）
酒田正敏『近代日本における対外硬運動の研究』（東京大学出版会，1978年）
嵯峨隆『アジア主義と近代日中の思想的交錯』（慶應義塾大学出版会，2016年）
佐々木雄太・木畑洋一編『イギリス外交史』（有斐閣，2005年）
澤田次郎『徳富蘇峰とアメリカ』（拓殖大学，2011年）
篠原初枝『国際連盟――世界平和への夢と挫折』（中公新書，2010年）
柴山太編『日米関係史研究の最前線』（関西学院大学総合政策学部，2014年）
スタッダード，ロスロップ（長瀬鳳輔訳）『有色人の勃興』（政教社，1921年）
ソーン，クリストファー（市川洋一訳）『太平洋戦争とは何だったのか――1941-45年の国家，社会，そして極東戦争』（草思社，1989年）
――――（市川洋一訳）『太平洋戦争における人種問題』（草思社，1991年）
――――（市川洋一訳）『米英にとっての太平洋戦争』上下（草思社，1995年）
高原秀介『ウィルソン外交と日本――理想と現実の間 1913-1921』（創文社，2006年）
巽孝之『近未来戦争小説の起源――別冊解説』（アティーナ・プレス，2011年）
――――監修『アメリカ近未来小説集 1880-1930――アメリカ対脅威の極東アジア』（アティーナ・プレス，2010-2011年）
田原総一郎『なぜ日本は「大東亜戦争」を戦ったのか』（PHP研究所，2011年）
ダワー，ジョン・W（猿谷要監修，斎藤元一訳）『容赦なき戦争――太平洋戦争における人種差別』（平凡社，2001年）
陳徳仁・安井三吉編『孫文・講演「大アジア主義」資料集――1924年11月 日本と中国の岐路』（法律文化社，1989年）
鶴見祐輔『後藤新平』第二巻（勁草書房，1965年）
東郷実『日本植民論』（文武堂，1906年）
等松春夫『日本帝国と委任統治――南洋群島をめぐる国際政治 1914-1947』（名古屋大学出版会，2011年）
徳富蘇峰『白皙人種の前途』（民友社，1894年）
――――『大正の青年と帝国の前途』（民友社，1916年）
戸部良一『ピース・フィーラー――支那事変和平工作の群像』（論創社，1991年）
――――『外務省革新派――世界新秩序の幻影』（中公新書，2010年）
中川未来『明治日本の国粋主義思想とアジア』（吉川弘文館，2016年）
中島岳志『中村屋のボース――インド独立運動と近代日本のアジア主義』（白水社，2012年）
――――『アジア主義――その先の近代へ』（潮出版社，2014年）
中谷武世『大亜細亜連合への道』（国民思想研究所，1933年）
中山優『東亜連盟への途』（大民社，1940年）
奈良岡聰智『対華二十一ヵ条要求とは何だったのか――第一次世界大戦と日中対立の原点』（名古屋大学出版会，2015年）
橋川文三『黄禍物語』（筑摩書房，1976年）
長谷川毅『暗闘――スターリン，トルーマンと日本降伏』上下（中公文庫，2011年）
長谷川雄一編著『アジア主義思想と現代』（慶應義塾大学出版会，2014年）
波多野澄雄『太平洋戦争とアジア外交』（東京大学出版会，1996年）

服部龍二『東アジア国際環境の変動と日本外交 1918-1931』(有斐閣, 2001 年)
――――『日中歴史認識――「田中上奏文」をめぐる相剋 1927-2010』(東京大学出版会, 2010 年)
パニッカル, K・M (左久梓訳)『西洋の支配とアジア――1498-1945』(藤原書店, 2000 年)
樋口麗陽『米禍来る日本危機』(日本書院, 1924 年)
平川祐弘『西欧の衝撃と日本』(講談社学術文庫, 1985 年)
平間洋一『イズムから見た日本の戦争――モンロー主義・共産主義・アジア主義』(錦正社, 2014 年)
細谷千博, ニッシュ, イアン監修『日英交流史 1600-2000』1～4 (東京大学出版会, 2000 年)
細谷雄一『国際秩序――18 世紀ヨーロッパから 21 世紀アジアへ』(中公新書, 2012 年)
ホーン, ジェラルド (加瀬英明監修, 藤田裕行訳)『人種戦争――レイス・ウォー』(祥伝社, 2015 年)
馬暁華『幻の新秩序とアジア太平洋――第二次世界大戦期の米中同盟の軋轢』(彩流社, 2000 年)
松浦正孝『日中戦争期における経済と政治――近衛文麿と池田成彬』(東京大学出版会, 1995 年)
――――編著『昭和・アジア主義の実像――帝国日本と台湾・「南洋」・「南支那」』(ミネルヴァ書房, 2007 年)
――――『「大東亜戦争」はなぜ起きたのか――汎アジア主義の政治経済史』(名古屋大学出版会, 2010 年)
――――編著『アジア主義は何を語るのか――記憶・権力・価値』(ミネルヴァ書房, 2013 年)
マックウィリアムス, カレイ (渡辺惣樹訳)『日米開戦の人種的側面　アメリカの反省 1944』(草思社, 2012 年)
松村正義『ポーツマスへの道――黄禍論とヨーロッパの末松謙澄』(原書房, 1987 年)
――――『日露戦争と金子堅太郎――広報外交の研究』増補改訂版 (新有堂, 1987 年)
マハン, アルフレッド・T (麻田貞雄訳)『アメリカ古典文庫 8　アルフレッド・T・マハン』(研究社, 1977 年)
丸川哲史『リージョナリズム』(岩波書店, 2003 年)
――――『阿 Q の連帯は可能か?――来たるべき東アジア共同体のために』(せりか書房, 2015 年)
簑原俊洋『排日移民法と日米関係――「埴原書簡」の真相とその「重大なる結果」』(岩波書店, 2002 年)
――――『カリフォルニア州の排日運動と日米関係――移民問題をめぐる日米摩擦, 1906-1921 年』(神戸大学研究双書刊行会, 2006 年)
――――『アメリカの排日運動と日米関係――「排日移民法」はなぜ成立したか』(朝日新聞出版, 2016 年)
三輪公忠『日本・1945 年の視点』(東京大学出版会, 1986 年)
山岡道男『「太平洋問題調査会」研究』(龍渓書舎, 1997 年)
山室信一『思想課題としてのアジア――基軸・連鎖・投企』(岩波書店, 2001 年)

米原謙『徳富蘇峰――日本ナショナリズムの軌跡』(中公新書，2003 年)
リー，ロバート・G(貴堂嘉之訳)『オリエンタルズ――大衆文化のなかのアジア系アメリカ人』(岩波書店，2007 年)
レヴェント，シナン「戦前期・戦中期における日本の「ユーラシア政策」――トゥーラン主義・「回教政策」・反ソ反共運動の視点から」(早稲田大学出版部，2014 年)
渡辺昭夫『アジア・太平洋の国際関係と日本』(東京大学出版会，1992 年)

②外国語

Akami, Tomoko. *Internationalizing the Pacific: The United States, Japan and the Institute of Pacific Relations in war and peace, 1919–45*. London: Routledge, 2002.
Aydin, Cemil. *The Politics of Anti-Westernism in Asia: Visions of World Order in Pan-Islamic and Pan-Asian Thought*. New York: Columbia University Press, 2007.
Bell, Edward Price. *Japan Views the Pacific*. Chicago : the Chicago Daily News, 1925.
Best, Anthony. *British Intelligence and the Japanese Challenge in Asia, 1914–1941*. Houndmills: Palgrave Macmillan, 2002.
Blakeslee, George H. *The Recent Foreign Policy of the United States*: Problems in American Cooperation with Other Powers. New York: The Abingdon Press, 1925.
Buck, Pearl S. *My Several Worlds: A Personal Record*. New York: Day, 1954.
Coudenhove-Kalergi, Richard Nicolaus, Graf von. *Pan-Europa*. Wien: Pan-Europa-verlag, 1923.
Curry, Roy Watson. *Woodrow Wilson and Far Eastern Policy, 1913–1921*. New York: Bookman Associates, 1957.
Daniels, Roger. *The Politics of Prejudice: The anti-Japanese movement in California and the struggle for Japanese exclusion*. Berkeley: University of California Press, 1962.
Das, Taraknath. *Is Japan a Menace to Asia ?* Shanghai: The author, 1917.
Davies, John Paton, Jr. *Dragon by the Tail: American, British, Japanese, and Russian Encounters with China and One Another*. New York: Norton, 1972.
Davis, Arthur N. *The Kaiser as I know Him*. New York: Harper & Brothers, 1918.
Dickinson, Frederick R. *War and National Reinvention: Japan and the Great War, 1914–1919*. Cambridge, MA: Harvard University Asia Center, 1999.
Dooner, P. W. *Last Days of the Republic*. San Francisco: Alta California Pub. House, 1880.
Fornaro, Pasquale. *István Türr: Una biografia politica*. Soveria Mannelli (Catanzaro): Rubbettino, 2004.
Gallicchio, Marc. *The African American Encounter with Japan & China: Black internationalism in Asia, 1895–1945*. Chapel Hill: University of North Carolina Press, 2000.
Goodrich, Joseph King. *The Coming China*. Chicago: A. C. McClurg & co., 1911.
Grant, Madison. *The Passing of the Great Race: or the racial basis of European history*. New York: C. Scribner, 1916.
Gulick, Sidney Lewis. *The White Peril in the Far East: An Interpretation of the Significance of the Russo-Japanese War*. New York: F. H. Revell Company, 1905.
Hirobe, Izumi. *Japanese Pride, American Prejudice: Modifying the Exclusion Clause of the 1924 Immigration Act*. Stanford: Stanford University Press, 2001.
Horne, Gerald. *Race War !: White Supremacy and the Japanese Attack on the British Empire*. New

York: New York University Press, 2004.

Houston, David F. *Eight Years with Wilson's Cabinet, 1913 to 1920*. Garden City, NY: Doubleday, Page & Company, 1926.

Howe, M. A. DeWolfe. *George von Lengerke Meyer: his life and public services*. New York: Dodd, Mead, 1919.

Hu, Shizhang. *Stanley K. Hornbeck and the Open Door Policy, 1919–1937*. Westport, CT: Greenwood Press, 1995.

Hunt, Michael. *Ideology and U. S. Foreign Policy*. New Haven: Yale University Press, 1987.

Iriye, Akira. *Across the Pacific: An Inner History of American-East Asian Relations*. New York: Harcourt, Brace & World, 1967.

———. *Pacific Estrangement: Japanese and American Expansion, 1897–1911*. Cambridge, MA: Harvard University Press, 1972.

Jacobson, Matthew Frye. *Whiteness of a Different Color: European Immigrants and the Alchemy of Race*. Cambridge, MA: Harvard University Press, 1998.

Kaneko, Kentaro. *The Situation in the Far East*. Cambridge, MA: The Japan Club of Harvard University, 1904.

Koshiro, Yukiko. *Trans-Pacific Racisms and the U. S. Occupation of Japan*. New York: Columbia University Press, 1999.

Lake, Marilyn and Reynolds, Henry. *Drawing the Global Colour Line: white men's countries and the international challenge of racial equality*. Cambridge: Cambridge University Press, 2008.

Lea, Homer. *The Valor of Ignorance*. New York: Harper & Brothers, 1909.

Millard, Thomas F. *The New Far East*. New York: C. Scribner's sons, 1906.

———. *Conflict of Policies in Asia*. New York: The Century Co., 1924.

Mugridge, Ian. *The view from Xanadu : William Randolph Hearst and United States foreign policy*. Montreal: McGill-Queen's University Press, 1995.

Pearson, Charles Henry. *National Life and Character: A Forecast*. London: Macmillan and Co., 1893.

Riddell, John, ed. *To See the Dawn: Baku, 1920——First Congress of the Peoples of the East*. New York: Pathfinder, 1993.

Riggs, Fred Warren. *Pressures on Congress: a study of the repeal of Chinese exclusion*. New York: King's Crown Press, 1950.

Röhl, John C. G. *Wilhelm II: The Kaiser's Personal Monarchy, 1888–1900*. Cambridge: Cambridge University Press, 2004.

Saaler, Sven, and Koschmann, J. Victor, eds. *Pan-Asianism in Modern Japanese History: Colonialism, regionalism and borders*. London: Routledge, 2007.

Shimazu, Naoko. *Japan, Race and Equality: The racial equality proposal of 1919*. London: Routledge, 1998.

Stoddard, Lothrop. *The Rising Tide of Color against White World-Supremacy*. New York: Scribner, 1920.

Sumner, William Graham. *Folkways: a study of the sociological importance of usages, manners, customs, mores, and morals*. Boston: Ginn, 1906.

Tchen, John Kuo Wei and Yeats, Dylan., eds. *Yellow Peril!: An Archive of Anti-Asian Fear*. London: Verso, 2014.

Teow, See Heng. *Japan's Cultural Policy toward China, 1918–1931: A Comparative Perspective*. Cambridge, MA: Harvard University Asia Center, 1999.

Thompson, Richard Austin. *The Yellow Peril: 1890–1924*. New York: Arno Press, 1978.

Thomson, James C. Jr., Stanley, Peter W., and Perry, John Curtis. *Sentimental Imperialists: The American Experience in East Asia*. New York: Harper & Row, 1981.

Townsend, Meredith. *Asia and Europe*. London: A. Constable & co., ltd., 1901.

Utley, Jonathan G. *Going to War with Japan, 1937–1941*. Knoxville: University of Tennessee Press, 1985.

Walker, Guy Morrison. *Some Truth about Japan*. New York, 1919.

Von Wilderrotter, Hans, und Pohl, Klaus-D. *Der Letzte Kaiser: Wilhelm II im Exil*. Gütersloh: Bertelsmann Lexikon Verlag, 1991.

Wu, William F. *The Yellow Peril: Chinese Americans in American Fiction, 1850–1940*. Hamden, CT: Archon Books, 1982.

Yew, Leong. *Asianism and the Politics of Regional Consciousness in Singapore*. London: Routledge, 2014.

Zimmern, Alfred. *The Third British Empire*. London: Oxford University Press, 1926.

6　論文

①日本語

池井優「パリ平和会議と人種差別撤廃問題」『国際政治』第 23 巻（1963 年）

井上寿一「天羽声明と中国政策」『一橋論叢』第 97 巻第 5 号（1987 年）

入江昭「競争相手日本——1895 年から 1917 年」加藤秀俊・亀井俊介編『日本とアメリカ——相手国のイメージ研究』（日本学術振興会，1991 年）

川島真「近代中国のアジア観と日本——「伝統的」対外関係との関連で」高原明生ほか編『現代アジア研究 1　越境』（慶應義塾大学出版会，2008 年），415–441 頁。

————「日露戦争における中国外交——満州における局外中立」東アジア近代史学会編『日露戦争と東アジア世界』（ゆまに書房，2008 年），77–100 頁。

近衛文麿「英米本位の平和主義を排す」『日本及日本人』第 746 号（1918 年 12 月 15 日）

サーラ，スヴェン，スピルマン，クリストファー・W・A「東アジアにおける地域主義とアジア主義に関する歴史研究の現在」『日本思想史学』第 45 号（2013 年）

清水薫三「孫文の思想と人格」『民族と政治』（1965 年）

スティーズ，デイヴィッド「第 7 章　相互の便宜による帝国主義国の結婚——1902–1922 年の日英関係」木畑洋一，イアン・ニッシュ，細谷千博・田中孝彦編『日英交流史 1600–2000』（東京大学出版会，2000 年）

スピルマン，クリストファー・W・A「アジア主義の再検討」柴山太編『日米関係史研究の最前線』（関西学院大学総合政策学部，2014 年）

孫江「近代中国における「アジア主義」言説」『日本・東アジア文化研究』第 1 号（2002 年）

関智英「忘れられた革命家伍澄宇と日中戦争——日本占領地の将来構想」『中国研究月報』第 69 巻第 7 号（2015 年）

高光佳絵「ホーンベック国務省政治顧問の対日強硬化とアメリカの日中戦争観 1937–1938

年」服部龍二・土田哲夫・後藤春美編『戦間期の東アジア国際政治』（中央大学出版部，2007年）
――――「戦間期アジア・太平洋秩序と国際的民間団体――アメリカ政府の‘political missionary’」北岡伸一監修，川島真編『近代中国をめぐる国際政治』（中央公論新社，2014年）
土屋光芳「汪精衛政権の基盤強化の戦略――大亜洲主義，東亜連盟運動，新国民運動」『明治大学政経論叢』第77巻第5・6号（2009年）
中島岳志「R・M・プラタープと近代日本のアジア主義――反植民地ネットワーク・世界連邦・日本帝国主義」『国際政治』第146号（2006年）
中谷直司「勢力圏外交秩序の溶解――新四国借款団設立交渉（1919-1920）と中国をめぐる列強間関係の変容」『同志社法学』第323号（2007年9月）
中西寛「近衛文麿「英米本位の平和主義を排す」論文の背景――普遍主義への対応」『法学論叢』第132巻第4・5・6号（1993年3月）
狭間直樹「初期アジア主義についての史的考察」序章～終章『東亜』第410号（2001年）～第417号（2002年）
平石直昭「近代日本の国際秩序観と「アジア主義」」東京大学社会科学研究所編『20世紀システム 1 構想と形成』（東京大学出版会，1998年）
平野健一郎「西原借款から新四国借款団へ」細谷千博・斎藤真編『ワシントン体制と日米関係』（東京大学出版会，1978年）
藤井昇三「孫文の「アジア主義」」辛亥革命研究会編『中国近現代史論集――菊池貴晴先生追悼論集』（汲古書院，1985年）
古屋はるみ「第二次世界大戦期における日本人の人種アイデンティティー」木畑洋一，小菅信子，フィリップ・トウル編『戦争の記憶と捕虜問題』（東京大学出版会，2003年）
松本佐保「白人優位主義へのアジア主義の対応――アジア主義の人種的連帯の試みと失敗」松浦正孝編著『アジア主義は何を語るのか――記憶・権力・価値』（ミネルヴァ書房，2013年）
簑原俊洋「1906年サンフランシスコ学童隔離事件と日米関係――排日運動の原点」『六甲台論集・法学政治学篇』第43巻第1号（1996年7月）
村田勝幸「「人種化されたネイティヴィズム」の史的背景――19世紀末から20世紀初頭のアメリカにおける移民・人種・同化」『思想』No. 962（2004年6月）
森川正則「寺内内閣期における西原亀三の対中国「援助」政策構想」『阪大法学』第209号（2001年1月）
吉澤誠一郎「日露戦争と中国――その知的刻印を考える」東アジア近代史学会編『日露戦争と東アジア世界』（ゆまに書店，2008年）
――――「近代中国におけるアジア主義の諸相」松浦正孝編著『アジア主義は何を語るのか――記憶・権力・価値』（ミネルヴァ書房，2013年）
レズラズィ，エル・モスタファ「20世紀初頭のイスラーム世界と日本――パン・イスラーム主義と大アジア主義の関係を中心に」（東京大学博士論文，1998年）
レヴェント，シナン「戦前・戦中期における日本の「ユーラシア政策」――トゥーラン主義・「回教政策」・反ソ反共運動の視点から」（早稲田大学博士論文，2013年）

②外国語

Chan, K. C. “Britain’s Reaction to Chiang Kai-shek’s Visit to India, February 1942,” *Australian journal of politics and history* (Aug. 1975).

Jones, Matthew. “A ‘Segregated’ Asia ?: Race, the Bandung Conference, and Pan-Asianist Fears in American Thought and Policy, 1954–1955,” *Diplomatic History*, vol. 29, no. 5 (Nov. 2005).

Polyzoides, A. Th. “Prospects and Realities of War and Peace,” *World Affairs Interpreter* (Summer 1942).

Pugach, Noel H. “Progress, Prosperity and the Open Door: The Ideas and Career of Paul S. Reinsch,” Ph. D. dissertation, University of Wisconsin, 1967.

Wolseley, Garnet. “The Native Army of India,” *North American Review*, vol. 127, no. 263 (July–Aug. 1878).

註

序　章

（1）*Japan Advertiser*, 2 Feb. 1926.

（2）ジョン・W・ダワー（猿谷要監修，斎藤元一訳）『容赦なき戦争——太平洋戦争における人種差別』（平凡社，2001 年）；ジェラルド・ホーン（加瀬英明監修，藤田裕行訳）『人種戦争——レイス・ウォー』（祥伝社，2015 年）；Yukiko Koshiro, *Trans-Pacific Racisms and the U. S. Occupation of Japan* (New York, 1999) は，日米戦争に大きな影響を与えた人種主義が，形を変えて占領期にまで深く継続していたと指摘している。

（3）K・M・パニッカル（左久梓訳）『西洋の支配とアジア——1498-1945』（藤原書店，2000 年），456-457 頁。

（4）ハインツ・ゴルヴィツァー（瀬野文教訳）『黄禍論とは何か』（草思社，1999 年）；Richard Austin Thompson, *The Yellow Peril: 1890-1924* (New York, 1978)；William F. Wu, *The Yellow Peril: Chinese Americans in American Fiction, 1850-1940* (Hamden, CT, 1982)；ロバート・G・リー（貴堂嘉之訳）『オリエンタルズ——大衆文化のなかのアジア系アメリカ人』（岩波書店，2007 年）；John Kuo Wei Tchen and Dylan Yeats, eds., *Yellow Peril !: An Archive of Anti-Asian Fear* (London, 2014)；橋本順光編『英国黄禍論小説集成』（エディション・シナプス，2007 年）；橋本順光編『黄禍論史資料集成』（エディション・シナプス，2011 年）；橋川文三『黄禍物語』（筑摩書房，1976 年）；麻田貞雄『両大戦間の日米関係——海軍と政策決定過程』（東京大学出版会，1993 年）；飯倉章『イエロー・ペリルの神話——帝国日本と「黄禍」の逆説』（彩流社，2004 年）；飯倉章『黄禍論と日本人——欧米は何を嘲笑し，恐れたのか』（中公新書，2013 年）；比較文化の観点から『西欧の衝撃と日本』（講談社学術文庫，1985 年）をはじめとする平川祐弘の一連の研究，また，国際関係史の分野からは松村正義の日露戦争期の研究がある。巽孝之監修『アメリカ近未来戦争小説集 1880-1930——アメリカ対脅威の極東アジア』（アティーナ・プレス，2010-2011 年）。

（5）例外として，竹内好編『アジア主義』（筑摩書房，1963 年）をはじめとする竹内好の研究がある。また，三輪公忠『日本・1945 年の視点』（東京大学出版会，1986 年）も重要である。

（6）代表的なものとして，古屋哲夫編『近代日本のアジア認識』（京都大学人文科学研究所，1994 年）。

（7）アジア主義に関する研究史については，スヴェン・サーラ，クリストファー・W・A・スピルマン「東アジアにおける地域主義とアジア主義に関する歴史研究の現在」『日本思想史学』第 45 号（2013 年），199-202 頁およびクリストファー・W・A・スピルマン「アジア主義の再検討」柴山太編『日米関係史研究の最前線』（関西学院大学総合政策学部，2014 年），47-81 頁を参照。

（8）代表的な著作として，丸川哲史の『リージョナリズム』（岩波書店，2003 年）並びに『阿 Q の連帯は可能か？——来たるべき東アジア共同体のために』（せりか書房，2015 年），井上寿一『アジア主義を問いなおす』（ちくま新書，2006 年）を挙げたい。

（9）思想史分野におけるアジア主義の研究としては，平石直昭「近代日本の国際秩序観と「アジア主義」」東京大学社会科学研究所編『20 世紀システム 1 構想と形成』（東京大学出版会，1998 年）並びに山室信一『思想課題としてのアジア——基軸・連鎖・投企』（岩波書店，2001 年）を挙げておきたい。

（10）松浦正孝『「大東亜戦争」はなぜ起きたのか——汎アジア主義の政治経済史』（名古屋大学出版会，2010 年）。また，籠谷直人『アジア国際通商秩序と近代日本』（名古屋大学出版会，2000 年）は，戦前のアジア通商ネットワークの形成を描き出すことで，アジア主義の拡大要因を明らかにした研究として，アジア主義の実証的研究に大きく貢献している。

（11）Sven Saaler and J. Victor Koschmann, eds., *Pan-Asianism in Modern Japanese History: Colonialism, Regionalism and Borders* (London, 2007).

（12）Sven Saaler and Christopher W. A. Szpilman, eds., *Pan-Asianism: A Documentary History*, vol. I & II (Lanham, MD, 2011)；竹内好編『アジア主義』。

（13）Cemil Aydin, *The Politics of Anti-Westernism in Asia: Visions of World Order in Pan-Islamic and Pan-Asian Thought* (New York, 2007).

（14）2013 年以降に出版されたものだけ見ても，松浦正孝編著『アジア主義は何を語るのか——記憶・権力・価値』（ミネルヴァ書房，2013 年）；中島岳志『アジア主義——その先の近代へ』（潮出版社，2014 年）；平間洋一『イズムから見た日本の戦争——モンロー主義・共産主義・アジア主義』（錦正社，2014 年）；長谷川雄一編著『アジア主義思想と現代』（慶應義塾大学出版会，2014 年）；中川未来『明治日本の国粋主義思想とアジア』（吉川弘文館，2016 年）；嵯峨隆『アジア主義と近代日中の思想的交錯』（慶應義塾大学出版会，2016 年）；Leong Yew, *Asianism and the Politics of Regional Consciousness in Singapore* (London, 2014) など枚挙に暇がない。

（15）Antony Best, *British Intelligence and the Japanese Challenge in Asia, 1914–1941* (Houndmills, 2002)；松本佐保「白人優位主義へのアジア主義の対応——アジア主義の人種的連帯の試みと失敗」松浦正孝編著『アジア主義は何を語るのか』，212–239 頁。

（16）クリストファー・ソーン（市川洋一訳）『太平洋戦争とは何だったのか——1941–45 年の国家，社会，そして極東戦争』（草思社，1989 年）；クリストファー・ソーン（市川洋一訳）『太平洋戦争における人種問題』（草思社，1991 年）。

（17）Akira Iriye, *Pacific Estrangement: Japanese and American Expansion, 1897–1911* (Cambridge, MA, 1972).

（18）本書では，アメリカ合衆国の略称としてアメリカを用いる。また本書を通して，白人，黒人，黄色人といった呼称を，煩雑さを避けるために鉤括弧をつけずに用いるが，これらは本来注意して用いられるべき語である。それらの語についてのアプローチに関しては，Matthew Frye Jacobson, *Whiteness of a Different Color: European Immigrants and the Alchemy of Race* (Cambridge, MA, 1998) を参照。

第 1 章　日清戦争と日露戦争

（1）ゴルヴィツァー『黄禍論とは何か』，112–116 頁；飯倉章『イエロー・ペリルの神話』，

126–139 頁。

（2）Charles Henry Pearson, *National Life and Character: A Forecast* (London, 1893), p. 17. なお，引用中の「……」は原則としてすべて引用者による省略である。

（3）ピアソンの黄禍論については，飯倉章『イエロー・ペリルの神話』，141–165 頁を参照。

（4）*The Times*, 19 Jan. 1893.

（5）*Iowa State Reporter*, 6 July 1893. アメリカへの中国からの移民の問題については，貴堂嘉之『アメリカ合衆国と中国人移民——歴史のなかの「移民国家」アメリカ』（名古屋大学出版会，2012 年）が詳しい。

（6）Marilyn Lake and Henry Reynolds, *Drawing the Global Colour Line: White Men's Countries and the International Challenge of Racial Equality* (Cambridge, 2008), pp. 98–100; *Sewanee Review*, vol. 2, no. 3 (May 1894), pp. 353–376.

（7）徳富蘇峰『白皙人種の前途』（民友社，1894 年）。

（8）*London and China Telegraph*, 25 Feb. 1895.

（9）*Living Age*, vol. 218 (8 Jan. 1898), pp. 124–126.

（10）平川祐弘『西欧の衝撃と日本』，271 頁。

（11）平川祐弘『西欧の衝撃と日本』，274 頁。

（12）ヨーロッパの連合に関しては，遠藤乾編『ヨーロッパ統合史』（名古屋大学出版会，2008 年）を参照。

（13）John C. G. Röhl, *Wilhelm II: The Kaiser's Personal Monarchy, 1888–1900* (Cambridge, 2004), pp. 909–910.

（14）古屋はるみ「第二次世界大戦期における日本人の人種アイデンティティー」木畑洋一，小菅信子，フィリップ・トウル編『戦争の記憶と捕虜問題』（東京大学出版会，2003 年），162 頁。

（15）飯倉章『黄禍論と日本人』，53–54 頁。

（16）*The Times*, 12 Nov. 1895.

（17）ヴィルヘルム二世が「黄色人種の侵入」（the inroads of the Great Yellow race）という表現を使ったのは，ニコライ二世宛の 1895 年 4 月 26 日付の書簡においてである。ヴィルヘルム二世は，ドイツ語に加えて英語やフランス語も母語同然に操り，ニコライ二世宛のヴィルヘルム二世の一連の書簡は英語で書かれている。N. F. Grant ed., *The Kaiser's letters to the Tsar, copied from the government archives in Petrograd, and brought from Russia by Isaac Don Levine* (London, 1920), p. 11; ヴィルヘルム二世は，1908 年（ゴルヴィツァー『黄禍論とは何か』では 1907 年となっているが，歯科医デイヴィスの記述と同時代の出来事から 1908 年の誤りと思われる）に，お抱えアメリカ人歯科医アーサー・デイヴィスに対して「黄禍」という言葉を作り出したのは自分である旨語っているが，件の絵が描かれた直後の絵の説明に「黄禍」という言葉は見られず，またこの時期他の場面で皇帝がその言葉を使った形跡もない。ゴルヴィツァーによると，皇帝が最初にこの言葉を使ったのは 1900 年であるという。ゴルヴィツァー『黄禍論とは何か』，40–41 頁; 飯倉章『イエロー・ペリルの神話』，48–51 頁; 飯倉章『黄禍論と日本人』，58–60 頁; Arthur N. Davis, *The Kaiser as I know Him* (New York, 1918), p. 102. 唯一レールによるヴィルヘルム二世の伝記では，皇帝による件のスケッチに「黄禍に対抗して」というタイトルを付しているが，いつ誰がそのように名づけたかについては明確に記しておらず，このスケッチを書いたときに皇帝が記したのは，自らの名を示す略号，日付，場所のみである。ま

たレールの伝記がこのスケッチの典拠としている Hans von Wilderotter und Klaus-D Pohl, *Der Letzte Kaiser: Wilhelm II. im Exil*（Gütersloh, 1991）においては，このスケッチにも「黄禍」でなくクナックフスによる完成版につけられたのと同じタイトルがつけられている。以上の理由からここではゴルヴィツァーらの説が妥当と考える。Röhl, *Wilhelm II*, p. 756.

(18) *New York Herald*, 16 Sept. 1895.

(19) *Salt Lake City Daily Tribune*, 23 Sept. 1895; *Postville Review*, 28 Sept. 1895.

(20) *New York Herald*, 24 Nov. 1895.

(21) *New York Tribune*, 25 Nov. 1895; *Chicago Tribune*, 26 Nov. 1895.

(22) *Review of Reviews*, Vol. XIII, no. 1（Jan. 1896）, pp. 2–3; 飯倉章『イエロー・ペリルの神話』。

(23) トゥルについての伝記的研究としては，Pasquale Fornaro, *István Türr: Una biografia politica* (Soveria Mannelli（Catanzaro）, 2004）が詳しい。

(24) *The Times*, 4 June 1895.

(25) *Manchester Courier and Lancashire General Advertiser*, 5 June 1895.

(26) *New York Tribune*, 22 June 1895.

(27) *Current Literature*, vol. XVIII, no. 3（Sept. 1895）, pp. 211–212.

(28) *Nation*, 20 June 1895, p. 473.

(29)『国民新聞』1895 年 7 月 18 日。

(30)『国民新聞』1896 年 1 月 8 日。

(31) ゴルヴィツァー『黄禍論とは何か』，41–43 頁。

(32) *Harper's Weekly* (22 Jan. 1898), p. 76.

(33) 芝原拓自・猪飼隆明・池田正博編『日本近代思想大系 12　対外観』（岩波書店，1988 年），265–268 頁；樽井藤吉「大東合邦論」竹内好編『アジア主義』，106–129 頁；田岡嶺雲「東亜の大同盟」上・中・下『萬朝報』1897 年 11 月 26 日，28 日，30 日。

(34) 近衛篤麿「同人種同盟附支那問題研究の必要」『太陽』第 4 巻第 1 号（1898 年 1 月 1 日），1–3 頁。

(35) 近衛篤麿日記刊行会編『近衛篤麿日記』第二巻（鹿島研究所，1968 年），47–52 頁；*Le Temps*, 5 Mar. 1898 など。

(36) *Los Angeles Times*, 27 Aug. 1901; *New York Times*, 11 Jan. 1904 など。

(37) *New York Tribune*, 20 Aug. 1899; *Chicago Tribune*, 20 Aug. 1899; *Washington Post*, 20 Aug. 1899.

(38) *Derby Daily Telegraph*, 7 Apr. 1899.

(39) R. Van Bergen, "The Revolution in China and its Causes," *Century*, vol. 60（September 1900）, pp. 791–794.

(40) *The Times*, 24 July 1901; *Chicago Tribune*, 24 July 1901; *Los Angeles Times*, 27 Aug. 1901.

(41) *Chicago Tribune*, 19 May 1901.

(42) "The Yellow Peril: Is it a Reality ?" *Crampton's Magazine*, vol. XVII（June & July 1901）, pp. 450–461.

(43) 細谷雄一『国際秩序――18 世紀ヨーロッパから 21 世紀アジアへ』（中公新書，2012 年），185–186 頁；*The Times*, 1 Dec. 1899.

(44) Meredith Townsend, *Asia and Europe*（London, 1901）, ix–xii; *Baltimore Sun*, 17 Oct. 1901; *Hartford Courant*, 2 Nov. 1901.

(45) *Congressional Record*, vol. XXXV (Washington, D. C., 1902), pp. 5855–5867.
(46) *Chicago Tribune*, 2 June 1903.
(47) *New York Tribune*, 7 Sept. 1903; Townsend, *Asia and Europe*, xi.
(48) 平川祐弘『西洋の衝撃と日本』, 269–270 頁。
(49) *Los Angeles Herald*, 11 Jan. 1904.
(50)『日本外交文書』第 36 巻第 1 冊(日本国際連合協会, 1957 年), 41–45 頁。中国側からも日中合同の論がないわけではなかった。梁啓超が亡命中に横浜で出していた雑誌『新民叢報』には, 日露戦争を黄色人種と白色人種が戦う場とみなし, 中国と日本が同人種として合同してロシアに向かうという立場で書かれた文章が見られる。吉澤誠一郎「日露戦争と中国——その知的刻印を考える」東アジア近代史学会編『日露戦争と東アジア世界』(ゆまに書店, 2008 年) を参照。
(51) *Outlook*, vol. 76 (23 Jan. 1904), pp. 205–206.
(52) "The Omens of War in the Far East," *Harper's Weekly*, vol. 47 (8 Aug. 1903), p. 1287.
(53) "Which is the more civilized ?" *Everybody's Magazine*, vol. X, no. 4 (Apr. 1904), p. 569; *Woodland Daily Democrat*, 30 Mar. 1904.
(54) *Los Angeles Times*, 12 Feb. 1904.
(55) *Washington Post*, 22 Feb. 1904.
(56) *Washington Post*, 31 Mar. 1904; *Baltimore American*, 31 Mar. 1904.
(57) *Munsey's Magazine*, vol. XXXI, no. 3 (June 1904), pp. 321–330.
(58) Alfred Zimmern, *The Third British Empire* (London, 1926), pp. 82–83.
(59) *Los Angeles Times*, 10 May 1904.
(60) *Chicago Tribune*, 11 May 1904.
(61) *Cedar Rapids Evening Gazette*, 11 May 1904.
(62) *Los Angeles Times*, 12 May 1904.
(63) *Syracuse Telegram*, 12 May 1904; *Hawaiian Star*, 14 May 1904.
(64) *Cedar Rapids Evening Gazette*, 13 May 1904; *Los Angeles Herald*, 14 May 1904.
(65) *Los Angeles Times*, 15 June 1904.
(66) *San Francisco Examiner*, 20 Aug. 1904; Ian Mugridge, *The View from Xanadu: William Randolph Hearst and United States Foreign Policy* (Montreal, 1995), pp. 55–56.
(67) *Chicago Tribune*, 7 May 1905.
(68) *Hull Daily Mail*, 18 Jan. 1905; 日本の軍人が中国兵をはじめとするアジアの兵士を訓練強化して西洋に立ち向かってくるというイメージは, 当時広範にもたれていた。それを示す例としては *Puck*, 16 Aug. 1905 の表紙「東洋の教練教官」が典型的である。.
(69) Sidney Lewis Gulick, *The White Peril in the Far East: An Interpretation of the Significance of the Russo-Japanese War* (New York, 1905).
(70) James C. Thomson, Jr., Peter W. Stanley and John Curtis Perry, *Sentimental Imperialists: The American Experience in East Asia* (New York, 1981), pp. 145–146; キップリング(中村爲治訳)『キップリング詩集』(梓書房, 1929 年), 109 頁。
(71) Thomson, Jr. et al., *Sentimental Imperialists*, p. 146.
(72) Straight to Fletcher, 17 Sept. 1905, Straight Papers, Cornell University.
(73) M. A. DeWolfe Howe, *George von Lengerke Meyer: His Life and Public Services* (New York, 1919), pp. 112–113.

(74) *Chicago Tribune*, 2 June 1905.

(75) *Daily Californian*, 19 June 1905.

(76) *Oakland Tribune*, 1 and 14 June 1905.

(77) *North China Herald and Supreme Court & Consular Gazette*, 30 June 1905.

(78) William Graham Sumner, *Folkways: A Study of the Sociological Importance of Usages, Manners, Customs, Mores, and Morals* (Boston, 1906), p. 5.

(79) 日露戦争開戦によってこのような状態に陥ることを予測していた一人に森鷗外がいる。早稲田大学で行った講義「黄禍論梗概」において，もし日露戦争で日本が負ければ，ロシアが黄禍を未然に防いだとなり，もし日本が勝てば，まさしく黄禍とみなされると警告しているが，これこそまさに伊藤博文が恐れていたことであった。飯倉章『イエロー・ペリルの神話』，104-111 頁。

(80) 松村正義『ポーツマスへの道——黄禍論とヨーロッパの末松謙澄』(原書房，1987年)；松村正義『日露戦争と金子堅太郎——広報外交の研究』増補改訂版（新有堂，1987年)。

(81)『日本外交文書　別冊日露戦争』第 5 巻（日本国際連合協会，1960 年)，668-674 頁。

(82) *San Francisco Call*, 9 July 1904.

(83) Kentaro Kaneko, *The Situation in the Far East* (Cambridge, MA, 1904)；松村正義『日露戦争と金子堅太郎』。

(84)『日本外交文書　別冊日露戦争』第 5 巻，705-720 頁。

(85) Kentaro Kaneko, "The Yellow Peril is the Golden Opportunity for Japan," *North American Review*, no. 576 (Nov. 1904), pp. 641-648.

(86) 松村正義『ポーツマスへの道』; "The Yellow Peril," *Living Age* (23 July 1904), pp. 223-235.

(87) *Walterloo Daily Courier*, 21 Aug. 1905.

(88) *Washington Post*, 25 Oct. 1905.

(89) 東郷実『日本植民論』(文武堂，1906 年)，362 頁。

(90) 鶴見祐輔『後藤新平』第二巻（勁草書房，1965 年)，955-966 頁。

(91) 橋川文三『黄禍物語』，149 頁；茅原廉太郎『日本人民の誕生』(岩波書店，1946 年)，139-140 頁。

(92) *Baltimore Sun*, 28 Dec. 1905.

(93) *Chicago Tribune*, 5 May 1907.

(94) *Los Angeles Times*, 12 Aug. 1907.

(95)『神戸新聞』1907 年 10 月 30 日；*Japan Chronicle*, 1 Nov. 1907.

(96) *North China Herald and Supreme Court & Cousular Gazette*, 8 Nov. 1907; *The Times*, 23 Dec. 1907.

(97) *Dundee Courier*, 23 Dec. 1907.

(98) *The Times*, 24 and 26 Dec. 1907; *Dundee Courier*, 26 Dec. 1907; *Aberdeen Journal*, 26 Dec. 1907; 大隈侯八十五年史会編『大隈侯八十五年史』第二巻（原書房，1970 年)，520-521 頁。

(99) *Le Figaro*, 22 Julliet 1907; *Evening Telegraph and Post*, 22 July 1907; *New York Times*, 23 July 1907; *Newark Daily Advocate*, 23 July 1907.

(100) 中国人移民問題については，貴堂嘉之『アメリカ合衆国と中国人移民』を参照。

(101) *New York Tribune*, 1 May 1869.

(102) この長文の記事には yellow という語が最後の方で一箇所だけ登場するが，まったく異なった文脈で用いられている。この頃唯一ともいえる近未来戦争小説として，1880 年にサンフランシスコで出版されたピアトン・ドゥーナーの『共和国最後の日々』がある。同書は「近未来戦争小説のそもそもの起源」ともいえるものであるが，同時代の出版物などを見ても広く読まれた形跡は見られない。この辺りについては，今後，よりいっそうの研究が必要であろう。近未来戦争小説の起源については，巽孝之『近未来戦争小説の起源――別冊解説』（アティーナ・プレス，2011 年）を参照。

(103) 例えば，*San Francisco Call*, 9 Aug. 1896.

(104) *Coast Seamen's Journal*, 2 Nov. 1904, 1 Mar. 1905 and 3 Jan. 1906.

(105) Roger Daniels, *The Politics of Prejudice: The Anti-Japanese Movement in California and the Struggle for Japanese Exclusion* (Berkeley, 1962), p. 70.

(106) Thomas F. Millard, *The New Far East* (New York, 1906), p. 29.

(107) Jack London, "The Yellow Peril," *San Francisco Examiner*, 25 Sept. 1904.

(108) Jack London, "If Japan Wakens China," *Sunset*, vol. 23 (Dec. 1909), pp. 597–601.

(109) Jack London, "The Unparalleled Invasion," *McClure's Magazine* (May 1910).

(110) *San Francisco Examiner*, 3 and 10 Nov. 1907.

(111) Richmond P. Hobson, "If War Should Come !" *Cosmopolitan Magazine* (May 1908), pp. 584–593; (June 1908), pp. 38–47; (Sept. 1908), pp. 382–387.

(112) *Atlanta Constitution*, 26 Apr. and 3 May 1908; *Appendix to the Congressional Record*, 42 Cong. Sess. 60–1 (1908), pp. 499–512.

(113) *New York Times*, 14 July and 25 Nov. 1908; *Los Angeles Times*, 9 July 1908.

(114) Homer Lea, *The Valor of Ignorance* (New York, 1909); *New York Times*, 8 Jan. 1910; *Los Angeles Times*, 14 Aug. 1910.

(115) Stimson Diary, 10 Feb. 1942, Sterling Memorial Library, Yale University.

(116) 入江昭「競争相手日本――1895 年から 1917 年」加藤秀俊・亀井俊介編『日本とアメリカ――相手国のイメージ研究』（日本学術振興会，1991 年），167–168 頁；Joseph King Goodrich, *The Coming China* (Chicago, 1911), pp. 227–228.

(117) *Washington Post*, 10 Mar. 1912.

(118) Egan to Assistant Secretary of State, 20 Sept. 1910, *FRUS with the address of the president to Congress December 4, 1917* (Washington, D. C., 1926), pp. 561–564.

(119) *Toronto Globe*, 2 Apr. 1910; *Mount Ida Chronicle*, 24 June 1910.

(120) 入江昭「競争相手日本」，149 頁。

(121) 入江昭「競争相手日本」，151–153 頁。

(122) "Japan and the Monroe Doctrine," *Saturday Review* (1 June 1912), pp. 676–677 and *Living Age*, vol. 274 (1912), pp. 48–50.

(123) タフト政権の対東アジア外交については，北岡伸一『門戸開放政策と日本』（東京大学出版会，2015 年）第 1 章を参照。

(124) 簑原俊洋「1906 年サンフランシスコ学童隔離事件と日米関係――排日運動の原点」『六甲台論集・法学政治学篇』第 43 巻第 1 号（1996 年 7 月），119–139 頁；賀川真理『サンフランシスコにおける日本人学童隔離問題』（論創社，1999 年）。

(125) 国務省極東部設置に関しては，北岡伸一『門戸開放政策と日本』，第 1 章を参照。

(126) カリフォルニア州外国人土地法をめぐる州議会の動きについては，簑原俊洋『カリフォルニア州の排日運動と日米関係——移民問題をめぐる日米摩擦，1906-1921年』（神戸大学研究双書刊行会，2006年）が詳しい。
(127)『国民新聞』1913年5月4日。
(128)『国民新聞』1913年5月22日；*New York Times*, 22 May 1913.
(129) 桑原隲藏『桑原隲藏全集』第一巻（岩波書店，1968年），22-34頁。
(130) *The Times*, 19 May and 23 June 1913; 松本佐保「白人優位主義へのアジア主義の対応」，215頁；スピルマン「アジア主義の再検討」，53頁；アルフレッド・T・マハン（麻田貞雄訳）『アメリカ古典文庫8　アルフレッド・T・マハン』（研究社，1977年），143頁。

第2章　第一次世界大戦とパリ講和会議

(1) 対華二十一カ条要求については，奈良岡聰智『対華二十一ヵ条要求とは何だったのか——第一次世界大戦と日中対立の原点』（名古屋大学出版会，2015年）を参照。
(2) "A Japanese Monroe Doctrine," *New Statesman* (27 Mar. 1915), pp. 604-605.
(3) *The Times*, 7 May 1915.
(4) *Foreign Relations of the United States*（以下 *FRUS* と略記), 1915, p. 82; 奈良岡聰智『対華二十一ヵ条要求とは何だったのか』，215頁。
(5) ウィルソン政権の対東アジア外交については，高原秀介『ウィルソン外交と日本——理想と現実の間 1913-1921』（創文社，2006年）および Roy Watson Curry, *Woodrow Wilson and Far Eastern Policy, 1913-1921* (New York, 1957) を参照。
(6) "A Japanese Monroe Doctrine," *Living Age* (1 May 1915), pp. 313-315.
(7) "Pan-Asianism," *Christian Science Monitor*, 6 June 1917.
(8) "Modern Pan-Asianism," *Millard's Review* (4 Aug. 1917), pp. 233-235.
(9) David F. Houston, *Eight Years with Wilson's Cabinet, 1913 to 1920* (New York, 1926), vol. I, p. 229; 高原秀介『ウィルソン外交と日本』，263頁。
(10) 小寺謙吉『大亜細亜主義論』（東京寶文館，1916年）。
(11) 徳富蘇峰『大正の青年と帝国の前途』（民友社，1916年）。
(12) この時期の日本の対中借款については，平野健一郎「西原借款から新四国借款団へ」細谷千博・斎藤真編『ワシントン体制と日米関係』（東京大学出版会，1978年）；森川正則「寺内内閣期における西原亀三の対中国「援助」政策構想」『阪大法学』第209号（2001年1月），809-838頁；中谷直司「勢力圏外交秩序の溶解——新四国借款団設立交渉（1919-1920）と中国をめぐる列強間関係の変容」『同志社法学』第323号（2007年9月），85-147頁を参照。
(13) *FRUS*, 1918, pp. 155-157.
(14) Noel H. Pugach, "Progress, Prosperity and the Open Door: The Ideas and Career of Paul S. Reinsch," Ph. D. dissertation, University of Wisconsin, 1967, p. 448.
(15) 平野健一郎「西原借款から新四国借款団へ」，317頁。
(16) Best, *British Intelligence*, pp. 35-38; 大塚健洋『大川周明——ある復古革新主義者の思想』（中公新書，1995年），72，88頁；後藤内務大臣宛岡田警視総監電報，1917年5月29日，「排英印度人取締ノ件，印度人「ダス」ニ関スル件」外交史料館；Taraknath Das, *Is Japan a Menace to Asia?* (Shanghai, 1917).
(17) "Indian Sedition in Japan," Feb. 1917, WO106/869, National Archives, London（以下 PRO と

表記).
(18) "The degree of danger to India," n. d. WO106/869, PRO.
(19) "Pan-Asiatic possibilities," n. d. WO106/869, PRO.
(20) イギリス軍とインド兵の関係については，秋田茂『イギリス帝国とアジア国際秩序——ヘゲモニー国家から帝国的な構造的権力へ』(名古屋大学出版会，2003 年) を参照。核兵器のような大量殺戮兵器の存在しなかった世界では，兵士の数はなお軍事的に決定的な要素であった。特に小火器の普及後，歩兵の重要性が復活した。
(21) Garnet Wolseley, "The Native Army of India," *North American Review*, vol. 127, no. 263 (July-Aug. 1878), pp. 132-157.
(22) *San Francisco Chronicle*, 15 July 1878.
(23) *Los Angeles Herald*, 17 July 1878.
(24) *Harrisburg Patriot*, 11 May 1917.
(25) *Idaho Statesman*, 17 May 1917.
(26) *Indianapolis Star*, 20 May 1917.
(27) 黒龍会編『亜細亜大観』(黒龍会出版部，1918 年); Davidson to Greene, 2 Nov. 1918, Greene to Balfour, 6 Nov. 1918, and Petrie to Jordan, 27 Nov. 1918, FO228/2947, PRO.
(28) 臨時外交調査会会議筆記，1918 年 11 月 13 日，伊藤伯爵家文書，松本記録，第一巻，外交史料館。
(29) *FRUS*, 1919, The Paris Peace Conference, vol. 1 (Washington, D. C., 1942), pp. 489-490.
(30) 中西寛「近衛文麿「英米本位の平和主義を排す」論文の背景——普遍主義への対応」『法学論叢』第 132 巻第 4・5・6 号 (1993 年 3 月)，225-258 頁。
(31) 近衛文麿「英米本位の平和主義を排す」『日本及日本人』第 746 号 (1918 年 12 月 15 日)，23-26 頁。近衛文麿の「英米本位の平和主義を排す」に関しては，中西寛「近衛文麿「英米本位の平和主義を排す」論文の背景」，225-258 頁を参照。
(32) *FRUS*, 1919, The Paris Peace Conference, vol. 1, p. 494.
(33) Guy Morrison Walker, *Some Truth About Japan* (New York, 1919); *Laurel Leader*, 14 Apr. 1919.
(34) *Millard's Review* (11 Jan. 1919), pp. 193-195.
(35) *New York World*, 23 Nov. 1918; パリ講和会議での日本の人種差別撤廃に向けた動きについては，以下を参照。Naoko Shimazu, *Japan, Race and Equality: The Racial Equality Proposal of 1919* (London, 1998); 池井優「パリ平和会議と人種差別撤廃問題」『国際政治』第 23 巻 (1963 年)，44-58 頁。
(36) *Congressional Record*, Vol. LVII (Washington, D. C., 1919), pp. 1083-1088.
(37) *New York Times*, 25 Mar. 1919.
(38) *San Francisco Chronicle*, 1 Apr. 1919.
(39) *San Francisco Chronicle*, 29 Mar. 1919.
(40) *New York Tribune*, 29 Mar. 1919.
(41) *New York Times*, 3 Apr. 1919; *San Francisco Chronicle*, 6 Apr. 1919.
(42) *North China Herald and Supreme Court & Consular Gazette*, 24 May 1919.
(43)『大阪毎日新聞』1919 年 4 月 16 日，17 日; *Los Angeles Times*, 28 June 1919.
(44) *San Francisco Examiner*, 14 May 1919.
(45)『東京朝日新聞』1919 年 5 月 19 日; *New York Tribune*, 17 July 1919; *St. Louis Post-*

Dispatch, 17 July 1919; *Los Angeles Times*, 25 Aug. 1919.
(46) *Congressional Record*, vol. LVIII, part I (Washington, D.C., 1919), pp. 235–246; *Atlanta Constitution*, 27 May 1919; *Washington Post*, 8 Aug. 1921.
(47) *Millard's Review* (9 Aug. 1919), pp. 388–390.
(48) *Sydney Bulletin*, 7 Aug. 1919.
(49) *Chicago Tribune*, 7 Jan. 1920; *San Francisco Chronicle*, 5 Jan. 1920;『満洲日日新聞』1920年2月8日。
(50) *Chicago Tribune*, 28 Sept. 1919.
(51) C. P. Wang, "Will There be War between the White and the Yellow Races ?" *Millard's Review* (18 Sept. 1920), p. 130.
(52) Frazier Hunt, "Smiling John Chinaman," *Weekly Review of the Far East* (2 July 1921), pp. 220–224.
(53) Best, *British Intelligence*, pp. 39–41.
(54) エル・モスタファ・レズラズィ「20世紀初頭のイスラーム世界と日本——パン・イスラーム主義と大アジア主義の関係を中心に」(東京大学博士論文, 1998年)。
(55) Jordan to Curzon, 10 Dec. 1919, FO371/3823, PRO.
(56) *Japan Weekly Chronicle*, 11 Dec. 1919.
(57) Coales to Jordan, 13 Jan. 1920 and Jordan to Curzon, 19 Jan. 1920, FO371/3823, PRO.
(58) Gary to Colby, 19 Jan. 1921, 790.94/1 および Gary to Colby, 29 Jan. 1921, 790.94/2, decimal file, Record Group 59, National Archives and Records Administration at College Park, Maryland (以下 NARA と略記).
(59) Jacobson, *Whiteness of a Different Color*, pp. 92–93.
(60) Lothrop Stoddard, *The Rising Tide of Color against White World-Supremacy* (New York, 1920); ロスロップ・スタッダード (長瀬鳳輔訳)『有色人の勃興』(政教社, 1921年); Madison Grant, *The Passing of the Great Race: or The Racial Basis of European History* (New York, 1916); 村田勝幸「「人種化されたネイティヴィズム」の史的背景——19世紀末から20世紀初頭のアメリカにおける移民・人種・同化」『思想』No. 962 (2004年6月), 109–131頁。
(61) John Riddell, ed., *To See the Dawn: Baku, 1920—First Congress of the Peoples of the East* (New York, 1993).
(62) Best, *British Intelligence*, pp. 40–45.
(63) *The Times*, 15 Jan. 1921.
(64) *The Times*, 18, 19, and 31 Jan. 1921.
(65) *British Documents on Foreign Affairs* (以下 *BDFA* と略記), vol. 3 (Frederick, MD, 1991), p. 308.
(66) *Baltimore Sun*, 26 June 1921.
(67) *Observer*, 10 July 1921.
(68) *Los Angeles Times*, 30 Sept. 1921; *New York Tribune*, 21 Nov. 1921.
(69) *Boston Globe*, 29 Nov. 1921.
(70) *Boston Globe*, 12 Dec. 1921.
(71) *San Francisco Examiner*, 12 Feb. 1922.
(72) *New York Times*, 12 Feb. 1922.

(73) デイヴィッド・スティーズ「第 7 章　相互の便宜による帝国主義国の結婚——1902–1922 年の日英関係」木畑洋一，イアン・ニッシュ，細谷千博，田中孝彦編『日英交流史 1600–2000』（東京大学出版会，2000 年），183–215 頁。
(74) 佐々木雄太・木畑洋一編『イギリス外交史』（有斐閣，2005 年），114–116 頁；*The Times*, 19 Mar. 1924.
(75)『大阪朝日新聞』1923 年 9 月 11 日；『読売新聞』1923 年 9 月 12 日，17 日；『東京朝日新聞』1923 年 9 月 12 日など。
(76) *New York Times*, 26 Aug. 1923.
(77) *Chicago Tribune*, 26 Dec. 1923.
(78) Thomas F. Millard, *Conflict of Policies in Asia* (New York, 1924).

第 3 章　排日移民法と全亜細亜民族会議

(1) 排日移民法制定過程については，簑原俊洋『排日移民法と日米関係——「埴原書簡」の真相とその「重大なる結果」』（岩波書店，2002 年）が詳しい。アメリカ社会の人種観と対外関係の関係については，Michael Hunt, *Ideology and U. S. Foreign Policy* (New Haven, 1987) を参照。アメリカ人外交官の中にすらあからさまに排日移民法を正当化する者もあった。ジェーコブ・シャーマン駐華公使は，5 月 14 日に天津のロータリークラブでの演説において，アジア人がアメリカに同化できないことが排日移民法制定の理由の一つと言い切った。711, 945/1133, RG59, NARA.
(2) 移民法通過後の日米両国の反応については，Izumi Hirobe, *Japanese Pride, American Prejudice: Modifying the Exclusion Clause of the 1924 Immigration Act* (Stanford, 2001) を参照。
(3) 大石正巳「アジア民族の総同盟を策せよ」『太陽』第 30 巻第 7 号（1924 年 6 月），106–109 頁。
(4) 樋口麗陽『米禍来る日本危機』（日本書院，1924 年），373–374 頁。
(5) *New York Times*, 11 May 1924.
(6) 幣原外相宛大阪府知事電報，1924 年 6 月 10 日，「米国に於ける排日問題雑件——米国移民法に対する排米情報」外交史料館。
(7)「全亜細亜協会設立趣意書要旨」，1924 年 7 月 10 日，「民族問題関係雑件——亜細亜民族問題」第 1 巻，外交史料館；『読売新聞』1924 年 7 月 11 日，9 月 10 日；松浦正孝『「大東亜戦争」はなぜ起きたのか』，173 頁。
(8) Eugene H. Dooman interview, Columbia University Oral History Collection; Caffery to Hughes, 5 Oct. 1924, 71.945/1230, RG59, NARA.
(9)『日本外交文書　対米移民問題経過概要』（外務省，1973 年），829–852 頁。
(10)『東京朝日新聞』1924 年 12 月 29 日。
(11) 幣原喜重郎『外交五十年』（中公文庫，1987 年），53–56 頁。
(12) 陳徳仁・安井三吉編『孫文・講演「大アジア主義」資料集——1924 年 11 月　日本と中国の岐路』（法律文化社，1989 年）。
(13)『大阪毎日新聞』1924 年 12 月 2 日。
(14) *Japan Chronicle*, 4 Dec. 1924. 英語で汎を意味する pan が，鍋をも意味することから，韻を踏んだ皮肉となっている。
(15) *Chicago Tribune*, 12 June 1924.
(16) *Irish Times*, 1 Dec. 1924.

(17) コリア研究所編訳『消された言論　政治篇』(未来社, 1990年), 182–184, 197–198, 209–211頁。
(18) George H. Blakeslee, *The Recent Foreign Policy of the United States : Problems in American Cooperation with Other Powers* (New York, 1925), pp. 287–295.
(19) *New York Times*, 18 Aug. 1925.
(20) Marc Gallicchio, *The African American Encounter with Japan & China: Black Internationalism in Asia, 1895–1945* (Chapel Hill, 2000), p. 41.
(21) Zimmern, *The Third British Empire*, p. 82.
(22) Hirobe, *Japanese Pride*, p. 39; *New York Times*, 25 Feb. 1925.
(23) *Montreal Star,* 16 Apr. 1924.
(24) *Chicago Daily News*, 28 June 1925; Edward Price Bell, *Japan Views the Pacific* (Chicago, 1925), pp. 9–10.
(25) *New York Times*, 15 Feb. 1926.
(26) *Chicago Tribune*, 15 Feb. 1926; *Manchester Guardian*, 15 Feb. 1926.
(27) 全亜細亜協会については, 松浦正孝『「大東亜戦争」はなぜ起きたのか』, 173頁を参照。
(28) その協定が他の理事たちに何の相談もなく結ばれたため, 今里の行動は「甚タ真面目ヲ欠」くものであり, そのような人物によって決められた協定に沿って実施するなど, 「同会議ノ実現ハ到底不可能」であるとの意見も出た。しかし, 中国側と約束してしまったものを反故にするのも無責任という考えにより, その予定に従って実施されることになった。その結果, 全亜細亜協会が発行する雑誌『アジア』4月号に, 「全亜細亜民族会議の檄」と題して, その全容が明らかにされるに至ったのである。「全亜細亜民族協会理事会」1925年7月25日, 「東方通信」第4号 (1925年8月22日), 若槻内務大臣宛警視総監電報, 1925年9月1日並びに1926年1月15日, 27日, 2月28日, 『アジア』1926年4月号, 「民族問題関係雑件——亜細亜民族問題」第1巻, 外交史料館。
(29) *Japan Advertiser*, 2 Feb. 1926.
(30) *Chicago Tribune*, 22 Feb. 1926.
(31) *Uniontown Morning Herald*, 17 Mar. 1926.
(32) *Uniontown Morning Herald*, 17 Mar. 1926.
(33) *Christian Science Monitor*, 1 May 1926.
(34) 例えば, *North China Standard*, 26 June 1926や『時事新報』1926年7月13日を参照。
(35) MacVeagh to Secretary of State, 8 July 1926, 790.94/9, RG59, NARA.
(36) *Philadelphia Ledger*, 11 July 1926.
(37) *New York Times*, 17 July 1926.
(38) *New York Evening Post*, 16 July 1926.
(39) *Boston Evening Transcript*, 17 July 1926.
(40) 長崎での大会とそれをめぐる反応について以下が詳しい。Aydin, *The Politics of Anti-Westernism in Asia*, pp. 154–159.
(41) *New York Evening Post*, 3 Aug. 1926; *The Times*, 4 Aug. 1926; *Los Angeles Times*, 4 Aug. 1926.
(42) *New York Times*, 3 Aug. 1926.
(43) *Baltimore Sun*, 7 Aug. 1926.
(44) *Honolulu Star Bulletin*, 4 Aug. 1926.
(45) *Japan Times & Mail*, 6 Aug. 1926.

(46) *Japan Weekly Chronicle*, 12 Aug. 1926.
(47) *Japan Advertiser*, 3 Aug. 1926.
(48)『広州民国日報』1926年8月2日，17日；『商報』1926年8月3日。
(49) "Handicaps to Asiatic Accord——The Nagasaki Conference," *China Weekly Review* (14 Aug. 1926), p. 259.
(50) *China Press*, 5 Aug. 1926.
(51) MacVeagh to Secretary of State, 2 Aug. 1926, 790.94/10, NARA; MacVeagh to Secretary of State, 7 Aug. 1926, 790.94/15, NARA.
(52) Best, *British Intelligence*, p. 85; Tilley to Chamberlain, 11 Aug. 1926, F3272/3162/61, FO371/11701, PRO. プラタープについては，中島岳志「R・M・プラタープと近代日本のアジア主義——反植民地ネットワーク・世界連邦・日本帝国主義」『国際政治』第146号（2006年），54-69頁を参照。
(53) 松浦正孝『「大東亜戦争」はなぜ起きたのか』，172-176頁。
(54) Richard von Coudenhove-Kalergi, *Pan-Europa* (Wien, 1923).
(55) アジア会議の開催地を東京としているが，前後の文脈から長崎開催の会議を指していることは明らかである。*Living Age* (Oct. 1, 1926), pp. 9-15.
(56) 太平洋問題調査会については以下を参照。Tomoko Akami, *Internationalizing the Pacific: The United States, Japan and the Institute of Pacific Relations in War and Peace, 1919-1945* (London, 2002)；山岡道男『「太平洋問題調査会」研究』（龍渓書舎，1997年）；片桐康夫『太平洋問題調査会の研究——戦間期日本IPRの活動を中心として』（慶應義塾大学出版会，2003年）。
(57) アメリカ政府とIPRの関係が近年明らかにされつつある。高光佳絵「戦間期アジア・太平洋秩序と国際的民間団体——アメリカ政府の 'Political missionary'」北岡伸一監修，川島真編『近代中国をめぐる国際政治』（中央公論新社，2014年）。
(58) Bristol to Secretary of State, 25 Oct. 1926, 767.93/-, RG59, NARA.
(59) *The Times*, 5 Nov. 1926.
(60) *The Times*, 12 Nov. 1926.
(61) *New York Times*, 13 Nov. 1926.
(62) Henry de Jouvenel, "An Asiatic League of Nations," *L'Europe Nouvelle* (20 Nov. 1926), pp. 1589-1591.
(63) *La Tribuna*, 25 Nov. 1926.
(64) *Le Temps*, 12 Dec. 1926.
(65) *New York Times*, 21 Nov. 1926.
(66) *China Press*, 26 Nov. 1926.
(67) *Los Angeles Times*, 27 Dec. 1926.
(68) Conversation between Alfred Sze and Secretary of State, 7 Dec. 1926, 767.93/1, RG59, NARA.
(69) トゥーラン主義については，シナン・レヴェント「戦前期・戦中期における日本の「ユーラシア政策」——トゥーラン主義・「回教政策」・反ソ反共運動の視点から」（早稲田大学出版部，2014年）を参照。
(70) シナン・レヴェント「戦前期・戦中期における日本の「ユーラシア政策」」，90-111頁。
(71) "A Conscience Stricken White Race," *Negro World* (19 Mar. 1927), p. 7.
(72)『読売新聞』1927年1月28日；*China Press*, 28 May 1927; 田中義一外相宛長野県知事電

報，1927年8月3日，『民族問題関係雑件――亜細亜民族問題』第2巻，外交史料館。

(73) Cuningham to MacMurray, 12 Dec. 1927, 893.00/9706, RG59, NARA.

(74) *Biloxi Daily Herald*, 10 Nov. 1927.

(75) *North China Herald and Supreme Court & Consular Gazette*, 5 Nov. 1927; *China Press*, 6 Nov. 1927.

(76) *Oak Park Oak Leaves*, 19 Nov. 1927.

(77) *Manchester Guardian*, 22 Dec. 1927.

(78) *China Weekly Review*, 26 Nov. 1927, 29 Sept. 1928.

(79) Percy L. Clarke, "Yellow Peril or White ?" *World Tomorrow* (Sept. 1928), pp. 362-365.

(80) *Christian Science Monitor*, 22 Aug. 1930.

(81)『東京朝日新聞』1930年5月24日；*New York Times*, 30 Aug. 1930.

(82) 宇垣一成『宇垣一成日記』I（みすず書房，1968年），674頁。

(83) *New York Times*, 18 Sept. 1931.

(84) 満州国は傀儡国家であり注意して用いるべき語であるが，煩雑さを避けるため本書では鍵括弧なしで用いる。

第4章　満洲事変から盧溝橋事件前夜まで

(1) 田中上奏文とは，田中義一が満蒙征服を手始めとする世界征服の手順を昭和天皇に上奏したとされる内容が書かれた文書で，偽書とされる。田中上奏文については，服部龍二『日中歴史認識――「田中上奏文」をめぐる相剋 1927-2010』（東京大学出版会，2010年）を参照。

(2) *New York Times*, 15 Feb. 1932. この記事にはどの中国政府かは記されてはいない。

(3) *FRUS*, 1932, vol. III, pp. 36-37.

(4) *New York Times*, 22 Feb., and 6 and 18 Apr. 1932.

(5) Stimson Diary, 19 Sept. 1931, Sterling Memorial Library, Yale University.

(6) Iriye, *Across the Pacific*, pp. 171-172; Pearl S. Buck, *My Several Worlds: A Personal Record* (New York, 1954), p. 257.

(7) *New York Times*, 2 Feb. 1932.

(8) *New York Herald Tribune*, 22 June 1932.

(9)『帝国議会貴族院議事速記録』58（東京大学出版会，1983年）。

(10) *Manchester Guardian*, 26 Aug. 1932; *Literary Digest*, 10 Sept. 1932; Henry Kittredge Norton, "The Japanese Monroe Doctrine at work," *Asia*, vol. 32, no. 9 (September, 1932), pp. 542-545, 592-596.

(11)『国民新聞』1932年9月19日。

(12) Grew to Stimson, 23 Sept. 1932, 790.94/31, RG59, NARA.

(13) *New York Times*, 2 Oct. 1932.

(14) Grew to Stimson, 28 Sept. 1932, 790.94/32, RG59, NARA.

(15) Division of Far Eastern Affairs memo, 27 Oct. 1932, 790.94/32, RG59, NARA.

(16) *The Times*, 4 Oct. 1932.

(17) 松浦正孝『「大東亜戦争」はなぜ起きたのか』，546-548頁。

(18) 中谷武世『大亜細亜連合への道』（国民思想研究所，1933年）。

(19) *Japan Chronicle*, 28 and 29 Jan. 1933.

(20) *China Press*, 28 Jan. 1933.
(21) Lindley to Simon, 6 Feb. 1933, F1652/1652/23, FO371/17166, PRO.
(22) Grew to Stimson, 9 Feb. 1933, 790.94/34, RG59, NARA.
(23) Myers to Johnson, 22 Mar. 1933, 893.00 P. R. Mukden/63, RG59, NARA.
(24) *La Republique*, 20 Jan. 1933.
(25) Reynaud à Wilden, 1 février 1933, Sèrie E Asie-Oceanie, Sou-sèrie Affaire communes 1930-1940, numéro 106 Panasiatisme, cotes E 648-9 (以下 Panasiatisme と略記), Archives du Ministère des affaires étrangères (以下 AMAE と略記).
(26) *The Times*, 16 Feb. 1933.
(27) *China Press*, 21 Feb. 1933.
(28)『東京朝日新聞』1933 年 3 月 2 日; 清水薫三「孫文の思想と人格」『民族と政治』(1965 年), 79 頁。
(29) *China Press*, 16 June 1933.
(30) Lindley to Simon, 7 Mar. 1933, F2302/1652/23, FO371/17166, PRO.
(31) Grew to Hull, 7 Mar. 1933 および Far Eastern division memo, 29 Mar. 1933, 790.94/35, RG59, NARA; Grew to Hull, 1 Apr. 1933, 894.00 P. R. /64, NARA; Grew to Hull, Monthly Report on Conditions in Japan during the Month of March 1933, 1 April 1933, 894.00 P. R. /64, RG59, NARA.
(32) Lindley to Simon, 7 Mar. 1933, F2302/1652/23, FO371/17166, PRO.
(33) Martel à Paul-Boncour, 10 Mar. 1933, Panasiatisme, AMAE.
(34) *China Press*, 23 Apr. 1933.
(35) 松井石根「亜細亜連盟論」『外交時報』1933 年 3 月 15 日号。
(36) *Manchester Guardian*, 8 Mar. 1933.
(37) *Chicago Tribune*, 5 Feb. 1933.
(38) *Atlanta Constitution*, 21 Feb. 1933.
(39) *New York Herald Tribune*, 28 Apr. 1933; *North China Herald and Supreme Court & Consular Gazette*, 10 May 1933.
(40) *Japan Chronicle*, 13 June 1933; Snow to Simon, 23 June 1933, F4954/1652/23, F371/17166, PRO.
(41) *Hansard*, 5th Series, HC vol. 280, c. 271 (4 July 1933).
(42) *China Weekly Review*, 11 Feb. 1933.
(43)『大公報』1933 年 4 月 25 日。
(44)『大阪朝日新聞』1933 年 6 月 7 日, 11 日, 22 日, 28 日。
(45) Grew to Hull, 13 July 1933, 790.94/47, RG59, NARA;『大阪朝日新聞』1933 年 7 月 4 日。
(46) Snow to Simon, 7 July 1933, F5272/1652/23, FO371/17166, PRO;『読売新聞』1933 年 6 月 27 日;『報知新聞』1933 年 6 月 28 日。
(47) Bonnafous to Wilden, 19 juillet 1933, Panasiatisme, AMAE.
(48)『満洲日報』1933 年 8 月 10 日;『東京朝日新聞』1933 年 8 月 10 日。
(49) Major to Lampson, 10 Aug. 1933, F5685/1652/23, FO371/17166, PRO.
(50) Major to Lampson, 19 Sept. 1933, FO371/17166, PRO.
(51) Crepin à Wilden, 17 août 1933, Panasiatisme, AMAE.
(52) Myers to Hull, 22 Sept. 1933, 893.00 P. R. Mukden/70, RG59, NARA.

(53) *The Times*, 21 Sept. 1933.
(54) Japanese activities on the Asiatic mainland, 9 June 1933, 793.94/6429, RG59, NARA.
(55) Hamilton to Phillips and Hull, 16 Aug. 1933, Hamilton to Chapin and McBride, 16 Aug. 1933, Phillips to Roosevelt, 17 Aug. 1933 and Johnson to Hull, 12 June 1933, 793.94/6429, RG59, NARA.
(56) Ministère des Affaires Étrangères, *Documents Diplomatiques Français, 1932–1939*, 1re Série (以下 *DDF* と略記), Tome IV (Paris, 1968), pp. 494–496.
(57) *China Press*, 30 July 1933; *The Literary Digest*, 30 Sept. 1933.
(58) *New York Times*, 1 Oct. 1933.
(59) "Pan-Asiatic Cultural Movement," 15 Dec. 1933, Military Intelligence Division numerical file (以下 MID と略記), 2657-H-434/1, RG165, NARA.
(60)『東京朝日新聞』,『読売新聞』,『東京日日新聞』, *Japan Advertiser*, 17 Dec. 1933.
(61) Snow to Simon, 21 Dec. 1933, F628/612/23, FO371/18185, PRO.
(62) Grew to Hull, 9 Jan. 1934, 894.00 P. R. /73, RG59, NARA.
(63) Pila à Barthou, 10 février 1934, Panasiatisme, AMAE;「全亜細亜民族青年代表演説大会」『雄弁』1934 年 2 月号, 368–391 頁。
(64) Best, *British Intelligence*, p. 103.
(65) Snow to Simon, 23 June 1933, F4954/1652/23, F371/17166, PRO.
(66) *BDFA, Part II, Series E, Asia, 1914–1939, volume 12, Japan, June 1932–December 1933* (Frederick, MD, 1992), pp. 342–343.
(67) Grew to Hull and Phillips, 12 Dec. 1933, 894.00/499, RG59, NARA.
(68) Hornbeck to Phillips, 13 Jan. 1934 and Phillips to President, 15 Jan. 1934, 894.00/499, RG59, NARA.
(69) Dodd to Hull, 6 Jan. 1934, 790.94/57, RG59, NARA.
(70) Grew to Hull, 8 Feb. 1934, Memo by Hornbeck, 16 Apr. 1934 and Far Eastern Division memo, 28 Feb. 1934, 790.94/59, RG59, NARA; 梨本祐淳「大亜細亜運動と日満支の各陣営」『解剖時代』1934 年 2 月号, 24–33 頁。
(71)『満洲日報』1933 年 11 月 15 日。
(72)『大連新聞』1933 年 11 月 23 日夕刊。
(73) *Japan Advertiser*, 7 Feb. 1934.
(74) Dening to Snow, 1 Dec. 1933, F612/612/23, F371/18185, PRO.
(75) Austin to Lindley, 8 Feb. 1934, F1573/612/23, FO371/18185, PRO.
(76) Pila à Barthou, 10 février 1934, Panasiatisme, AMAE.
(77)『満洲日報』1934 年 2 月 11 日。
(78)『満洲日報』1934 年 2 月 12 日, 13 日, 14 日。
(79) Austin to Lindley, 17 Feb. 1934, F1763/612/23, FO371/18185, PRO.
(80) Lindley to Simon, 1 Mar. 1934, F1763/612/23, FO371/18185, PRO.
(81) *Parliamentary Question*, 22 Feb. 1934, F1037/612/23, FO371/18185, PRO; *Parliamentary Debates*, Official Report, fifth series, vol. 286, House of Commons, Fourth volume of session, 1933–34 (London, 1934), p. 512.
(82) Vincent to Grew, 16 Feb. 1934, 790.94/60, RG59, NARA.
(83) Myers to Hull, 1 Mar. 1934, 893.00 P. R. Mukden/76, RG59, NARA.

(84) Grew to Hull, 8 Mar. 1934, 894.00 P. R. /75, RG59, NARA.
(85) "Pan-Asiatic Movement," 21 Feb. 1934, MID 2657-H0434/2, RG165, NARA.
(86) Crepin à Hoppenot, 16 février 1934, Panasiatisme, AMAE.
(87) MacMurray to Hull, 13 Mar. 1934, 711.94/929, RG59, NARA.
(88) *FRUS*, 1934, vol. III (Washington, D. C., 1950), pp. 105-106.
(89) "l'Union Asiatique," *La Rèpublique* (Istanbul), 24 février 1934.
(90) *China Press*, 11 Mar. 1934.
(91) *FRUS*, 1934, vol. III, pp. 79-82.
(92) Grew to Hull, 17 May 1934, 550.S1 Wash./488, RG59, NARA.
(93) *FRUS*, 1934, vol. III, pp. 2-3.
(94) *New York Times*, 21 Jan. 1934.
(95) 天羽声明については，井上寿一「天羽声明と中国政策」『一橋論叢』第 97 巻第 5 号（1987 年），661-679 頁を参照。*FRUS*, 1934, vol. III, pp. 112-113.
(96) *BDFA*, Part II, Series E, Asia, 1914-1939, volume 13, pp. 160-162.
(97) *FRUS*, 1934, vol. III, pp. 112-148; *FRUS*, Japan, 1931-1941, vol. I, pp. 223-224, 231-232; *BDFA*, volume 13, p. 164; Shizhang Hu, *Stanley K. Hornbeck and the Open Door Policy, 1919-1937* (Westport, CT, 1995), pp. 180-185; *DDF*, Tome VI, pp. 438-442;「「天羽声明」に関する広田外務大臣とリンドレー駐日英国大使との会談」『外務大臣（其ノ他）ノ演説及声明集』第 2 巻，A-1-0-015，外交史料館。
(98) *New York Times*, 19 Apr. 1934; *Baltimore Sun*, 19 Apr. 1934.
(99) *Manchester Guardian*, 19 and 20 Apr. 1934; *The Times*, 20 Apr. 1934; 対支国際援助ニ関スル帝国政府声明問題一件・輿論並新聞論調，A-1-1-0-27_1，外交史料館。
(100) *Washington Post*, 29 Apr. 1934.
(101) *New York Times*, 1 May 1934.
(102) Kenneth M. Gould, "Japanese Monroe Doctrine," *Scholastic*, vol. 24, no. 14 (12 May 1934), p. 24.
(103) *New Statesman and Nation*, 28 Apr. 1934.
(104) *Congressional Record, 73 Cong. 2nd Sess.* (7 May 1934), pp. 8257-8259; *Liberty* (24 Mar. 1934), pp. 14-17.
(105) Auge à Barthou, 30 June 1934, Panasiatisme, AMAE.
(106) Grew to Hull, 13 July 1933, 790.94/49, RG59, NARA; Bower to Hull, 14 Aug. 1933, 790. 94/51, RG59, NARA.
(107) Edgar B. Nixon, ed., *Franklin D. Roosevelt and Foreign Affairs*, vol. 2 (Cambridge, MA, 1969), pp. 182-184.
(108) Grew to Hull, 11 Dec. 1934, 893.6363 Manchuria/122, RG59, NARA.
(109) Fitzmaurice to Principal Secretary of State for Foreign Affairs, 14 May 1934, F3762/612/23, FO371/18185, PRO.
(110) Fitzmaurice to Principal Secretary of State for Foreign Affairs, 19 Oct. 1934, F6882/612/23, FO371/18185, PRO.
(111) Situation in Far East and Pacific problem, 18 Apr. 1935, F2518/483/23, FO371/19359, PRO; *The Times*, 13 Nov. 1934 and 11 Feb. 1935; *Observer*, 18 Nov. 1934.
(112) Atherton to Hull, 20 Nov. 1934, 500.A15A5/291, RG59, NARA.

(113) Atherton to Hull, 12 Feb. 1935, 711.41/293, RG59, NARA.
(114) Conversation. Frank Murphy, Hornbeck, Hamilton, 27 Mar. 1935, 811B.01/246, RG59, NARA.
(115) Grew to Hull, 13 May 1935, 811B.00/75, RG59, NARA.
(116) *FRUS*, 1935, vol. III (Washington, D.C., 1953), pp. 7-9; 松浦正孝『「大東亜戦争」はなぜ起きたのか』, 577-578 頁。目的のためには日本人と組むことも辞さないとした人物としては，例えば伍澄宇が挙げられる。伍については，関智英「忘れられた革命家伍澄宇と日中戦争——日本占領地の将来構想」『中国研究月報』第 69 巻第 7 号（2015 年），16-29 頁を参照。
(117) *FRUS*, 1935, vol. III, pp. 37-38.
(118) *FRUS*, 1935, vol. III, pp. 134-144.
(119) *FRUS*, 1935, vol. III, pp. 303-306.
(120) *FRUS*, 1936, vol. IV (Washington, D. C., 1954), pp. 73-74.
(121) *FRUS*, 1936, vol. IV, pp. 168-170.
(122) *BDFA*, vol. 15, p. 223.
(123) Grew to Hull, 4 May 1937, 711, 9411/16, RG59, NARA.
(124) *China Weekly Review* (7 Mar. 1936), pp. 15-16.
(125) *Christian Science Monitor*, 16 Jan. 1937.
(126) 入江昭『米中関係史——敵対と友好のイメージ』（サイマル出版会，1971 年），67 頁。

第 5 章　日中戦争という矛盾

(1) Subhas C. Bose, *Through Congress Eyes* (Allahabad, 1940), pp. 212-213.
(2) Bose, *Through Congress Eyes*, pp. 212-213; ソーン『太平洋戦争における人種問題』, 25 頁。
(3)『大亜細亜主義』1937 年 9 月号。
(4) *Times*, 24 Nov. 1938.
(5) Jonathan G. Utley, *Going to War with Japan, 1937-1941* (Knoxville, TN, 1985), p. 72. 日中戦争勃発に対する米国務省の反応については，高光佳絵「ホーンベック国務省政治顧問の対日強硬化とアメリカの日中戦争観 1937-1938 年」服部龍二・土田哲夫・後藤春美編『戦間期の東アジア国際政治』（中央大学出版部，2007 年），351-388 頁が詳しい。
(6) *FRUS*, 1937, vol. III, pp. 513-514.
(7) 松浦正孝『「大東亜戦争」はなぜ起きたのか』, 258-268 頁；*BDFA*, vol. 16, pp. 181-183.
(8)『改造』1938 年新年号，264-276 頁；*Manchester Guardian*, 5 Jan. 1938; *Times*, 8 Jan. 1938; *Christian Science Monitor*, 6 Jan. 1938;『読売新聞』1938 年 1 月 6 日。
(9) *China Press*, 6 Jan. 1938.
(10) Elmer Davis, "We Lose the Next War," *Harper's Magazine*, vol. 176 (Mar. 1938), pp. 337-348.
(11) *Christian Science Monitor*, 1 June 1938.
(12) *Washington Post*, 7 July 1938.
(13) *Times*, 3 and 4 Nov. 1938; *Manchester Guardian*, 4 Nov. 1938.
(14) *New York Times*, 3 Nov. 1938; *New York Herald Tribune*, 3 Nov. 1938; *Los Angeles Times*, 4 Nov. 1938.
(15) *China Press*, 4 and 5 Nov. 1938.

（16） *FRUS*, Japan, 1931–1941, vol. I, pp. 481–482.
（17） *New York Times*, 17 June 1939.
（18） *New York Times*, 21 June 1939.
（19） Hikomatsu Kamikawa, "The American and Japanese Monroe Doctrine," *Contemporary Japan*, vol. 8, no. 6 (Aug. 1939), pp. 740–750.
（20） *New York Times*, 23 Apr. and 3 May 1940.
（21） *New York Times*, 3 May 1940.
（22） 反英運動の一大政治運動としての凄まじい広がりについては，松浦正孝『「大東亜戦争」はなぜ起きたのか』，745–795 頁を参照。
（23） *FRUS*, 1939, vol. III, pp. 570–573.
（24） *FRUS*, 1939, vol. III, pp. 206–208.
（25） Ballantine Naval War College lecture, Oct. 17, 1939, p. 45, War Plans Division, RG38, NARA.
（26） 尾崎秀実「「東亜共同体」の理念とその成立の客観的基礎」『中央公論』第 616 号（1939 年 1 月 1 日），4–18 頁。
（27） 重光葵『重光葵手記』（中央公論社，1986 年），75–76 頁。
（28） 宮崎正義「東亜連盟の建設と国民の覚悟」『東亜連盟』第 2 巻第 5 号（1940 年 5 月），137–165 頁。
（29） 中山優『東亜連盟への途』（大民社，1940 年）。
（30） 南洋群島については，等松春夫『日本帝国と委任統治——南洋群島をめぐる国際政治 1914–1947』（名古屋大学出版会，2011 年）を参照。
（31）『東京朝日新聞』1940 年 4 月 16 日。
（32）『読売新聞』1940 年 6 月 30 日夕刊。
（33）『東京朝日新聞』1940 年 8 月 2 日夕刊。
（34） *New York Herald Tribune*, 29 June 1940; *Chicago Tribune*, 29 June 1940; *Times*, 1 July 1940.
（35） *Baltimore Sun*, 2 Aug. 1940; *New York Herald Tribune*, 2 Aug. 1940; *Christian Science Monitor*, 2 Aug. 1940; *New York Times*, 2 Aug. 1940; *Los Angeles Times*, 2 Aug. 1940; *Manchester Guardian*, 2 Aug. 1940.
（36） *Las Cruces Sun News*, 14 Oct. 1940; *Christian Science Monitor*, 1 Nov. 1940.
（37） War Cabinet, 8 Aug. 1940, CAB65/14/20, PRO.
（38） War Cabinet, 8 Aug. 1940, CAB65/14/20, PRO.
（39） Distribution in Japan of pamphlets containing translations from "Mein Kampf," F4922/53/23, FO371/24728, PRO.
（40） 汪精衛とアジア主義に関しては，土屋光芳「汪精衛政権の基盤強化の戦略——大亜洲主義，東亜連盟運動，新国民運動」『明治大学政経論叢』第 77 巻第 5・6 号（2009 年），43–94 頁を参照。
（41） *China Weekly Review*, vol 92, no. 6 (6 Apr. 1940).
（42） "Chiang Assails Japanese Monroe Doctrine in Closing Speech," *China Weekly Review*, vol. 93, no. 13 (24 Aug. 1940), pp. 469–471.
（43） C. C., "Dr. Sun Yat-sen's Doctrine of Pan-Asianism and Its Perversion by the Wang Ching-wei Clique," *China Weekly Review*, vol. 94, no. 5 (5 Oct. 1940), pp. 149–152.
（44）『東京日日新聞』1940 年 12 月 18 日。
（45） *North China Herald and Supreme Court & Consular Gazette*, 25 Dec. 1940.

(46) *Biloxi Herald*, 11 Feb. 1941.
(47) *Wisconsin State Journal*, 4 Feb. 1941.
(48) Projected anti-Japanese press campaign in India, F11477/2350/23, FO371/28005, PRO.
(49) *FRUS*, Japan, 1931-1941, vol. I, pp. 701-704; Grew Diary, 3 Nov. 1941, Houghton Library, Harvard University.
(50) Stimson diary, 2 Oct. 1940.
(51) *FRUS*, 1941, vol. IV, pp. 627-628.
(52) 御前会議議事録，昭和 16 年 11 月 5 日，アジア歴史資料センター Ref. C12120186900.
(53) 防衛庁防衛研究所戦史室『ハワイ作戦』（朝雲新聞社，1967 年），262 頁。

第 6 章　真珠湾攻撃の衝撃

(1) 太平洋戦争における人種要因について書かれた研究は多いが，なにより，ソーン『太平洋戦争における人種問題』を参照。
(2) T. W. Lamont to W. Lippmann, 13 Nov. 1941, T. W. Lamont papers, 105/3, Baker Library, Harvard University.
(3) memo. on our sea power, Mar. 1939, PREM1/345, PRO.
(4) *Literary Digest*, 30 Sept. 1933, p. 15.
(5) C. C. Wang, "The Pan-Asiatic Doctrine of Japan," *Foreign Affairs* (Oct. 1934), pp. 59-67.
(6) Akira Iriye, *Across the Pacific: An Inner History of American-East Asian Relations* (New York, 1967), pp. 225-226.
(7) Harold Nicolson, *Diaries and Letters*, vol. II (New York, 1967), p. 198.
(8) T. W. Lamont to Joseph Grew, 15 Sept. 1942, T. W. Lamont papers.
(9) 第二次世界大戦中の日米戦争における人種主義の発露については，ダワー『容赦なき戦争』が詳しい。
(10) ジョン・エマーソン（宮地健次郎訳）『嵐のなかの外交官――ジョン・エマーソン回想録』（朝日新聞社，1979 年），107 頁；ソーン『太平洋戦争における人種問題』，39 頁。
(11) *Washington Post*, 10 and 12 Dec. 1941 and 10 Jan. 1942.
(12) *New York Times*, 14 Dec. 1941.
(13) Stimson Diary, 10 Feb. 1942.
(14) Far Eastern Division Memorandum, 20 Jan. 1942, 740.0011 PACIFIC WAR/1891, RG59, NARA.
(15) Memo by Hornbeck, 21 Jan. 1942, 740.0011PW/1891, RG59, NARA; 入江昭『日米戦争』（中央公論社，1978 年），76 頁。
(16) Edgar Snow, "How to Blockage Japan," *Saturday Evening Post* (14 Mar. 1942), pp. 9-11, 55-59.
(17) Johnson to Hornbeck, 20 Jan. 1942, box 262, Hornbeck papers, Hoover Institution, Stanford University.
(18) Govt. of India, Information & Broadcasting Dept. to Secretary of State for India, 17 Feb. 1942, F2120/66/23, FO371/31818, PRO.
(19) Viceroy to Secretary of State for India, 1 Mar. 1942, F2090/66/23, FO371/31818, PRO; Gerald Horne, *Race War !: White Supremacy and the Japanese Attack on the British Empire* (New York, 2004), p. 5.

(20) Projected anti-Japanese press campaign in India, F11477/2350/23, FO371/28005, PRO.
(21) Projected anti-Japanese press campaign in India, F11477/2350/23, FO371/28005, PRO.
(22) Board to Joyce, 14 Mar. 1942, F2120/66/23, FO371/31818, PRO.
(23) Hornbeck to Winant, 9 Jan. 1942, box 445, Hornbeck papers.
(24) Churchill to Linlithgow in Amery to Linlithgow, 3 Feb. 1942, quoted in K. C. Chan, "Britain's Reaction to Chiang Kai-shek's Visit to India, February 1942," *Australian journal of politics and history* (Aug. 1975), p. 56.
(25) The Indian Political Situation, 2 Feb. 1942, CAB66/21/39, PRO.
(26) *Philadelphia Record*, 18 Mar. 1942.
(27) 入江昭『日米戦争』, 77 頁。
(28) Gauss to Hull, 10 Mar. 1942, 740.0011PW/2101, RG59, NARA; 入江昭『日米戦争』, 76-77 頁。
(29) *The Times*, 13 Feb. 1942.
(30) *Bombay Chronicle*, 10 Dec. 1941 and 14 Feb. 1942.
(31) Jan Christiaan Smuts, *Selections from the Smuts Papers*, vol. VI (Cambridge, 1973), pp. 365-368.
(32) Address of Sumner Welles, 30 May 1942, box 440, Hornbeck papers.
(33) *FRUS*, 1942, China, p. 74.
(34) A. Th. Polyzoides, "Prospects and Realities of War and Peace," *World Affairs Interpreter* (Summer 1942), pp. 181-188.
(35) Horne, *Race War !*, pp. 5-6.
(36) *FRUS*, 1942, China, pp. 135-139.
(37) Memorandum by Hornbeck, 17 Aug. 1942, box 440, Hornbeck papers.
(38) 例えば，リーヒ最高司令官付参謀長に対して，ホーンベックは 1942 年 9 月 20 日に，アメリカは対日戦に集中すべきであると強く主張している。Leahy Diaries, 20 Sept. 1942, Library of Congress.
(39) Leahy Diaries, 2 Oct. 1942.
(40) アメリカの対日戦後構想については，五百旗頭真『米国の日本占領政策——戦後日本の設計図』(中央公論社，1985 年) を参照。
(41) ST Minutes, 7 May 1943, Notter papers, RG59, NARA.
(42) ST Minutes, 12 May 1943, Notter papers; 入江昭『日米戦争』, 153-156 頁。
(43) *Congressional Record*, vol. 89, part 2, p. 1647.
(44) クリストファー・ソーン (市川洋一訳)『米英にとっての太平洋戦争』上 (草思社, 1995 年), p. 412.
(45) *Baltimore Sun*, 21 Apr. 1943.
(46) ダワー『容赦なき戦争』, 134 頁。ただ，ダワーはこのエピソードを，掲載紙に直接あたったわけではないようである。彼が出典としているのは，戦中の複数の刊行物から残虐行為を集めて掲載した『クリスチャン・センチュリー』誌の記事であり，そこにはこのエピソードは，事実関係が簡単に紹介されているだけである。実際の『ボルティモア・サン』紙の記事では，日本兵の耳を土産として望んでいるという母親の問い合わせを受けた担当者は，それを当然のことと受け取らず驚きの声を発しているが，そういった点は『クリスチャン・センチュリー』の記事では触れられていない。太平洋戦争を「人種戦争」として描く先行研究についてもこれから精査していく段階に来ているのかも

しれない。
(47) Memo by Hornbeck, 6 July 1943, box 119, Hornbeck papers.
(48) *New York Times*, 17 Sept. 1943.
(49) *Far Eastern Survey*, vol. 12, no. 20 (6 Oct. 1943), pp. 200–201.
(50) *FRUS*, 1943, IV (Washington, D. C., 1964), pp. 217–220.
(51) John Paton Davies Jr., *Dragon by the Tail: American, British, Japanese, and Russian Encounters with China and One Another* (New York, 1972), pp. 275–276.
(52) *BDFA*, Part III, vol. 7, pp. 329–331.
(53) Fred Warren Riggs, *Pressures on Congress: A Study of the Repeal of Chinese Exclusion* (New York, 1950); 馬暁華『幻の新秩序とアジア太平洋――第二次世界大戦期の米中同盟の軋轢』(彩流社, 2000年); 貴堂嘉之『アメリカ合衆国と中国人移民』。
(54) *Congressional Record*, 78th Cong., 1st sess., 1943, pp. 5745–5746.
(55) *Congressional Record*, 78th Cong., 1st sess., 1943, pp. 5745–5746.
(56) *FRUS*, 1943, China, pp. 14–15.
(57) Gauss to Hornbeck, 4 Sept. 1943, box 175, Hornbeck papers.
(58) War Cabinet 81/43, 5 June 1943, PRO.
(59) 大東亜会議については, 波多野澄雄『太平洋戦争とアジア外交』(東京大学出版会, 1996年) 並びに入江昭『日米戦争』を参照。
(60)『日本外交文書　太平洋戦争』第2冊 (外務省, 2011年), 1531–1533頁。
(61) *New York Times*, 7 Nov. 1943; *Chicago Tribune*, 7 Nov. 1943; *Christian Science Monitor*, 7 and 13 Nov. 1943; *Manchester Guardian*, 17 Nov. 1943.
(62) *Christian Science Monitor*, 27 Nov. 1943.
(63) *New York Herald Tribune*, 7 Nov. 1943.
(64) *Hartford Courant*, 7 Nov. 1943.
(65) *The Times*, 20 Nov. 1943; Hornbeck to Hull, 29 Nov. 1943, box 400, Hornbeck papers.
(66) *Bombay Chronicle*, 4 Dec. 1943.
(67) *FRUS*, 1943, III, pp. 34–36; Hansard, 5th series, HC Deb, 395, col 1605.
(68) Sir Seymour to Eden, 15 Feb. 1944, F1247/10/23, FO371/41789, PRO.
(69) Matthew Jones, "A 'Segregated' Asia?: Race, the Bandung Conference, and Pan-Asianist Fears in American Thought and Policy, 1954–1955," *Diplomatic History*, vol. 29, no. 5 (Nov. 2005), p. 860.
(70)『日本外交文書　太平洋戦争』第2冊, 1548–1553頁; 入江昭『日米戦争』, 281–282頁。
(71) *The Times*, 25 Apr. 1945.

終　章

(1) 渡辺昭夫『アジア・太平洋の国際関係と日本』(東京大学出版会, 1992年), 102–103頁。
(2) 記憶に新しいのは, 当時の鳩山由紀夫首相の「東アジア共同体」に関する論説が2009年8月末に『ニューヨーク・タイムズ』電子版に掲載されたときのことである。鳩山の構想はそれほど深く練られたものではなく, 大意ないと理解していた多くの日本国民にとって, 国務省高官が繰り返し不快感を表明し, 米国議会公聴会でも取り上げられるなど, なぜアメリカがそれほど大きく反応するのかは理解に苦しむことであった。